국민을 위한 권력은 없다

박정희 시대, 개발독재 병영국가

국민을 위한 권력은 없다

박정희 시대, 개발독재 병영국가

임영태 지음

살아 있는 한국 현대사 1960~1979

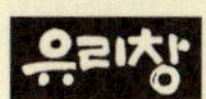

한 사람의 권력자와 함께한 시대

1969년 8월, 초등학교 4학년 여름방학 때였다. 아버지와 함께 수박 밭에 가다가 우연히 작은 홍보 책자를 봤다. 짧은 글과 강렬한 인상을 주는 구호들이 눈에 들어오게 만든 민주공화당의 홍보물이었다. 그림과 만화도 있었는데, 당시 만화가로 제법 명성을 떨치던 아무개 화백이 그린 것으로 기억된다.

삼선 개헌의 당위성을 알리기 위한 그 홍보물을 보았을 때의 느낌이 지금도 생생하다. 내 마음이 안타까움으로 가득 찼다고 할까? 어린 나이에도 이 나라가 무척 걱정스러웠다.

"국민 여러분, 지금 우리나라는 '안정이냐 혼란이냐' 기로에 서 있습니다. 이대로 가면 나라가 위태로워질 것입니다. 박정희 대통령이 강력한 지도력을 행사할 수 있도록 삼선 개헌을 지지합시다."

책자에서는 야당과 학생들의 데모로 나라가 혼란스럽다고 했다. 우리나라가 곧 망할 것 같은 느낌이 들었다. 삼선 개헌 문제는 1968년부터 시작되어 1969년 내내 정국을 뜨겁게 달군 이슈다. 박정희 대통령은 삼선 개헌과 자신의 신임을 연계시켰다. 농촌의 지지를 확보하기 위한 방책이었다. 삼선 개헌은 야당과 학생들의 강력한 반대에도 강행 처리되었고, 유신 체제로 가는 첫걸음이 되었다.

어린 시절의 이 자그마한 기억은 내가 한국 현대사에 눈을 뜨는 중요한 계기였다. 그날 아버지께 이것저것 여쭤보았고, 아버지의 설명을 들었다. 그 기억은 오랫동안 뇌리에 남아서 한국 정치와 현대사를 이해하는 하나의 방점이 되었다.

1975년 2월 초순, 내가 입학할 고등학교의 예비 소집 날 벌어진 일이다. 거창고등학교는 거창, 함양, 산청, 합천 등 서북부 경남의 여러 군 지역에서 학생들이 모여드는 지역 명문이었다. 교감 선생님과 교무주임 선생님의 안내 말씀을 듣고, 선생님들 소개, 학교생활과 관련된 실무적인 안내를 받았다. 마지막으로 교장 선생님의 인사 말씀이 있었다.

"여러분! 오늘 집에 돌아가면 부모님께 말씀드리세요. 며칠 뒤에 실시되는 유신헌법 찬반 투표장에 절대로 가지 마시라고요! 이런 말을 하면 곧바로 중정 요원에게 이야기가 들어가겠지만, 나는 개의치 않습니다. 이 찬반 투표는 한국 민주주의 발전에 아무런 도움이 되지 않습니다."

박정희 대통령은 유신헌법 개정 청원 운동이 벌어지자, 유신헌법

신임투표를 실시하겠다고 발표했다. 그 날짜가 2월 12일로 눈앞에 다가와 있었고, 교장 선생님 말씀은 유신 체제를 합리화하기 위한 정치적 요식행위에 참여하지 말라는 내용이었다.

1975년은 정국이 살얼음판 같은 상황이었다. 그런데도 자기 의견을 거침없이 말한다는 것은 놀라운 일이었다. 거창고등학교는 그런 학교였다. 이 일은 내 삶의 진로 결정에 중요한 영향을 미쳤다. 나는 대학에 진학한 뒤 민주화 운동에 깊숙이 관계한다.

1978년, 나는 대학에 입학했다. 우리 집 형편을 생각하면 반드시 국립대학에 가야 했지만, 서울에 있는 '별 볼 일 없는' 사립대학에 들어갔다. 그 바람에 세 살 아래 여동생은 고등학교도 못 갔다. 어머니가 "오빠를 대학에 보내야 하니 네가 양보하라"고 하셨다는 걸 나중에야 알았다. 지금도 그 생각을 하면 얼굴을 들 수가 없다. 부끄러움, 미안함, 죄책감, 안쓰러움…….

누이동생에게 진 빚은 그것으로 끝나지 않는다. 동생은 마산에서 일하다가 나중에 서울로 왔는데, 그때 마침 내가 시위를 주동해서 감옥에 가는 바람에 옥바라지를 고스란히 도맡았다. 동생은 2교대 근무를 했는데, 야간 근무를 한 주에는 내게 와서 수발을 들어주었다. 갓 스무 살이던 동생은 면회하는 내내 울음을 그치지 못했다. 지금도 그 생각을 하면 가슴이 아프다.

여동생은 중학교를 졸업하고 열일곱 나이에 마산 수출자유지역에 있는 H 섬유 회사에 들어갔다. 동생은 면접관 몰래 양쪽 주머니에 돌을 두 개씩 넣고 면접을 봤다. 섬유 회사는 노동 강도가 세서 몸무게가 일정 기준을 넘는 아이들만 뽑았는데, 동생은 마른 편이어서 몸무게가 미달될 수도 있었기 때문이다.

　동생은 여공女工이 되었다. 같은 동네에도 그런 여자아이들이 많았다. 시골 소녀들은 고향에 남아 농사짓는 대신 일찍 학업을 접고 공장에 취직했다. 그 도시가 준 것은 고된 노동과 열악한 노동조건, 인격적이지 않은 대우지만, 그래도 농사일을 하고 사는 것보다 낫다고들 생각했다. 그들이 1970년대 민주 노조 운동의 주역이다.

　1979년, 나는 스물한 살 청년으로 학교와 교회를 오가며 학생운동에 깊숙이 발을 들여놓았다. 그해 여름(8월 12일), 남도 바닷가를 달리는 버스 안에서 YH무역 여성 노동자 김경숙이 사망했다는 라디오 뉴스를 들었다. 나는 선배, 동기들과 함께 순천 송광사에서 열린 대학생불교연합회(대불련) 수련회에 참가했다가 여수로 향하는 길이었다. 우리는 보수적인 대불련 집행부를 민주화하려고 시도했으나, 준비가 부족한 탓에 실패하고 그만 밀려나는 신세가 되고 말았다. 기왕에 여기까지 왔으니 여름 바닷가에서 잠깐 쉬었다 가는 것도 좋겠다는 의견이 모아졌고, 우리는 여수를 비롯한 남도 바닷가에서 즐거운 한때를 보냈다.

　나는 신민당사에 농성 중이던 김경숙의 사망 소식을 듣는 순간, 강한 충격과 함께 알 수 없는 전율을 느꼈다. 아, 이렇게 한 시대가 흘러가는구나. 1970년대는 전태일의 죽음으로 시작해서 김경숙의 죽음으로 끝나는구나. 이런 감상과 함께 알 수 없는 역사의 회오리가 몰아칠 것 같은 느낌이 들었다. 그때 나는 세상을 제대로 보는 눈이 없었기에 그것이 무엇을 의미하는지 제대로 알 수 없었다. 김경숙 사망 사건은 김영삼 의원직 제명 사건과 부마 항쟁, 10·26을 거쳐 마침내 박정희 유신 체제의 몰락을 가져오는 시발점이 되었다. 막연한 나의 예감이 들어맞은 셈이다.

그 시대에 산 사람들이라면 충분히 겪을 수 있는 일들이다. 물론 같은 시대에 살면서도 전혀 다르게 기억하는 사람들도 있을 것이다. 1975년 2월 어느 날, 거창고등학교 강당에서 같은 일을 겪은 친구들 중에도 그 사실을 전혀 기억하지 못하는 사람들이 많을지 모른다. 어쩌면 그 일과 전혀 관계가 없는 내용만 기억하는 친구들도 있을 것이다. 같은 장소에서 같은 사건을 겪었음에도 전혀 다른 이야기를 하는 사람들도 있다. 그래서 역사는 어떤 생각과 관점에서 보느냐가 중요하다.

나는 이 책에서 이런 일이 일어난 시대의 이야기, 그 시대에 산 사람들의 이야기를 다루었다. 1960년대와 1970년대는 박정희가 군림하고 통치한 시대다. 그 시대 역사에 가장 큰 영향을 미친 인물이 박정희라는 이야기다. 때문에 박정희와 직간접적으로 관련된 사건이나 인물 이야기를 중심으로 다룰 수밖에 없었고, '살아 있는 한국 현대사' 2권의 제목도 《국민을 위한 권력은 없다 : 박정희 시대, 개발독재 병영국가》가 되었다. 그러나 거꾸로 보면 그 시대는 반민주적이고 억압적인 정치체제에 저항하는 민주화 운동의 시대다. 당연히 그 사람들의 이야기, 그 시대를 만든 사회사도 중요하게 거론될 수밖에 없다.

나는 항상 독자들이 책을 즐겁게 읽었으면 한다. 역사책이라고 해서 의무감으로 읽을 필요는 없다. 읽는 즐거움이 없다면 책을 보지 않을 것이기 때문이다. 그러면서도 나는 독자들이 책을 통해 자신과 역사를 성찰할 수 있기 바란다. 이 책이 그렇게 읽힐 수 있을지는 장담하지 못하겠다.

끝으로 나를 항상 지원하고 격려해주는 아내와 아이들, 이 책을 쓰게 동기를 제공하고 나를 보살펴준 부모님과 형제들에게 감사한다. 특별히 나 때문에 많은 희생을 감내한 누이동생에게 미안하고 고맙다. 일일이 거론할 수는 없지만 이 책이 나오기까지 여러 방면에서 도와주신 분들과 책을 만드느라 고생한 출판사 분들께도 감사 인사를 드린다.

2013년 7월 어느 날
임영태

차례

절대 권력은 반드시 부패한다

부녀 대통령이 탄생하다 •

1960년대와 1970년대는 박정희의 시대라고 해도 틀린 말이 아니다. 1961년 전반부를 지나서부터 나머지 기간을 박정희가 최고 통치자로 군림하며 한국 사회를 다스렸기 때문이다. 그는 18년 이상 한국 사회를 지배·통치하면서 곳곳에 자신의 흔적을 남겨놓았다. 건물, 거리, 도로, 박물관, 학교, 도서관, 유적지, 공원 등 사람들이 많이 모이는 곳은 어디에나 박정희의 흔적이 있다. 기념석이나 현판에 쓰인 글씨로, 방문 기록으로, 건축물 자체로, 그와 관련된 이야기로, 역사의 기록에서 존재하기도 한다.

세월이 흘러 그 흔적이 지워진 곳도 적지 않다. 하지만 물리적 흔적은 지워졌을지라도 정신적·사상적 유산은 우리 곁에 남아 있다. 조갑제를 비롯한 많은 사람들이 여전히 '박정희 신도'를 자처하며 그의 위대함을 칭송한다. 대부분 구세대라고 불리는 나이 든 사람들이지만, 일부 젊은 세대 중에도 그런 사람들이 있다. 박정희의 유산은 2012년 18대 대통령 선거에서 놀라운 결과를 만들었다. 바로 박근혜 대통령 정부를 탄생케 한 것이다. 박정희가 사망한 지 34년 만에 그의 딸이 대통령이 되었다. 대한민국 두 번째 '박 대통령'이자, 부녀 대통령이다.

한국 사회가 민주화되고 근대화되었다고는 하지만 전근대적 요소가 곳곳에 남아 있고, 경제수준이 비슷한 나라들과 비교할 때 세계에서 여성 차별이 심한 나라 가운데 하나라는 점을 생각하면 여성 대통령이 당선된 것은 놀라운 일이다. 그러나 박근혜 대통령은 여성이라는 점보다 박정희 전 대통령의 딸로서 아버지의 후광에 힘입은 바 크다고 봐야 할 것이다. 이런 사실을 인정하지 않는 사람이 있을지 모르지만, 박근혜가 박정희의 딸이 아니라면 대통령이 되는 것은 불가능했으리라.

박근혜의 대통령 당선은 미스터리한 측면이 많다. 여기에서 그 문제를 자세히 거론할 수는 없지만, 분명한 사실은 그녀의 정치 경험과 역량에 비해 훨씬 높은 지지를 받았다는 점이다. 그렇다고 박근혜 대통령의 정치 능력이 떨어진다고 생각해서 이런 말을 하는 것은 아니다. 박근혜 대통령의 정치 역량이 일정한 수준에 와 있다 해도 박정희의 딸이 아니라면 대통령이 되기는 어려웠을 거라는 말을 하고 싶을 뿐이다.

현대사에 깊고 넓은 그림자를 남긴 박정희 •

박정희는 한국 현대사에 그만큼 깊고도 넓은 그림자를 남겼다. 박정희라는 인물의 영향력을 무시하고 현대사를 논하는 것은 불가능하다. 부정과 긍정을 넘어서 객관적으로 그렇다는 말이다.

박정희의 그림자가 강하게 남은 것은 무엇보다 18년이라는 통치기간의 영향이 크다. 앞으로 어떤 정치가도 박정희만큼 오랫동안 한국의 통치자가 되기는 어렵다. 아무리 능력 있고 인기 있는 정치가라도 한국에서 8년 혹은 10년(4년이나 5년 중임제 개헌이 가능하다면) 이상 통치할 수는 없다. 지금은 기껏해야 5년이다. 그 짧은 기간에 박정희와 같은 족적을 남기기는 불가능하다. 어떤 사람의 흔적은 그 자리에 머무른 기간에 비례한다는 사실을 부정할 수 없을 것이다.

다음으로는 박정희가 한국 사회에서 계속 논란의 대상이 된다는 점과 관계가 있다. 그는 한때 역사의 무대 뒤로 밀려났으나, IMF를 계기로 '박정희 신드롬'을 불러일으키며 부활했다. 박정희 신드롬은 한국의 경제적 성공과 깊은 관계가 있다. 한국은 전 세계 개발도상국의 경제개발 가운데 가장 성공적인 사례에 속한다. 그 중심에 박정희의 통치가 자리 잡고 있다. 한국 경제의 발전이 그의 몫인지 또 다른 원인 때문인지는 앞으로도 논란이 되겠지만, 그가 통치한 기간 동안 한국 경제가 비약적으로 성장하고 현재 한국 경제를 위한 기초가 마련된 것은 부인할 수 없다. 한국 경제의 신화가 지속되는 한 박정희의 그림자가 한국 현대사의 주변을 서성일 것이다.

마지막으로 정치적 파행과 더불어 그가 남긴 정신적 유산 때문이

다. 그의 통치와 관련하여 5 · 16이라는 쿠데타가 일차적으로 문제가
되고, 삼선 개헌과 이후 박정희 정권의 정치적 정당성에도 계속 문제
가 제기되는 상황이다.• 유신 체제는 논란의 여지가 없는 일이지만,••
아직도 그에 합당한 정리가 되지 않은 상태다.

민주주의를 평가 기준으로 보지 않는 사람들 •

박정희는 기본적으로 민주주의자와 거리가 먼 인물이다. 그의 정신
세계는 일본 군국주의를 신봉하는 극우 청년 장교들의 사상과 밀접
히 연결되며, 그의 목표는 국가의 산업화와 근대화, 부강한 국가 건
설뿐이었다.••• 박정희는 국가주의와 극우 민족주의, 반공 애국주의
사고에서 군대식 동원 체제를 가동하여 국가를 근대화하고 경제 건
설을 추진했다. 그 과정에서 걸림돌이 되는 것은 가차 없이 제재하고

■ '민주화운동관련자 명예회복 및 보상 등에 관한 법률'(민주화운동보상법)에서는 1964년 한
일회담 반대 운동부터 권위주의 통치에 항거한 운동을 민주화 운동으로 보지만, 삼선 개헌과 유
신에 이르는 박 정권의 행로에 정당성을 부여하기는 어렵다. 민주화운동보상법 2조 1항 참조.
　2조(정의) 이 법에서 사용하는 용어의 정의는 다음과 같다.
　1. '민주화 운동'이라 함은 1964년 3월 24일 이후 자유 · 민주적 기본 질서를 문란하게 하고
　헌법에 보장된 국민의 기본권을 침해한 권위주의적 통치에 항거하여 헌법이 지향하는 이념
　및 가치의 실현과 민주 헌정 질서의 확립에 기여하고 국민의 자유와 권리를 회복 · 신장시
　킨 활동을 말한다.
■■ 유신 체제가 자유민주주의 체제와 거리가 멀다는 것은 보수적인 인사들조차 인정하는 사
실이다. 박정희의 통치 경륜에 높은 평가를 하는 윤여준도 유신 체제는 논란의 여지가 없다며
평가하지 않는다. 《대통령의 자격》(윤여준 지음, 메디치미디어, 2011) 300~304쪽 참고.
■■■ 이와 관련해서는 《박정권 18년 : 그 권력의 내막》(이상우 지음, 동아일보사, 1986)을 참
고할 수 있다.

반민주적인 인권침해도 서슴없이 자행했다.

박정희는 서구식 자유민주주의 체제가 자기 목표를 달성하는 데 걸림돌이 된다고 보고, '한국적 민주주의'를 주창하며 유신 체제를 만들었다. 조갑제가 "박정희의 혁명적 발상은 당시 한국의 지배층과 지식인들이 의심 없이 받아들이던 '민주주의는 신神이다'라는 신앙에 도전했다는 점이다"■라고 말한 것은 이런 의미다. 박정희는 민주적 토론이나 다양한 의견 수렴 같은 것은 서구에서나 가능한 일이라고 보았다. 그는 한국처럼 경제 발전과 근대화, 민족중흥을 위해 국민적 에너지를 모아야 하는 후진국에서는 오히려 이런 행위들이 불합리하고 비효율적이라며 끊임없이 배척했다.

박정희의 과감한 추진력과 '용단 있는' 리더십을 높게 평가하는 사람들은 그를 '혁명가'라고 부른다.■■ 이런 관점에서 박정희를 보면 그의 행동이 합법적이었나 하는 점은 부차적인 것이 된다. 대다수 혁명이 법률의 테두리를 벗어나서 진행되기 때문에 합법성은 평가 기준이 될 수 없다. 그가 추구한 목적이 정당했는가, 그것을 위해 사심 없이 자신을 던져 일했는가, 소기의 성과를 거두었는가 등이 평가 기준이 될 뿐이다. 그런 점에서 보면 박정희는 일정한 성과를 거둔 게 분명하다. 세계 최하위 경제 빈국에서 개발도상국의 반열에 올려놓았

■ 《국가와 혁명과 나》(박정희 지음, 지구촌, 1997) 9쪽 '조갑제 해설' 참조.
■■ 조갑제를 비롯한 극우 논객뿐만 아니라 '합리적 보수'(스스로 '진보적 보수'라고 말하기도 한다)로 평가되는 윤여준 같은 사람조차 박정희를 그렇게 본다(윤여준, 앞의 책 참조). 《내 무덤에 침을 뱉어라 1~8》(조갑제 지음, 조선일보사, 1998~2001)은 그런 사고로 쓴 대표적인 책이다. 보수적인 관점의 박정희 옹호를 비판하는 책으로는 《네 무덤에 침을 뱉으마! 1~2》(진중권 지음, 개마고원, 1998)가 있다.

고, 북한과 경쟁에서도 1975년 무렵 경제적으로 역전하는 데 성공했기 때문이다.

그렇다고 해서 박정희에 대한 비판적 평가가 없어지는 것은 아니다. 그가 진정으로 '위기에 처한 조국을 구하기 위해' 5·16을 일으키지 않았다는 것은 객관적으로 분명히 확인된다. 그가 '조국의 근대화'를 위해 '사심 없이' 일했는가 하는 점에도 아니라는 증거를 얼마든지 댈 수 있다. 출세와 명예욕을 채우기 위해 5·16을 일으켰고, 권력욕을 감추기 위해 '근대화 혁명가'를 자처했다는 평가도 가능하다. 박정희가 한국적 민주주의를 내세우며 민주주의의 일반 원칙과 인권을 마구 짓밟았다는 사실은 거론할 필요도 없다.·

민주화 운동의 시대이기도 하다 •

1960년대와 1970년대는 박정희 시대이자 민주화 운동의 시대다. 박정희는 4·19라는 '혁명'을 뒤집는 5·16이라는 '반혁명'으로 권력을 잡았다. 그는 군인이었고, 그들의 표현에 따르면 "목숨 걸고 혁명을 했다". 박정희는 군복을 벗은 뒤에도 군대식 사고를 버리지 못했으며, 근대화 혁명과 집권을 위해 수단과 방법을 가리지 않았다. '정치공작사령부'라 할 수 있는 중앙정보부를 만들고, 삼선 개헌을 강행했으며, 유신 체제를 선포했다. 유신 체제는 1인 지배 체제를 제도화

■ 이런 문제는 본문에서 구체적으로 다룰 것이다.

한 것으로, 민주주의와 아무런 관계가 없다. 그것은 박정희와 소수 친위 인사들이 권력을 독점한 '집정관 체제' 다.˙ 그는 경제 발전을 이룩했지만 분배보다 성장에 치중했고, 대기업과 독점재벌을 키우는 데 주력했다.

5·16이 일어났을 때는 군부에 대항할 힘이 없고 그 실체를 정확히 알지 못해 크게 반발하지 않았지만, 한일회담에서 박정희 정권의 실체가 드러나자 학생들의 반대 시위가 시작되었다. 한일회담 반대 시위를 출발점으로 박정희가 지배하는 내내 학생들의 반정부 시위가 끊이지 않았다. 6·3 굴욕 외교 반대 시위, 삼선 개헌 반대 시위, 교련 반대 시위, 유신 반대 운동 등이 대표적이다.

반정부 운동은 학생뿐만 아니라 야당과 교수, 종교인, 언론인, 노동자, 농민 등 다양한 인물과 집단, 세력에 의해 전개되었다. 1970년대 유신 체제를 거치면서 종교인과 교수, 제도권에서 밀려난 정치인 등이 이른바 '재야 세력'을 형성했다. 1970년대 민주 노조 운동은 노동자들의 권익을 쟁취하기 위한 운동에서 한 걸음 더 나아가 한국 사회의 민주화를 위한 운동으로 발전했다. 민주 노조 운동은 전태일이나 김경숙 같은 주변인들이 역사의 주인으로 등장하는 과정에 나타난 운동이라는 점에서 그 의미가 남다르다. 이들의 활동이 모여서 민주화 운동의 시대를 만들었다.

■ 재미 정치학자 길영환 교수는 유신 체제를 로마의 집정관 제도에 비유하여 '프리토리안(praetorian) 권력 체제'라고 불렀다. 《정치공작사령부 남산의 부장들 1》(김충식 지음, 동아일보사, 1992) 292쪽 참조.

절대 권력은 반드시 부패한다 •

박정희의 저서 가운데《국가와 혁명과 나》란 책이 있다. 1963년 9월 초판을 발행했고, 1997년에 조갑제의 해설을 덧붙여 다시 발간했다.• 이 책에서 우리는 5·16과 그 후 근대화에 대한 박정희의 사고 체계를 읽을 수 있지만,•• 논리 정연하게 정리되지는 않았다. 조갑제는 그럼에도 이 책을 재출간하는 것은 "이 책이 담고 있는 격정과 비전이 아직도 우리에게 유효하기 때문"이라고 주장했다. 이 책에서 그런 '격정'은 볼 수 있지만, '비전'이 무엇인지는 알 수 없다. 그만큼 사상적·이론적 체계가 부족하다는 이야기다.•••

조갑제의 말처럼 박정희의 격정과 진정성을 이해한다면 모든 문제가 해결될까? 그렇지 않다. 아무리 의도가 좋아도 수단과 방법이 정당하지 않으면 결국 무너지기 때문이다. 정치라고 예외가 될 수는 없다. 정당하지 않은 수단과 방법으로 어떤 체제가 일시적으로 유지될 수는 있지만, 영원히 지속될 수는 없다. 박정희의 몰락도 그런 관점

■ 이 책은 박정희의 생각과 이야기를 박상길(나중에 청와대 대변인과 수협회장을 지냄)이 정리해서 재차 확인받는 식으로 작성한 것이니 박정희의 저서라고 봐도 무방할 것이다.
■■ 여기에는 '혁명'(박정희와 이른바 5·16 주체들은 5·16을 이렇게 불렀다. 지금은 대다수 사람들이 '5·16은 쿠데타'라는 데 동의하지만, 여전히 '혁명'이라고 부르기를 갈망하는 사람들이 있다)이 필요했던 이유, 2년간의 업적 보고와 중간 평가, 박정희가 성공적인 모델로 본 중국 쑨원(孫文)의 삼민주의 혁명, 일본의 메이지유신(明治維新), 케말 파샤(Kemal Pasha)의 터키혁명, 나세르(Gamal Abdel Nasser)의 아랍 혁명, '라인(Rhein)강의 기적'을 이룬 독일 이야기, 한미 관계와 통일 등을 정리했다.
■■■ 조갑제는 "혁명가 박정희의 진정한 혁명성은 그가 생전에 자신의 혁명 논리를 체계화하려는 시도를 하지 않은 점에 있다"고 했지만, 나로서는 잘 이해가 되지 않는 말이다. 어쩌면 5·16이 사상적·이념적 기반도 없이 진행된 사건임을 확인해주는 것은 아닐까 싶다. 박정희, 앞의 책, 8~10쪽 참조.

에서 봐야 한다. 설령 우리가 근대화에 대한 박정희의 열망과 가난을 해결하고자 하는 의지, 그 진정성을 인정한다 해도 그의 정치적 독재와 그것을 위한 부패 행위가 정당화될 수는 없다. 반민주적인 인권침해와 1인 지배 체제가 인정될 수는 없다.

'절대 권력은 반드시 부패한다'는 명제는 박정희에게 그대로 적용된다. 아무리 그를 '영웅'으로 미화하고 싶어도 불법적으로 거둬들인 막대한 정치자금으로 야당에게 정치 공작을 펴고 여당을 통제한 일, 나아가 국민에게 금권정치를 자행한 사실을 변명할 수는 없다. 어떻게 보면 박정희에게는 '청렴'이라는 개념조차 없었다.▪ 그는 목적을 위해 수단은 얼마든지 정당화될 수 있다고 믿고 행동했는지도 모르겠다. 객관적인 사실들은 '권력을 쥐었으나 부패하지 않았다'▪▪는 조갑제의 주장이 얼마나 무색한지 보여주는데도 외눈박이들은 그런 말을 재방송하고 있다.

역사는 선동이 아니다. 역사의 서술은 사실에 기초한 합리적이고 이성적인 분석이 되어야 한다. 이것은 진보와 보수의 문제와 차원이 다른 이야기다. 극단과 광신에 빠져서는 역사를 외눈으로 볼 수밖에 없다. 이제부터 박정희가 통치한 1960~1970년대가 어떤 시대였는지 차분한 이성의 눈으로 하나씩 들여다보자.

▪ 박정희가 정치자금을 확보하고 사용한 부분에 대해서는 《한국 현대사 산책―1960년대편 3 : 4·19혁명에서 3선 개헌까지》(강준만 지음, 인물과사상사, 2004); 김충식, 앞의 책을 참조할 수 있다.
▪▪ 박정희, 앞의 책, 8~9쪽.

1

4 · 19혁명

독재자,
권좌에서 끌어내리다

역사의 단죄를 받지 않은 이승만 •

1960년 4월 26일 오전 11시 이승만 대통령이 사임 성명서를 발표했다. 이승만은 "국민이 원한다면 대통령에서 물러나겠다"고 했지만, "국민이 원하기 때문에 물러날 수밖에 없다"는 게 정확한 말이었다. 다음 날 오후 2시 5분 이승만 대통령이 사임서를 국회에 제출했고, 4월 28일 허정 과도 내각이 구성됨에 따라 이승만 정권은 종말을 고했다.

그러나 자유당 정권은 '돌연사'나 '급사'보다 '안락사' 했다는 편이 정확하다. 이승만은 혁명 군중에 의해 처벌받지 않았고, 혁명재판에 회부되지도 않았다. 혁명에서는 과거 통치자가 어떤 식으로든 처벌받는데, 해외로 도피하거나 망명하는 경우도 적지 않다. 이승만 또한 1960년 4월 '혁명 아닌 혁명'에서 민중의 단죄를 받지 않고 망명함으로써 권력자의 비참한 최후를 피할 수 있었다. 이승만은 4월 29일 한국 국민들 몰래 하와이Hawaii로 도망쳤다. 그 사실을 아는 사람은 허정 과도 정부 수반과 일부 인사들뿐이었다.

이승만은 1912년 한국을 떠나 미국으로 갔다가 1945년에 돌아왔으나, 1960년 다시 조국을 떠나는 신세가 되었다. 그는 1965년 하와이에서 사망한 뒤에야 고국으로 돌아올 수 있었다. 이승만은 국민의 저항으로 권좌에서 물러나 망명을 선택했지만 국립묘지에 안장되었다. 이상한 일이 아닌가. 이승만이 국립묘지에 안장된 것은 박정희가 정권을 잡고 있었다는 사실과 무관하지 않다. 이승만을 축출한 민주 정부가 정권을 이어갔다면 그런 일은 일어나지 않았을 것이다.

국민의 염증이 심해지다 •

이승만은 왜 권좌에서 쫓겨나는 신세가 되었을까? 그가 권좌에서 물러난 것은 민심을 얻지 못했기 때문이다. 이승만은 자신의 권력욕을 채우기 위해 헌정 질서를 파괴했으며, 나아가 국민이 도저히 받아들일 수 없는 부정선거를 저질렀다. 이에 분개한 학생과 시민이 들고일어나면서 하야할 수밖에 없었다.

이승만 대통령은 처음부터 국민의 신임을 얻지 못했다. 그는 대통령이 되자마자 과대 반공 국가를 구축해서 국민을 통제하는 데 열을 올렸고, 취약한 통치 기반을 강화하기 위해 친일파 청산을 외면했다. 입으로는 북진 통일을 외쳤지만, 북한의 침공에 제대로 대비하지 못해 국민을 전쟁의 고통 속에 몰아넣었다. 그러고도 반성할 줄 몰랐으며, 권력을 유지하기 위해 정권을 경찰국가처럼 운영했다.

이승만은 전쟁 와중에도 정권을 연장하는 데 혈안이 되어 부산 정치 파동을 일으켰다. 임시 수도 부산에서 경찰과 민의대를 동원해 국회의사당을 포위하고 의원들을 협박했으며, 자신에게 비판적인 야당 의원들을 체포·구금하고 공산당으로 몰아세웠다. 대낮에 백골단과 땃벌떼 같은 정치 깡패들이 부산 시내를 휩쓸고 다니면서 공포 분위기를 조성하고, 야당 인사들이 모여 시국을 논하는 자리를 습격하여 난장판으로 만들었다. 살벌한 정치 상황에 생명의 위협을 느낀 김성수 부통령은 사표를 던지고 외국 병원선으로 피신했다.

이승만은 민주주의를 파괴하는 행위를 서슴지 않았고, 민중의 고달픈 삶에는 관심이 없었다. 황폐해진 민중의 삶은 전쟁이 끝난 뒤에도 전혀 나아지지 않았다. 이승만이 국민의 지지를 받지 못했음에도 권력을 유지한 것은 경찰국가식 통제와 정치 깡패를 동원한 폭력과 테러 덕분이다.

그러나 이승만 정권에 대한 국민의 염증은 날로 심해졌다. 전쟁의 공포에서 조금씩 벗어나면서 국민들이 자기 의사를 표현하기 시작했다. 1956년 정부통령 선거에서 국민들은 이승만 정권의 충견이 된 경찰의 노골적인 압박과 정치 깡패를 동원한 테러에도 장면을 부통령으로 선출했고, 조봉암 후보에게 많은 표를 주었다. 국회의원 선거에도 새바람이 불었다. 민주당 구호처럼 '못 살겠다 갈아보자'는 희망이 싹을 틔웠다.

노골적이고 공공연한 부정선거 공작 •

1960년 3월 15일 4대 정부통령 선거가 다가오자, 자유당 정권은 선거에서 승리하기 위해 온갖 방책을 짜냈다. 경찰권과 관료 통제권이 있는 내무장관 최인규는 일선에서 부정선거를 직접 지휘했다. 그는 내무차관, 치안국장(지금의 경찰청장), 내무부 지방국장과 함께 지방자치단체장을 모아놓고 말했다.

> 과거 정부통령 선거 때 사망한 신익희에 대한 추모 투표와 조봉암의 실적을 보더라도 이번 정부통령 선거에서 종래의 방식으로는 자유당 입후보자가 당선될 수 없으니 어떤 비합법적인 비상수단을 사용해서라도 이승만 박사와 이기붕 선생이 꼭 정부통령에 당선되도록 하라. 세계 역사상 대통령 선거에 소송이 제기된 일이 있느냐? 법은 나중이니 우선 당선시키고 봐야 한다. 콩밥을 먹어도 내가 먹고, 징역을 가도 내가 간다. 국가 대업을 수행하기 위하여 지시하는 것이니 군수와 서장들은 솔선하여 다음과 같은 부정선거의 구체적인 방법을 완수하라. 서장들은 내가 시키는 대로만 하라.

그러면서 구체적인 부정선거 방법까지 제시했다.

첫째, 4할 사전 투표다. 기권표, 선거인 명부에 허위 기재된 유령 유권자표, 금권으로 매수한 기권표 등 전체 유권자의 4할에 해당하

■ 《기자가 본 역사의 현장》(한국편집기자회 편저, 나라기획, 1982) 357~358쪽.

는 표를 준비했다가 투표 개시 전에 투표함에 집어넣는 방법이다.

둘째, 3인조 혹은 9인조 공개투표다. 자유당 입후보자에게 투표하도록 미리 짜놓은 유권자를 3인 혹은 9인씩 조를 짜서 조장의 지휘와 감시 아래 투표하는 방법이다.

셋째, 완장 부대다. 팔뚝에 찬 완장은 권력을 상징하는 매개물이다. 완장은 사람들을 위축시킨다. 자유당 계열의 유권자들이 자유당 완장을 차고 투표소 부근을 어슬렁거려서 야당 측 유권자에게 심리적으로 압박하는 방법이다.

넷째, 야당 참관인 축출이다. 민주당 측 참관인을 매수해 참관하지 못하도록 하거나, 여의치 않을 경우 시비를 걸어 같이 퇴장하게 만드는 방법이다.

정부와 당이 공동 기획한 범죄 ·

관권을 동원한 부정선거는 여기에서 그치지 않았다. 이강학 치안국장은 1960년 1월 30일 전국 경찰국장 회의를 소집해서 부정선거 방법을 다시 지시했다.

첫째, 자유당 완장을 찬 사람들을 투표소 100미터 안팎에 배치하여 분위기를 자유당 일색으로 하는 동시에 야당 측 유권자에게 심리적으로 압박할 것.

둘째, 투표함 수송 도중에 투표함을 바꾸고 개표할 때 표를 섞거나 바꿔치기할 것.

셋째, 개표가 완료된 후 투표 계산서를 허위로 발표하고, 자유당 입후보
자의 득표 목표를 83퍼센트 이상으로 조작할 것.'

이 모든 일을 종합적으로 기획한 것은 내무장관 최인규, 자유당 중
앙위원회 부의장 한희석 등이다. 한희석은 자유당의 당무위원, 기획
위원 등과 함께 선거 전략과 선거 자금 조달을 책임졌고, 최인규는 국
무위원들과 상의하여 부정선거의 실질적인 집행을 담당했다. 정부와
집권당이 공동으로 조직적인 범죄행위를 저지른 것이다.

자유당과 정부의 노골적인 부정선거 행위는 곧 세상에 드러났다.
정의감에 불타는 하급 경찰관 한 명이 경찰의 '부정선거 지령서'를
민주당에 전달해 자유당의 부정선거 공작 내용이 폭로된 것이다. 하
지만 최인규는 오리발을 내밀었다. "그런 일 없다. 그게 사실이라면
내가 당장 내무장관을 그만두겠다"고 오히려 큰소리쳤다.

이렇게 해서 사상 초유의 3 · 15 부정선거가 치러졌다. 선거는 하
나 마나 한 일이었다. 유권자 1119만 6490명 가운데 1055만 9482명
이 참여해 투표율 94.3퍼센트를 기록했다. 선거 결과는 예상대로 이
승만이 963만 3376표(88.7퍼센트)를 얻어 대통령에, 이기붕이 833만
7059표(78퍼센트)를 얻어 부통령에 당선되었다고 발표했다.

■ 《대한민국 50년사 1》(임영태 지음, 들녘, 1998) 256~257쪽.

4·19의 도화선이 된 마산 시위 •

그러나 이것은 이승만과 자유당의 패배를 의미했다. 국민들의 분노가 하늘을 찔렀고, 정권의 조종을 울릴 행동이 개시되었다. 선거 당일(3월 15일) 낮부터 마산에서 벌어진 시위는 밤늦게까지 계속되었다. 한 달 뒤인 4월 12일, 다시 마산에서 대규모 시위가 벌어졌다. 2차 마산 시위를 불러온 것은 사진 한 장이다. 그날 〈부산일보〉에는 눈에 최루탄이 박힌 채 마산 중앙부두에 떠오른 김주열 학생의 사진이 실렸다. 부정선거 반대 시위 도중 경찰의 최루탄을 맞고 사망한 김주열을 바다에 던졌는데, 시체가 물 위로 떠오른 것이다.

17세 김주열은 마산상고 입학시험을 치르기 위해 전북 남원에서 마산의 할머니 댁에 와 있었는데, 3월 15일 1차 마산 시위에 참가한 뒤 행방불명 상태였다. 아들이 실종되자 그의 부모는 자식을 찾아 마산 시내를 헤매고 다녔다. 그 바람에 김주열이 실종된 사실을 모르는 시민이 없을 지경이었다. 그런데 김주열이 한 달 만에 참혹한 주검이 되어 부모와 시민들 앞에 모습을 드러낸 것이다.

김주열의 사진이 공개되자 마산 시민들은 분노했다. 2차 마산 시위는 4월 19일까지 이어져 4·19혁명의 도화선이 되었다. 매일 시민과 학생 수만 명이 마산 시내에서 시위를 벌였다. 경찰서와 파출소, 자유당 의원 사무실, 대한반공청년단 사무실 등이 공격을 받아 불탔다. 2차 마산 시위는 부정선거 반대 시위를 전국으로 번지게 하는 기폭제가 되었다. 4월 18일에는 서울에서 고대생 4000여 명이 시위에 나섰다가 깡패들의 습격을 받아 부상 당하는 사건이 일어났다. 이 사건도 사태를 반전시키는 데 중요한 원인으로 작용했다.

4월 19일 전국 27개 대학에서 학생들이 일제히 시위에 나섰다. 그동안 대학생들은 시위를 제대로 벌인 적이 없었고, 서울에 있는 대학생들은 더욱 심했다. 2월 18일 대구에서 고등학생들이 시위에 나서고, 마산에서 3월 15일부터 시위에 나섰지만, 서울에 있는 대학생들은 꿈쩍하지 않았다. 고등학생들이 대학생 형들은 각성하라는 구호를 들고 나오기도 했다. 창피한 일이다. 마침내 4월 19일 서울에서, 전국에서 대학생들이 들고 일어났다.

자유의 열정으로 피 흘리며 싸우다 •

그러나 대학생들의 사고는 지극히 감상적이었다. 이성과 진리, 자유, 양심, 정의 등 추상적인 사고에서 벗어나지 못했다. '역사에 남을 명문'이라고 '칭송'받는 서울대 문리대의 〈4 · 19 학생 선언문〉을 보면 그런 사실을 쉽게 알 수 있다.

> 상아의 진리 탑을 박차고 거리에 나선 우리는 질풍과 같은 역사의 조류에 참여함으로써 이성과 진리 그리고 자유의 대학 정신을 현실의 참담한 박토에 뿌리려 하는 바이다.

■ 이 사건들은 모두 부산 MBC 방송이 현장에서 녹음하여 라디오 전파를 타고 전국에 퍼졌다. 이런 언론 보도가 4 · 19혁명의 기폭제 구실을 했다.

오늘의 우리는 자신들의 지성과 양심의 엄숙한 명령으로 하여 사악과 잔
학의 현상을 규탄, 광정匡正하려는 주체적 판단과 사명감의 발로임을 떳
떳이 천명하는 바이다.*

이렇게 시작된 선언문은 점점 감정을 고조하지만, 감상과 열정이
있을 뿐 사회와 현실에 대한 체계적인 이해는 없다. 자신들이 무엇을
위해 싸우는지 제대로 인식하지 못한다면 설령 정권을 무너뜨린다
해도 그다음 결과가 낙관적이지 않을 것이다. 그런 한계가 있었기에
4 · 19는 곧 한계에 봉착한다.

4월 19일 학생들은 국회의사당이 있는 태평로 일대에서 시위를 벌
이는 한편, 일부가 이승만 대통령과 담판을 요구하며 경무대(청와대)
로 향했다. 학생들이 계속 전진하자, 오후 1시 30분 경찰이 발포를
시작했다. 청년 학생들이 피를 흘리며 쓰러졌다. 사망자가 속출했지
만 시위는 멈추지 않았다. 시위대에 시민들도 가세했다. 학생 시위가
시민 봉기로 발전한 것이다. 자유당의 개 노릇을 하며 국민의 원성을
사던 〈서울신문〉과 대한반공청년단 본부가 군중의 습격을 받아 불탔
다. 사태가 걷잡을 수 없이 확산되자, 오후 3시 계엄령이 선포되고
군대가 동원되었다. 비로소 질서가 회복되기 시작했다.

그러나 이날 군대가 동원되기 전에 경찰이 발포하여 101명이 사망
하고, 456명이 부상을 당하는 참극이 벌어졌다. '피의 화요일'이었

■ 《자유의 종을 난타하라 : 우리 역사를 바꾼 말 · 말 · 말—동학혁명에서 제2공화국까지
1894~1960》(손동우 · 양권모 지음, 들녘, 2007) 380쪽.

다. 대규모 사상자가 발생하면서 사태는 심각해졌다. 이날의 시위와 발포로 이승만은 사실상 끝났다. 이승만과 자유당은 온갖 방법으로 정권을 연장해보려 했지만 실패하고 말았다. 4월 19일 시위 이후 미국은 사태를 예의 주시하면서 이승만에게 사임 압력을 가했다. 미국이 정국에 개입하면서 상황은 급변했다.

준비 안 된 혁명이 성공하다 •

처음에 이승만은 미국의 사임 요구에 저항했으나, 계속되는 압력에 버틸 수 없었다. 미국에게는 이승만 정권의 목을 조일 모든 수단이 있었다. 먼저 대화로 정치적 압박을 하고, 그다음에는 경제원조를 끊는다며 협박하고, 그래도 안 되면 군대를 동원'할 수도 있었다. 한국 언론에 영향을 미쳐 여론을 움직이는 동시에, 미국의 다양한 행동 메시지를 한국 내 영향력 있는 인사들에게 보낼 수도 있었다.

당시 한국에 대한 미국의 영향력은 지금과 비교할 수 없을 정도로 막강했다. '주한 미 대사는 사실상 한국 총독'이라는 이야기를 공공연히 할 정도였다. 국민들도 속된 말로 미국 하면 '깜빡 죽던' 시대다. 그러니 이승만인들 어쩌겠는가.

4월 23일 장면 부통령이 사임하고, 25일 대학교수단의 시위가 있었다. 25일과 26일 시민과 학생들의 대규모 항의 시위가 벌어졌다.

■ 물론 그것은 군부를 동원하는 쿠데타가 될 것이다.

그날은 군대마저 시위를 방관했다. 4월 26일 오전 11시 마침내 이승만이 라디오를 통해 사임 성명서를 발표하고, 27일 오후 2시 5분 국무원 사무국을 통해 대통령 사임서를 국회에 제출했다. 4월 28일 새벽 이기붕 일가가 자살했다. 이강석이 총으로 가족을 쏜 다음 자살했다고 발표되었다.

이승만은 사임에 앞서 서울시장을 역임한 허정을 행정권자로 지명했다. 순리대로라면 장면 부통령이 대통령의 권한을 넘겨받아 임시 정부를 주도해야 하지만, 장면은 그럴 생각이 없었다. 다음에는 의원내각제 정부가 될 것이 분명한데, 그러면 실권 없는 대통령에 선출될 가능성이 높았기 때문이다. 여기에는 장면이 이끄는 민주당 신파와 윤보선이 이끄는 민주당 구파의 심각한 파쟁이 개입되었다. 이 파쟁이 결국 피 흘린 혁명을 허사로 돌리는 한 원인이 되었다.

행정권을 넘겨받은 허정은 조각을 발표하고, 4월 29일 첫 각료 회의를 열었다. 4·19와 함께 이승만 정부가 무너지고 허정 과도 정부가 출범한 것이다. 이는 4·19의 출발이었다. 이제부터 혁명이 본격적으로 시작되어야 하는 것이다. 하지만 준비되지 않은 학생들은 혁명을 성공적으로 이끌 수 없었다. 이것이 4·19혁명의 근본적인 한계였다.

2

민주당의 분열

장면 정권의
운명을 결정짓다

발전적인 분열과 퇴행적인 분열 •

정치 세계에서 파벌이 없을 수는 없다. 정치 노선과 정책을 둘러싼 갈등에 따라 파벌이 생길 수도 있고, 정치적 이해관계에 따라서도 파벌이 생길 수 있다. 다른 어떤 것보다 경쟁이 치열하고, 승자 독식의 가능성이 높은 정치에서 파벌은 어쩌면 필연적인지도 모른다. 파벌은 정치 세계뿐만 아니라 인간이 사는 모든 곳에 있다. 심한 경우 두 사람이 있으면 두 조직이 생길 정도니까. 인간은 원초적으로 차이를 드러내고 싶어 하는 존재인지 모르겠다.

그러나 모든 경우 차이가 곧 파벌이 되는 것은 아니다. 차이는 남과 다른 나를 확인하는 과정이다. 차이가 있어도 한 조직에서 융화하거나, 파벌로 나뉘지 않을 수도 있다. 그런 점에서 인간은 공동체적 존재다. 아무리 차이가 있어도 혼자서는 살 수 없다. 차이를 인정하고 대화하며, 나아가 필요하다면 공동의 조직에서 살아야 한다. 그래서 인간 세계는 분열과 통합이라는 양면성이 있다.

정치 세계에서 파벌이 생기는 원인은 여러 가지다. 일차적으로 생각의 차이, 즉 노선과 정책의 차이에서 기인한다. 그러나 때로는 노선의 차이라고 할 수 없는 감정이 파벌의 중요한 원인이 되기도 한다. 누가 주도권을 쥘 것인가 하는 문제도 파벌이 생기는 주원인이다. 종합하면 이해관계를 둘러싼 갈등과 대립이라고 할 수 있다.

정치에서 노선이나 정책이 달라 분열된다면 어쩔 수 없는 일이다. 정책과 노선의 차이는 서로 다른 정당을 만드는 기초가 되어 대체로 대중의 인정을 받는다. 정치에서 분열이 반드시 나쁘다고 말할 수 없는 것도 이 때문이다. 경우에 따라서는 발전적인 분열도 있다.

그러나 누가 봐도 납득이 되지 않는 지저분한 이유로 파벌이 형성되고, 그것이 분열로 발전하는 경우도 종종 벌어진다. 그때 파벌은 대중에게 나쁜 이미지로 각인되며, 조소의 대상이 되기도 한다. 이는 퇴행적인 분열이다. 우리는 이런 모습을 4·19 이후 민주당 신·구파의 분열에서 본다.

민주당, 4·19혁명에 무임승차하다 •

4·19혁명의 가장 큰 수혜 집단은 보수 야당인 민주당이다. 민주당은 4·19로 이승만이 하야하고 자유당의 정치적 기능이 완전히 정지되면서 제도권 내 유일한 정치집단이 되었고, 유력한 경쟁자 하나 없는 가운데 다음 정권의 담당자가 되었다. 민주당은 하루아침에 권력

을 집어삼켰지만, 그것이 당연한 결과라고 말하기에는 한 일이 너무 없었다.

민주당이 이승만 정권에서 정치적 탄압을 받지 않았다고 말할 수는 없지만, 그들이 당한 수모와 핍박은 일반 국민과 비교도 안 된다. 이승만 정권을 향한 대중의 분노가 폭발하면서 4·19로 발전했고, 그 과정에서 수많은 학생과 시민들이 희생되었다. 그러나 시위대가 거리에서 매일같이 피를 흘리며 쓰러지는데도 야당은 제 역할을 하지 못했다. 일반 당원뿐만 아니라 민주당의 책임 있는 인사도 시위 대열에 참여하지 않았다. 그 때문에 민주당은 '무임승차설'에 적잖이 시달렸다.

자유당이 붕괴된 다음에도 민주당은 정국을 주도할 대안을 내놓지 못했다. 이승만이 물러나면서 내각 수반으로 허정을 지명했으나 민주당은 속수무책이었다. 과도 정부 수반이 된 허정은 4·19를 '혁명이 아닌 의거'로 규정하면서 "혁명을 비혁명적인 방법으로" 마무리 짓겠다고 했다. 허정 과도 정부는 사실상 이승만 정부의 연장으로, 불필요한 정부였다. 민주당은 혁명의 정치적 주체로서 사명감이나 책임 의식이 없었고, 그 때문에 4·19가 낳은 혁명적 상황을 발전시키지 못했다.

■ 《1960년대의 사회운동》(박태순·김동춘 지음, 까치, 1991) 75쪽.

장면의 '정략적 사임설'에서 볼 수 있는 문제들 •

민주당은 이승만 반대, 자유당 반대를 외치는 것 말고 진정한 의미에서 수권 능력이 있는 정당인지 의심받을 수밖에 없었다. 이 점은 민주당 지도자 장면이 부통령직을 사임한 데서도 제기될 수 있다. 장면은 이승만이 하야를 고심하던 4월 23일 부통령직에서 사임했다. 장면이 사임한 이유는 이승만의 하야를 촉진하기 위한 것이었다고 한다. 자유당 의원들은 이승만이 사임하고 부통령 장면에게 권력이 이양되는 것을 두려워했는데, 이런 의구심을 떨쳐버리기 위해 장면이 사임했다는 것이다. 이승만이 곤궁에 처한 상황에서 권력을 장악하려 한다는 인상을 주는 것이 싫었고, 부통령으로서 도의적인 책임감도 무시할 수 없었다고 한다.

그러나 이런 주장은 설득력이 약하다. 이승만이 하야 결심을 하는 데 장면의 사임 여부가 영향을 미치지는 않았다. 장면은 부통령이지만, 권력에서 완전히 소외되어 도덕적 책임을 질 이유가 없었다. 국민들이 스스로 혁명적 상황을 만들어냈으니 남의 불행에 편승한 권력 장악으로 볼 이유도 없었다.

이보다는 나중에 구파가 제기한 '정략적 사임설'이 타당성 있다. 장면이 그때 사임하는 것이 새 정부에서 권력을 잡는 데 유리할 것으로 보아 부통령직을 내놓았다는 주장이다. 이승만의 권위주의와 독재정치에 염증을 느끼는 상황이었으므로 다음에는 내각제 개헌이 유

■ 《한국 정당정치 실록 2》(연시중 지음, 지와사랑, 2001) 241쪽.

력시되었는데, 현직 대통령이 총리 경쟁에 나서는 것은 모양새가 우습기 때문에 부통령직을 사임했다는 것이다.

그와 같은 주장이 나온 것은 정략적 사임설의 타당성 여부를 떠나 민주당이 안고 있는 문제의 단면을 보여준다는 점에서 중요하다. 장면은 부통령직을 사임하면서 당의 공식 기구에서 논의하거나 구파의 지도자들과 사전에 협의하지도 않았다.˙ 민주당은 이처럼 중대한 정치적 결정을 내부에서 논의하기도 어려울 만큼 파벌 갈등의 골이 깊었다.

혁신 세력을 배제하고 보수 연합으로 출범한 민주당 ·

민주당은 1955년 다양한 이승만 반대 세력이 결집하여 만든 보수정당이다. 여기에는 신익희와 조병옥의 민국당(민주국민당) 계열, 장면과 정일형의 홍사단 계열, 현석호를 비롯한 자유당 탈당 계열, 기타 무소속 구락부 계열이 참여했다.

이 과정에서 조봉암과 이범석, 장택상은 배제되었다. 조봉암은 좌익 전향자(혁신파)라는 이유로, 이범석과 장택상은 독재 행위(부산 정치 파동 때 국무총리와 내무장관으로서 사건의 책임자였다)를 이유로 민국당 계의 핵심들이 반대했기 때문이다. 이때 조봉암은 진보당을 결성했고, 이범석과 장택상은 자유당으로 돌아갔다. 이로써 야당은 보수계

■ 《야당 40년사》(이영석 지음, 인간사, 1987) 91쪽.

의 민주당과 혁신계의 진보당으로 분열되었고, 민주당은 보수정당으로 고착되는 한계를 떠안았다.

　민주당의 한계와 문제점은 이뿐만 아니다. 민주당은 다양한 세력이 모인 정당인데, 파벌 갈등을 해소하지 못했다. 어느 나라 어느 정당에도 파벌이나 계파는 존재하지만, 계파 갈등이 당의 존립을 위협할 수 있는 상황이어서는 안 된다.

민주당의 양대 파벌인 구파와 신파 •

민주당에는 다양한 정치 세력이 존재했지만, 크게 신파와 구파로 나눌 수 있다. 구파는 1955년 민주당이 창당되기 전에 민국당을 구성하던 정통 보수 야당 출신이다. 민국당은 김성수, 조병옥, 윤보선 등 지주 출신 한민당(한국민주당)과 신익희, 이청천 등 임시정부 출신 세력이 연합하여 1949년에 결성한 정당이다. 이들은 대한민국 정부 수립 과정에서 여운형, 박헌영 등 좌파 세력과 김구, 김규식 등 남북 합작 세력을 배제하기 위해 이승만과 힘을 합쳤으나, 1948년 정부 수립과 함께 권력 배분을 두고 갈등을 빚으면서 이승만 반대 세력으로 돌아섰다.

　신파는 민주당 창당 때 처음 야당에 합류한 인사들이다. 이들은 민주당에 참여하기 전 무소속이나 원내 자유당에서 활동했다. 원내 자

■ 《대한민국사 1945~2008》(임영태 지음, 들녘, 2008) 182쪽.

40

유당은 이갑성과 김동성이 주축이 되어 원내를 중심으로 결성한 자유당으로, 이범석이 주축이 된 원외 자유당과 대립했다. 이승만이 원외 자유당을 택함으로써 원내 자유당은 이승만 반대 세력이 되었다. 판사와 검사 등 일제강점기 관료 출신이 많고, 이승만의 관직 배분에 불만을 품어 이탈한 인사들이 대부분이다.

신파의 핵심은 장면의 흥사단계로, 평안도 출신이 많다. 흥사단계는 미국에 오랫동안 거주한 인물이 많고, 이들은 이승만과 밀접한 관계가 있었다. 신파 지도자 장면이 초대 주미 대사를 지낸 친미 인사인 것은 우연이 아니었다.

외부 경쟁자가 사라지자 내부에서 전선이 형성되다 •

민주당의 계파 갈등은 1960년 정부통령 선거를 앞두고 날카롭게 표출되었다. 3·15선거 후보 지명 대회에서 구파의 조병옥이 신파의 장면에 3표 차이로 승리하여 대통령 후보로 지명되었다. 장면은 부통령 후보가 되었다. 그 뒤 조병옥이 선거가 얼마 남지 않은 상태에서 신병 치료 차 미국에 갔다가 사망하는 바람에 이승만은 자동으로 대통령에 당선되었다. 자유당은 이승만이 고령임을 감안해 이기붕을 부통령에 당선시키려고 온갖 무리수를 두었고, 그 과정에서 4·19가 일어났다.

민주당 신·구파의 갈등은 4·19혁명 후 더욱 심각해졌다. 외부 경쟁자가 사라진 상황에서 권력은 민주당으로 돌아올 수밖에 없는 상황이었고, 과연 7·29 결과 민주당은 대승을 거두었다. 2공화국은 양원제를 채택했다. 하원 격인 민의원의 경우 민주당은 전체 의석 233석 가운데 175석을 차지했다(의석 점유율 75.1퍼센트). 상원 격인 참의원의 경우 57석 가운데 31석을 차지했다(의석 점유율 53.4퍼센트). 외부에 경쟁 상대가 없으니 당연히 내부에서 경쟁했고, 신파와 구파 사이에 새로운 대립 전선이 형성되었다.

파벌 갈등이 끝내 분당으로 발전하다 •

신·구파는 행정부 구성에서 격돌했다. 8월 12일 예상대로 구파의 윤보선이 대통령에 당선되었다. 문제는 총리였다. 대통령은 명예직이고, 실권은 총리에게 있었다. 윤보선은 8월 16일 1차로 구파의 2인자 김도연을 총리로 지명했다. 그러나 김도연은 재적 의원 224명 가운데 찬성 111표, 반대 112표, 기권 1표로 과반수에서 2표가 모자라 실패했다. 다음으로 8월 18일 신파의 영수 장면을 총리 후보로 지명했다. 8월 19일 장면은 225명 중 찬성 117표, 반대 107표, 기권 1표로 과반에서 4표를 더 얻어 가까스로 통과되었다.[*]

총리가 선출되는 과정에서 신·구파의 갈등이 깊어졌다. 파벌 갈등은 의장단 선출 과정에서 급기야 난투극으로 발전했다.[**] 더 큰 문

■ 강준만, 앞의 책, 75쪽.
■ 이영석, 앞의 책, 107~115쪽.

제는 내각을 구성하는 과정에서 벌어졌다. 민주당 신파는 계파를 초월한 내각을 이야기했으나, 뚜껑을 열어보니 신파 10명에 구파 1명, 원외 2명으로 신파 일색이었다. 그러자 구파는 '구파동지회'라는 원내교섭단체를 등록했다. 1960년 9월 23일 현재 민주당 신파 95석, 구파동지회 86석, 민정구락부(무소속 모임) 41석, 기타 9석 등으로 교섭단체가 구성되었다.

장면 총리가 내각 출범 20일 만에 5석을 더 구파에 할당했으나, 구파의 불만은 사그라지지 않았다. 구파는 내각에 참여한 지 4일 만에 분당 작업에 착수했고, 11월 8일 신민당을 결성했다. 11월 26일 민의원의 원내 세력 분포는 민주당 126명, 신민당 65명, 민정구락부 34명, 무소속 8명이 됐다.

대의명분과 합리성에서 벗어난 파벌 싸움 ●

정치에서 갈등은 필연적이지만, 그 갈등이 생산적인 것이 되기 위해서는 납득할 만한 정치적 명분과 합리적 타당성이 있어야 한다. 명분과 타당성은 정책과 노선 경쟁에서 나올 수 있다. 그러나 민주당의 갈등과 분열은 정책과 노선을 둘러싼 건전한 경쟁이 아니라 자리다툼, 권력 암투 등 정략적인 성격이 짙었다.

정치도 인간이 하는 이상 현실적으로 정략적 요소를 완전히 배제할 수 없다. 그럼에도 대의와 명분이 중요하다. 아무리 자리나 권력 다툼이라 해도 국민 대중에게 그들의 파쟁이 어느 정도 인정받을 수 있어야 한다. 그러자면 명분을 쌓기 위한 노력이 필요하다. 일정한 내용이나 그럴듯한 포장이라도 있어야 한다.

권력투쟁을 하는 당사자들은 국민의 눈치를 보면서 두려워할 줄 알아야 한다. 욕심을 자제하는 인내심과 부끄러움을 아는 염치가 필요하다. 그러나 정쟁에 눈이 멀면 날고 기는 재주가 있다는 사람들도 판단력이 흐려진다. 민주당의 파벌 싸움은 오랜 연원이 있지만, 눈앞의 현실 권력을 놓고 자리다툼이 전개되면서 결국 이성을 잃는 수준으로 나아갔다.

혁명을 위험에 빠뜨린 민주당의 분열 •

민주당 신파와 구파의 갈등과 대립, 분열과 분당은 장면 정권을 불안정하게 만드는 가장 중요한 원인이 되었다. 분당에 이어 계속되는 정파 싸움으로 내각은 불안정한 상태를 넘어 휘청거렸다. 당파 분쟁은 내부의 안정에도 장애로 작용했다. 장면 총리는 신민당으로 분당한 구파의 공격에 시달렸고, 민주당 내부조차 제대로 장악하지 못했다. 이철승을 중심으로 한 민주당 내 소장파 또한 장면 정권을 쥐고 흔들려고 했다.

구파의 윤보선 대통령도 신파의 장면 총리를 흔드는 데 한몫 거들었다. 윤보선은 국정 운영을 위해 협조한다면서 내부적으로 논의해야 할 문제를 밖으로 터뜨리고 폭로하기에 여념이 없었다. 대통령과 총리의 갈등은 정쟁 수준이라고 할 수 없을 정도로 유치한 단계에 이

르렀다. 어린애같이 유치한 감정싸움을 벌이기 일쑤였다.˙

장면 정부는 1960년 8월 23일 조각 이후 9월 12일, 이듬해 1월 20일과 5월 3일 모두 세 차례에 걸쳐 개각을 단행했다. 각료들의 평균 재임 기간은 2개월이었다. 이승만 정권 시절 각료들의 평균 재임 기간은 9개월이었다.˙˙ 장관이 일할 수 없는 상황이다. 왜 이런 일이 벌어졌을까? 신·구파의 이전투구泥田鬪狗가 가장 큰 원인이었다.

민주당의 갈등과 분열은 정치적 불안정을 넘어 정권의 안위를 위협했다. 그것은 4·19혁명을 위험에 빠뜨리는 일이었다. 정권이 생명력을 갖추려면 국민의 지지가 절대적으로 필요하다. 싸움질만 하는 정권을 누가 믿고 지지하겠는가. 정치적 야심이 있는 군인들이 이런 상황을 면밀히 주시했고, 정치가 국민의 신뢰를 잃어가자 그 기회를 이용해 정변을 일으켰다. 마침내 장면 정권이 무너졌다. 피로 얻은 혁명이 종언을 고한 것이다.

<hr>

■ 강준만, 앞의 책, 191~194쪽.
■■ 《대한민국 50년사 1》(임영태 지음, 들녘, 1998) 279쪽.

3

정군 파동

군부 쿠데타를 준비하다

후진국의 가장 강력한 파워 집단은 군부 •

시민사회가 발전하지 못한 후진국에서 군부의 정치·사회적 영향력은 막강하다. 2차 세계대전이 끝나고 독립한 여러 제삼세계 국가에서 쿠데타가 일어났으며, 장기간 군사독재 정권이 지배했다. 한국을 비롯하여 파키스탄, 이집트, 태국, 인도네시아, 미얀마, 칠레, 아르헨티나, 브라질, 니카라과, 콜롬비아, 쿠바, 엘살바도르 등이 이런 경험이 있다. 1950년대 이집트의 나세르를 비롯하여 아르헨티나와 미얀마, 태국, 파키스탄에서 군부가 쿠데타를 통해 정권을 장악하는 사태가 벌어졌다.

이승만 정권 시절 한국에서도 쿠데타가 여러 번 모의되었으나 실행되지는 않았다. 기밀 해제된 미국 정부 문서에 따르면, 미국은 수차례 이승만 제거 계획을 세우고 구체적으로 검토했다. 부산 정치 파동을 계기로 한국에서 안정적인 전쟁 수행에 차질이 빚어질 것을 염려한 미국은 '에버 레디 작전Ever Ready operationt'을 세웠으며, 이승만이 폭주할 때마다 이 작전의 실행 문제를 검토했다. 1950년대 군부를 동원한 미국의 쿠데타 계획은 실행되지 않았으나, 결국 4·19혁명 후 5·16으로 현실화되었다.

후진국에서 군부의 영향력이 큰 것은 무력을 장악하고 있기 때문이다. 시민사회가 발전한 선진국에서는 문민이 군을 확고히 통제하고, 법률적 통치가 견고하게 자리 잡고 있기 때문에 군부가 정치적 영향력을 행사하는 것은 불가능하다. 또 선진국은 군 엘리트가 민간 엘리트에 비해 지적 능력을 비롯한 여러 부분에서 앞선다고 보기 어렵지만, 후진국의 장교 집단은 그 사회에서 가장 교육 수준이 높고 잘 훈련된 엘리트에 속하다 보니 명예욕과 자부심, 나아가 사회·정치적 관심과 국가적 사명감이 강한 편이다.

장면 정권, 군부 장악에 실패하다 •

2공화국 장면 정권 시기의 한국 군부는 가장 강력한 집단이었다. 한국전쟁을 통해 한국군은 60만 대군으로 성장했으며, 가장 체계적이

■ 미국이 5·16군사정변의 배후라는 이야기는 아니다. 한국의 정치 상황이 제삼세계 개발도상국처럼 항상 군부의 정치 개입(쿠데타) 가능성을 안고 있었으며, 5·16은 그 가능성이 현실화된 사건이라는 뜻이다.

■■ 이와 관련하여 《한국 현대사 산책—1960년대편 1》(강준만 지음, 인물과사상사, 2004) 109~112쪽을 참고할 수 있다.

고 조직적인 교육과 훈련을 받았다. 초등학교 졸업에 자기 이름이나 겨우 쓰던 사람들이 짧은 기간 동안 상당한 지적 훈련과 실무 능력을 익히는 것은 군대가 아니고는 불가능하다. 그만큼 군대는 체계적인 훈련과 교육이 가능한 조직이다.

당시 한국에는 군에 비교될 만한 효율성과 파워를 갖춘 조직이나 집단이 없었다. 또 군부의 영관급 이하 청년 장교 중에는 경제적인 어려움 때문에 군대를 택한 우수한 인력이 많았다. 이들은 일본군과 만주군 출신으로 군 상층부에 비해 상대적으로 덜 부패하고, 사회적 역할에 대한 자부심도 강했다.

장면 정부의 결정적인 실책은 군부 통제에 실패한 점이다. 무엇보다 군의 실정을 잘 몰랐으며, 하극상 사건을 비롯해 청년 장교들의 조직적인 반발과 군부의 이상 동향이 감지되었음에도 군부를 장악하기 위해 적극적인 노력을 기울이지 않았다. 이승만은 장면과 달리 군부 내 파벌을 신중하게 감시했고, 다양한 통로를 통해 군부에 대한 정보망을 구축했다. 그러나 장면은 군 상층부가 이승만에 협조한 사실에 반감도 있었고, 군부 지도자들을 무시했기에 그들에 관한 정보를 날카롭게 주시하지 않았다.

■ 한국전쟁 시기 한국군은 대규모 징집을 하면서 신체 건강한 청년들은 모두 입대시켰다. 이들 가운데 대다수는 학력이 초등학생 수준이었지만, 입대해서 아주 짧은 기간에 상당한 지적 능력을 갖춘다. 이는 필자 주변의 경험에서도 확인된다.

인사 적체와 부패 구조가 불만을 키우다 •

이승만 정권 시절 군부는 크게 서북파(평안도 출신, 속칭 텍사스파)와 동북파(함경도 출신, 속칭 알래스카파)로 나뉘어 대립했다. 이남 출신은 고위직에 오르지 못한 채 소외되었는데, 박정희도 그런 인물 중 한 명이었다. 그러나 4·19혁명이 일어나 장면 정권이 들어설 무렵 영관급 청년 장교들에게 이런 파벌 의식은 희박한 상태였다.

당시 청년 장교들은 진급과 관련한 불만이 팽배했다. 초기 한국군은 짧은 훈련 기간을 거쳐 장교에 임명되었고, 굉장히 빠른 속도로 진급했다. 그러나 시간이 흐르면서 인사 적체가 일어나 진급이 늦어질 수밖에 없었다. 5·16의 주역이 된 육사 8기생은 1기생과 4년 차이지만, 계급은 대장과 중령으로 벌어졌다.˙

조선경비사관학교 시절인 육사 1기생은 6주, 2~5기생은 3개월 훈련을 받았고, 5~9기생은 6개월, 10기생은 1년, 11기생 이후는 4년 정규 훈련을 받았다. 1기생 100명 가운데 42명이 5년 안에 별을 달았으며, 이들 중에는 20대 장군, 30대 사령관과 참모총장이 나왔다. 반면 8기생은 소위에서 소령으로 진급하는 데 4년, 소령에서 중령으로 진급하는 데 8년이 걸렸다. 훈련을 마치고 12년이 되는 1961년 8기생 1801명 가운데 140여 명만 대령으로 진급했다.˙˙ 기형적인 승진 구조 때문에 8기생들의 불만은 하늘을 찔렀다.

■ 《한국의 군부 정치》(한용원 지음, 대왕사, 1993) 211쪽.
■ ■ 《분단 한국사》(김정원 지음, 예진, 1992) 261쪽.

게다가 장교들의 부정부패는 극에 달해 양식 있는 군인들의 원성을 샀다. 고위 장교들은 자유당과 결탁, 군수물자를 팔아 정치자금을 마련해주고 사복을 채우는 등 부정과 비리가 만연했다. "별은 지프 도둑, 말똥은 부식 도둑"이라는 말이 유행했을 정도다. 그러나 이런 부패상에 책임져야 할 장성들은 "장군은 살기 위해 트럭으로 날라다 먹고, 장교는 지프로, 하사관은 등으로, 사병은 반합으로 날라다 먹으니 피차 마찬가지"라며 회피했다.

정군 운동과 함께 쿠데타를 모의하다 •

4·19가 일어나자 육사 8기생을 중심으로 부패한 군의 정화 작업이 필요하다는 의견이 강력히 대두, 집단행동으로 나타나기 시작했다. 1960년 5월 8일 중령 9명(김종필, 김형욱, 길재호, 석정선, 옥창호, 신윤창, 석창희, 오상균, 최준명)이 모여 부패한 군 상층부의 숙정을 모의하다가 발각, 구속되었다. 이 사건은 허정 과도 정부의 육군 참모총장 송요찬이 책임지고 물러나면서 더는 확대되지 않았다.

그런데 장면 정부가 들어선 직후인 9월 10일 육사 8기생 11명(김종필, 김형욱, 오치성, 길재호, 옥창호, 석정선, 김동환, 이택근, 김달훈, 석창희, 신윤창)이 현석호 국방장관에게 정군을 건의했다. 9월 24일에는 육사 7·9·10기 16인으로 구성된 대표단이 최영희 연합 참모총장에게

■ 강준만, 앞의 책, 113쪽

정군과 사퇴를 강력히 요구했다. '하극상 사건'이다. 국어사전에서 하극상은 "계급이나 신분이 낮은 사람이 예의나 규율을 무시하고 윗사람을 꺾고 오름"이라고 정의된다. 계급과 규율 등 상하 관계를 생명으로 여기는 군에서 하극상은 사실상 반란에 버금가는 행위다.

영관급 장교들이 주도하는 정군 파동이 확대되자, 장면 정권은 미국의 경고에 따라 이들을 체포하고 군법회의에 회부하는 등 강경한 조치를 취했다. 그 결과 1961년 2월 12일 정군 운동을 주도한 장교 가운데 김종필, 김형욱, 석정선이 강제 예편됐다. 정군 운동은 실패했지만 이 과정에서 백선엽, 유재흥, 최영희 등 장성 20명이 물러나는 등 군 상층부에 상당한 변화가 일어났다.

육사 8기생들의 집단적인 정군 운동 배후에는 박정희를 중심으로 한 쿠데타 모의가 있었다. 박정희는 4·19 이전부터 쿠데타를 통한 권력 장악을 꿈꾸었고, 그의 주변에 육사 8기생들이 모이면서 이 계획이 무르익었다. 박정희와 이들의 움직임은 여러 통로를 거쳐 입수되었고, 그 내용이 장면 총리에게 보고되었다. 그런데도 장면 정부는 결단력 있는 조치를 취하지 않아 군사정변을 차단하지 못했다.

1960년 9월 10일 서울 퇴계로에 위치한 음식점 '충무장'에서 박정희 소장과 중령 9명(김종필, 김형욱, 오치성, 김동환, 옥창호, 정문순, 신윤창, 우형룡, 길재호)이 모였다. 이들은 무력으로 정권을 뒤엎기로 결의했다. 장면 정부가 들어선 지 11일째 되는 날이자, 8기생 중령 11명이 국방장관에게 정군을 요청하는 건의문을 전달하러 간 날이다. 이들은 국방장관 면담에 실패하고 이곳에 모여 쿠데타를 결의했다.

쿠데타 세력, 동조자 포섭에 나서다 •

박정희가 정권을 장악하려는 의지는 분명했다. 박정희는 이승만 정권 시절부터 공공연하게 쿠데타를 주장했고, 3·15 부정선거로 정국이 소용돌이치자 군대를 동원한 정권 탈취 계획을 세웠다. 여기에는 그를 따르는 육사 8기생들이 함께했다. 이들은 1960년 5월 8일을 디데이로 정하고 군대 동원 계획까지 세웠으나, 4·19로 이승만이 하야하자 계획을 바꿀 수밖에 없었다.

하지만 무력으로 정권을 탈취하려는 이들의 계획이 끝난 것은 아니었다. 이들은 부패한 군 상층부의 정화 요구를 빌미로 공공연하게 하극상 행동을 벌였으며, 반란 모의를 구체적으로 준비했다.·· 이들은 충무장에서 결의하고 두 달 뒤인 11월 9일, 신당동 박정희 자택에서 모여 정변 계획을 재확인했다. 이들은 군부에서 쿠데타에 동조할 세력을 규합하는 데 전력을 기울였다. 준장부터 중장까지(당시 최고 계급은 중장이었다. 백선엽이 대장에 진급했으나, 정군 파동 과정에서 물러나 군에는 중장이 최고 계급이었다) 장성은 박정희가 직접 포섭에 나섰고, 일선에서 행동을 지휘할 영관급은 김종필이 중심이 되었다.

영관급은 육사 8기를 중심으로 5·7·9기 등이 주요 포섭 대상이었다. 8기를 제외하고 모두 박정희와 김종필을 중심으로 점조직 형태로 포섭되었다. 8기는 집단으로 모의에 참여했고, 박정희와 직접

■ 《박정권 18년 : 그 권력의 내막》(이상우 지음, 동아일보사, 1986) 56쪽.
■ ■ 이상우, 위의 책, 44~52쪽.

모의한 반란의 핵심 주체다. 5기 또한 적잖이 참여했지만, 8기처럼 처음부터 모의에 참여하거나 집단으로 가담하지 않았다. 이들이 나중에 권력투쟁에서 밀려나는 것도 이 때문이다.

이들이 포섭한 주요 인물 가운데는 박임항 중장, 김동하 · 이주일 소장, 채명신 · 김용순 · 한웅진 준장 등이 있었다. 당일 거사를 직접 실행할 병력은 이백일 중령과 이병엽 대령이 이끄는 30사단과 33사단, 김윤근 준장이 이끄는 해병대, 박치옥 대령이 이끄는 공수부대와 문재준 대령의 6군단 포병 부대 등에서 동원하기로 했다.

'최악의 인사' 장도영 육군 참모총장 ·

박정희의 쿠데타 계획은 여러 통로를 거쳐 정보기관에 포착되었다. 은밀하게 움직였지만 고위 장교 수십 명이 서울 시내에서 수시로 모이다 보니 정보기관에 노출될 수밖에 없었다. 박정희 또한 근무지를 떠나(4 · 19 당시 부산군수기지사령부 사령관, 이후에는 2군 부사령관으로 계속 지방 근무) 서울에서 육군본부 장교들과 일선 사단장 등 장성들을 만났으니 당연히 주목을 받았다.

1961년 초부터 시중에는 쿠데타가 있을 것이란 소문이 파다했고, 그 인물도 공공연하게 거론됐다. 박정희와 정군 운동을 주도한 육사 8기생들이 요주의 인물로 찍혔다. 쿠데타 주동 세력과 직접 관계가 있는 인물이 걸려들어 방첩대에서 조사를 받기도 했다.

정보기관은 이 같은 움직임을 포착하고 보고를 올렸지만, 육군 참모총장 장도영은 계속 묵살했다. 장도영은 군사영어학교 출신으로 젊은 나이에 군 최고위직에 임명됐지만(1923년생으로 총장에 임명된 1960년 당시 만 37세에 불과했다), 총장 임명과 관련해 '미국 지원설' '장도영 장인 로비설' '정치자금설' '뇌물 제공설' '어머니설' '박정희 로비설' '지연地緣설' 등이 나돌았다.

　모든 것이 정치적으로 진행되던 민주당 정권 시절이니 육군 참모총장 자리 또한 정치적 요인을 배제할 수 없었다. 장도영을 둘러싼 '설' 중에는 '정치적 오해'나 '정치적 질투심'에서 조작된 것도 있겠지만, 장면 정부로서는 장도영의 참모총장 임명이 최악의 선택이었다. 장도영은 군부의 장악과 통제라는 점에서도, 군부의 정치적 중립성 확보라는 점에서도, 결단력과 지도력이라는 점에서도 적절한 인물이 아니었다. 그는 정치적 판단력이 형편없고, 지휘관으로서도 자격 미달이이었다.˙

　군부의 움직임이 수상하다는 보고가 계속되는 가운데, 장면 총리에게 이 보고가 직접 전달됐다. 장면 총리가 사실을 확인할 때마다 장도영 총장은 그런 일은 없을 거라고 했다. 당시 장도영은 박정희가 이끄는 군부의 쿠데타 기도를 구체적으로 확인할 수 있는 조건이었다. 박정희는 장도영이 2군 사령관으로 있을 때 부사령관으로 근무했다. 이때 박정희는 민주당의 부패와 무능을 노골적으로 비난했고, 학생들과 혁신 세력의 움직임에도 우려를 표명했다. 나아가 혼란된 정국을 바로잡기 위해 군인이 나서야 한다고 주장했다. 장도영은 박

■ 이와 관련해서는 강준만, 앞의 책, 220~229쪽을 참고할 수 있다.

정희의 내심을 확인했지만 아무런 조치도 취하지 않았다.

장도영은 참모총장이 된 뒤에도 쿠데타 계획에 대한 보고를 받았다. 심지어 박정희를 중심으로 한 쿠데타 세력의 조직 도표까지 보고받았으나, 그마저 무시했다. 장도영은 쿠데타 계획이 진행되는 사실을 충분히 알 수 있었다. 그런 상황에서 책임 있는 군 최고 지도자는 관련자들을 잡아 조사하라고 지시해야 한다. 그랬다면 5·16은 성공할 수 없었을 것이다.

장면 총리, 쿠데타 저지할 기회를 놓치다 •

박정희와 쿠데타 세력은 1961년 4·19일을 1차 디데이로 잡았다. 4·19혁명 1주년을 맞아 학생들의 대규모 시위가 벌어질 테니 군을 자연스럽게 동원할 수 있으리라고 본 것이다. 그러나 4·19혁명 1주년은 조용히 넘어갔다. 다시 거사를 5월 12일로 잡았지만 준비가 충분하지 않아 연기했고, 마침내 5월 16일로 최종 날짜가 확정되었다. 이 무렵 박정희 일당의 쿠데타 계획이 거의 확연하게 포착되었으나, 장도영은 적절한 조치를 취하지 않았다.

심각한 것은 장면 총리 또한 이 순간까지 장도영 총장에게 상황이 어떠냐고 묻기만 했다는 점이다. 장도영은 여전히 딴소리했다. 5만 명이나 되는 주한 미군이 지키고 있는데 뭐가 문제냐는 식이었다. 장

<hr>

■ 이상우, 앞의 책, 38~39쪽.

면 총리는 걱정스러웠지만 그 말에 안심했다. 그는 친미파답게 미국을 믿었다. 박정희를 비롯한 쿠데타 세력의 속성을 조금이라도 알았다면 그렇게 대응하지는 않았을 것이다.

이들은 과거 군 상층부와 여러 면에서 달랐다. 이들의 지도자 박정희는 일본군 육사와 만주군관학교 출신이지만, 이승만 정권 시절 군 핵심에서 소외되었다. 그는 군국주의에 깊이 빠져든 일본군의 후예로, 사무라이侍 정신이 투철했다. 권력을 잡기 위해서는 목숨을 걸고 행동하는 결단력과 야심을 갖춘 인물이다. 그를 따르는 청년 장교들은 과거 친일 경력에 대한 부담이 없고, 자부심이 강했다.

민주당 지도부에는 지주 출신이나 해외 유학파가 많았다. 이들은 한국 최고의 엘리트라고 자부했으나 군부의 힘은 잘 몰랐다. 30대 청년 장교들이 무력을 장악하고 나설 수 있다는 사실도, 상황이 벌어지면 주한 미군조차 원점으로 돌려놓기 쉽지 않다는 사실도 알지 못했다. 이러한 판단 착오와 장면 총리, 현석호 국방장관 등 민주당 정권 지도부의 우유부단한 행동이 군부 세력의 쿠데타를 가능하게 만들었다.

4

5 · 16군사정변

5 · 16은 어떻게
성공할 수 있었을까?

군부, 드디어 행동을 개시하다 •

1961년 5월 16일 새벽, 박정희 소장이 이끄는 군부 세력이 행동을 개시했다. 이들은 김재춘 대령이 근무하는 6관구 사령부에 지휘본부를 설치했다. 박정희 소장과 김재춘 대령 등 주동자들이 거사를 눈치 챈 방첩대의 미행을 따돌리며 이곳에 모였으나, 장도영 총장의 지시에 따라 동원된 헌병대가 포위하고 있었다. 장도영 총장은 쿠데타 개시 5시간 전에 거사 계획을 알았지만, 박정희를 체포하라는 명령을 내리지 않았다.

왜 그랬을까? 훗날 장도영은 끝까지 쿠데타 계획을 몰랐노라고 항변하면서 그 이유를 밝히지 않았다. 장도영은 2012년 8월 미국에서 사망해, 이 일은 온전히 역사의 몫으로 남았다. 그는 군 통수권자인 장면에게 보고하거나, 미8군 사령관과 의논하지 않은 채 혼자서 전전긍긍했다. 몇몇 부대에 전화를 걸어 군대를 동원하지 말라고 엄포를 놓은 게 전부다. 그 바람에 애초 주력부대로 동원할 계획이던 30사단과 33사단 병력은 출동하지 못했다.

쿠데타 세력은 한때 계획이 탄로 난 것을 알고 동요했으나, 활은 시위를 떠난 상태였다. 주력부대가 묶인 상태에서 반란의 최전선에 나선 것은 해병대와 공수부대다. 김포와 영등포 방면에서 출발한 해병대와 공수부대가 한강 인도교를 건넜다. 해병대는 김윤근 준장이 지휘했고, 공수부대는 박치옥 대령이 이끌었다. 한강대교 북단에 헌병대 100여 명이 파견되었지만 이들이 간단히 제압했다. 문재준 대령이 이끄는 6군단 포병 부대도 의정부 방면에서 출발해 청량리를 거쳐 서울 시내로 들어왔다. 시내로 진입한 반란군은 중앙청과 육군 본부, 중앙방송국, 발전소 등 주요 건물을 점령했다. 반란군은 남산에 있는 중앙방송국을 점령하고, 새벽 5시 국민들에게 '혁명'을 알리는 방송을 내보냈다.

기회주의의 전형, 장도영 •

서울 시내를 장악한 반란군은 그날 오전 9시, '군사혁명위원회' 이름으로 전국에 비상계엄을 선포했다. 그러나 이는 방송을 장악한 반란군이 마음대로 발표한 것일 뿐, 계엄사령관이 되어야 할 육군 참모총장 장도영의 거취는 그때까지도 불분명했다. 성명에는 장도영이 군

■ 임영태, 앞의 책, 318쪽.

사혁명위원회 의장으로 되어 있었으나, 그의 승인을 받지 않았다. 군을 체계적으로 장악하기 위해서는 장도영의 지지를 받는 것이 가장 시급한 문제였다.

그런데 장도영이 도대체 알 수 없는 인물이었다. 그는 5·16이 일어나기 전부터 박정희와 김종필 등의 움직임을 감지했지만, 쿠데타를 막기 위해 적극적인 조치를 취하지 않았다. 장면은 5·16 일주일 전에도 정보를 입수하고 장도영을 불렀다.

"장 총장, 이것이 내가 네 번째로 말하는 군부에 관한 정보야. 어떻게 된 일인가?"

장도영은 이번에도 오리발을 내밀었다. 그는 5월 10일 주한 미군 사령관 카터 매그루더Carter Bowie Magruder에게도 비슷한 대답을 했다. 이는 장면 정권의 미래가 불확실해 보이자, 장도영이 쿠데타 세력의 움직임을 예의 주시하면서 기회를 엿보았다고 해석할 수밖에 없다.

장도영의 기회주의는 군부가 행동을 개시해 시내를 장악한 뒤에도 계속되었다. 오전 7시 육군본부에서 박정희가 장도영에게 "지도자가 되어달라"고 하자, 장도영은 매그루더가 반대한다는 이유를 들어 "나는 못 한다"고 말했다. 그러고도 장도영은 기회주의적으로 행동했다. 반면 박정희는 눈에 핏발을 세우고 "우리는 목숨 걸고 혁명을 했다"며 단호한 태도를 취했다. 쿠데타가 일어나고 12시간 동안이나 사태를 관망하던 장도영은 오후 4시 30분, 군사혁명위원회 의장직을 수락했다. 반란군의 1차 고비가 이렇게 넘어갔다.

미국 관리들, 서로 다른 입장을 보이다 •

더 중요한 것은 미국의 태도다. 5·16은 군 작전권이 있는 미군에 대한 도전이나 마찬가지다. 주한 미군 사령관 매그루더와 주한 미 대리대사 마셜 그린Marshal Green은 5월 16일 오전 10시 18분, "장면 국무총리가 영도하는 정당히 승인된 대한민국 정부를 지지할 것"이며 "한국군 수뇌들은 권한과 영향력을 행사하여 통치권을 정부 당국에 반환하고 군내 질서를 회복"하라는 성명을 발표했다. 반란군이 방송국을 장악했기 때문에 이 성명은 미8군 방송과 '미국의 소리'를 통해 전파됐다.

하지만 이는 미국 정부의 승인을 받지 않고 매그루더와 그린이 독자적으로 판단한 것이었다. 성명이 발표되고 7시간이 지난 오후 5시, 미 합참의장 리먼 렘니처Lyman Lemnitzer는 매그루더 사령관에게 "앞으로 논평은 삼가고, 꼭 해야 할 때는 유엔군의 목적이 공산주의자들의 위협에서 한국을 지키는 것이란 사실만 강조하라"고 지시했다. 국무차관 체스터 볼즈Chester Bowles도 그린 대사에게 비슷한 지시를 내렸다.

미국 정부와 국무성은 왜 주한 미군 사령관과 주한 미 대사 등 현지 책임자와 다른 입장을 보였을까? 한국에서 쿠데타가 일어나자 미국 중앙정보국CIA은 신속하게 움직였다. 박종규 소령 등 쿠데타 핵심 세력과 접촉하는 한편, 케네디John Fitzgerald Kennedy 대통령에게 쿠데타의 중심인물과 한국 상황에 대한 종합적인 보고서를 제출하고, 주동 세력을 면밀하게 추적했다.

그런 가운데 5월 19일 아침 장도영과 박정희가 기자회견을 열고, 용공 분자 930명을 구속한 사실을 발표했다. 미 국무성은 그날 "한국의 사태는 고무적"이라고 논평함으로써 쿠데타에 지지하는 의견을 표명했다.

쿠데타 계획을 사전에 안 미국 정부 •

미국 정부가 5월 19일 보여준 태도는 매그루더와 그린이 한 말처럼 "합법적으로 선출된 장면 정부를 지키는 것"과 거리가 멀었다. 왜 그랬을까?

미국 정부는 한국 군부의 쿠데타 계획을 포착했지만, 미국의 이익에 위배되지 않을 것이라고 판단했다. 5·16이 일어난 뒤 주한 미군 사령관, 주한 미 대사, CIA 한국지부에 쿠데타를 단호하게 저지하라는 지시를 내리지 않은 것도 이 때문이다. 이에 따라 '5·16 미국 배후설'이 강력하게 제기되었는데, 당시 CIA 국장 앨런 덜레스Allen Welsh Dulles가 1964년 5월 3일 영국 BBC TV에서 연설한 내용이 중요한 근거로 제시된다.

■ 이상우, 앞의 책, 75쪽; 이완범, 〈경제개발5개년계획의 입안과 미국의 역할〉, 《1960년대의 정치사회 변동 : 한국 현대사의 재인식 10》(한국정신문화연구원 엮음, 백산서당, 1999) 49~50쪽; 강준만, 앞의 책, 301쪽.
■■ 강준만, 앞의 책, 303쪽; 《박정희를 넘어서 : 박정희와 그 시대에 대한 비판적 연구》(한국정치연구회 엮음, 푸른숲, 1998) 331쪽.

내가 재직 중에 CIA의 해외 활동에서 가장 성공한 것이 이 혁명(5·16군 사정변)이다. 미국의 일부 지도자가 지지하는 장면 내각은 부패해서 이승만 정권을 타도한 민중의 기대에 부응하지 못했다. 참 위험한 순간이었다. 미국이 아무것도 안 했다면 민중은 공산주의의 선전에 말려들어 남북통일을 요구하는 '폭도'를 지원했을지도 모른다.

그러나 이 발언만 가지고 CIA가 한국의 쿠데타 계획에 처음부터 관계했다고 보는 것은 무리가 있다. 덜레스의 말은 그보다 쿠데타가 일어난 뒤 적극적인 개입과 압력을 통해 미국의 의도와 이익에 맞게 박정희의 거사를 이끌었다는 의미일 것이다. 미국이 5·16을 계획 단계부터 알았으면서도 적극적으로 제지하지 않은 것은 분명하다. 미국은 5·16이 발발한 뒤에도 장면에게 쿠데타를 분쇄하는 것이 미국의 확고한 입장이라는 사실을 말해주지 않았고, 쿠데타를 승인하는 방향으로 움직였다. 이런 미국 정부의 태도는 5·16이 성공하는 결정적인 요인이 되었다.

미국 숭배 사상에 빠져 있던 장면 •

정변이 발생했을 때 정치 지도자가 어떻게 대응하느냐에 따라 상황은 얼마든지 바뀔 수도 있다. 그런 점에서 5·16이 발발한 뒤 장면 총리의 대응과 지도력은 사태 발전에 가장 중요한 변수였다. 의원내각제라지만 윤보선 대통령의 태도 역시 지대한 영향을 미치지 않을 수 없었다. 그러나 이들의 대응은 무책임하고 어설프기 짝이 없었다. 5·16군사정변이 성공한 데는 장면 총리와 윤보선 대통령의 책임도 크다.

장면은 집권 기간 동안 여러 측면에서 정치적 무능을 드러냈지만, 가장 심각한 문제는 군부 통제에 실패한 점이다. 현실을 무시한 인사 조치로 군부의 신뢰를 잃었으며, 군부에서 쿠데타 움직이 있다는 정보를 10여 차례나 입수했는데도 적당한 조치를 취하지 않았다. 게다가 장면 총리는 중요한 시기에 수녀원에 몸을 숨기고 아무에게도 연락하지 않아 쿠데타를 분쇄할 기회를 놓쳤다.

이와 관련하여 많은 사람들이 지적하는 것은 장면 총리가 지나치게 미국에 의존했다는 점이다. 정대철은 《장면은 왜 수녀원에 숨었을까?》라는 책에 다음과 같이 기록했다.

> 장면 정권은 역대 정권 중 미국과 가장 가까운 정권이었다. 장 총리부터 자타가 공인하는 미국통이요, 친미 인사였다. "미국이 있는데, 설마……." 이 말은 장면 정권의 붕괴를 다룬 이야기 가운데 가장 많이 등장하는 장면 총리의 언명이다. 여러 차례 쿠데타 정보를 접하면서도 그는 독백 같은 믿음으로 고개를 흔들었다.

■ 《장면은 왜 수녀원에 숨었을까?》(정대철 지음, 동아일보사, 1997) 196쪽.

장면은 왜 수녀원에 숨었을까? •

이런 장면에게 쿠데타가 일어났다는 사실은 믿기지 않았을지 모른다. 그래서일까? 장면은 쿠데타가 일어나자 혜화동 성당 내 깔멜 수녀원에 숨어서 시간을 보냈다. 역사를 뒤바꾸기에 충분한 시간 동안 장면은 그곳에 은신한 채 아무런 역할도 하지 않음으로써 쿠데타를 기정사실화했다. 장면은 왜 수녀원에 숨었을까? 그는 회고록에서 다음과 같이 말했다.

> 가야 할 목적지를 정하고 나선 것은 아니다. 우선 길 건너 미 대사관으로 가보려 했으나 문이 철벽으로 잠겨 있었다. 다시 청진동으로 달려가 한국일보사 맞은편 미 대사관 사택의 문을 두드렸다. 어떤 엄명이 내렸는지 문이 열리지 않았다. 집으로 돌아갈 수도 없고 길에서 방황할 수도 없어 일단 안전한 곳에서 정세를 파악하기 위해 잠시 몸을 피하기로 했다. 어디로 가야겠다는 작정은 없었다. 잠시 피신해 정세를 보기 위해서 아무도 짐작 못 할 혜화동 수녀원으로 가보았다. 혹자는 겁에 질려 꼭꼭 숨어 있었다고 알고 있으나 그런 것만은 아니다. 거기에서 무엇을 어떻게 했는지는 아직 말할 단계가 아니므로 보류한다.

장면은 5월 16일 새벽 2시, 장도영의 전화 보고로 쿠데타 사실을 알았다. 그는 주변의 권고에 따라 피신 길에 올랐다. 그가 먼저 찾은 곳은 숙소인 반도호텔(지금의 조선호텔) 건너편에 있는 미 대사관이고, 다음으로는 CIA 한국지부장 피어 드 실바Peer de Silva가 있는 안국동

미 대사관 사택이다. 두 곳의 문은 열리지 않았다. 장면 총리가 신원을 밝히지 않았기 때문이라고 한다. 그는 깔멜 수녀원으로 갔고, 그곳에서 이틀 동안 숨어 있었다.

그리고 5월 18일에야 세상에 모습을 드러냈다. 그가 나타났을 때는 상황이 종료된 상태였다. 측근들은 장면을 찾기 위해 백방으로 노력했지만, 운전기사와 호위 경관, 수녀 등이 "내가 있는 곳을 절대로 알리지 말라"는 장면의 엄명을 충실히 지킨 덕분에 그를 찾아내지 못했다.■

'목숨 걸고'와 '그렇지 않고'의 차이 •

훗날 미 국무성 자료와 주한 미 대리대사 그린 등의 증언에 따르면 장면은 미국 측과 여러 차례 접촉한 것으로 밝혀졌다. 장면은 쿠데타 당일 두 차례에 걸쳐 그린 대사와 통화했으나, 안전상의 이유로 소재는 밝히지 않았다고 한다. 또 한배호가 1980년 면담할 때 그린이 증언한 바에 따르면, 장면은 그린을 미8군 영내에서 만났다고 한다.■■ 그런데 장면은 왜 사태를 적극적으로 수습하지 않았을까?

아마도 미국 측이 장면에게 확고한 의사를 피력하지 않았기 때문일 것이다. 미국의 태도가 애매하다고 여긴 장면은 쿠데타를 저지하

■ 정대철, 앞의 책, 271~272쪽.
■■ 강준만, 앞의 책, 287~288쪽.

기 위해 적극적으로 행동하지 못한 채 수녀원에 숨어 있었을 것이다. 독실한 가톨릭 신자로 미국 숭배 의식이 뼛속까지 밴 장면은 수녀원에서 천주에게 기도나 하면서 미국에 구걸한 셈이다. 이 점이 '목숨 걸고'를 입에 달고 다니며 쿠데타를 성공시키기 위해 노력한 박정희와 장면의 차이점이다.

박정희를 비롯한 쿠데타 세력은 거사를 위해 그야말로 목숨 걸고 싸웠다. 그들은 미8군 사령관 매그루더와 대리대사 그린의 반대 의사도 무시했다. 그리고 눈에 불을 켜고 아무 데나 총을 들이대며 사람들을 협박하고 다니면서 '불철주야' 노력했다. 반란 세력은 목숨 걸고 행동한 반면, 장면과 그의 지지자들은 쿠데타를 분쇄하기 위해 아무도 목숨을 걸지 않았다. 전혀 다른 사고 구조와 행동 방식이 쿠데타의 성공과 민주당 정권의 몰락을 가름한 결정적 요인이다.

박정희의 쿠데타를 추인한 윤보선 •

장면과 정적 관계에 있던 윤보선은 어떤 태도를 취했을까? 윤보선은 5 · 16을 장면의 민주당 신파 정권을 무너뜨리고 민주당 구파 정권을 세울 수 있는 기회로 착각했다. 그가 기회주의적 태도로 일관하면서 사실상 반란군을 도운 것도 이 때문이다. 윤보선이 5 · 16군사정변에 보인 첫 반응은 "올 것이 왔다"였다. 이 말이 쿠데타를 받아들인다는 뜻이라고 해석하는 것은 무리지만, 이후 윤보선의 행보는 이 말의 의미를 끊임없이 의심하게 만들었다.

5월 16일 오전 9시 10분경, 박정희는 유원식 대령과 함께 청와대로 갔다. 윤보선 대통령에게 거사 의도를 설명하고 계엄령 선포를 승인받기 위해서다. 이 자리에는 장도영을 비롯한 3군 참모총장, 해병대 사령관이 있었다. 이때 윤보선은 장면 정부를 성토한 다음, 박정희의 거사에 찬사를 보냈다고 한다. 나중에 윤보선은 경황이 없어서 한 말이라고 변명했지만, 쿠데타를 승인해준 꼴이 되었다. 그러면서도 윤보선은 계엄을 추인해달라는 박정희의 요구는 거부했다.

매그루더와 그린이 "반란군은 3600명밖에 안 된다. 충분히 무력으로 진압할 수 있다. 대통령이 동의해달라"고 거듭 요청할 때도 거부했다. 그는 "국군끼리 전투를 벌여 서울이 불바다가 되면 북한 인민군이 기회를 노려 남침한다"는 논리를 내세웠다. 매그루더가 "유엔군은 원칙적으로 내전에는 개입할 수 없다"며 "대통령이 국군을 동원할 수 있도록 허락해준다면 이탈한 부대를 복귀시키겠다"고 했다. 그러자 윤보선은 자신에게는 군 통수권이 없다면서 회피했다. 이는 8개월 전 군 통수권은 대통령에게 있다면서 장면과 싸운 윤보선의 태도와 전혀 다른 것이다. 그는 위기 상황에서 정치적 이해득실만 계산한 셈이다.

윤보선은 장도영에게 계엄사령관을 맡으라는 반란군의 요구를 수용하는 것이 좋겠다고 했고, 사태를 수습하기 위해 대국민 방송을 해달라는 반란군의 요구도 승낙했다. 윤보선의 특별 방송이 나간 뒤 민주당 구파로 구성된 신민당은 "이제 우리 세상이 왔다"며 희색이 만면했다고 한다. 그들은 거국 내각을 구성하면 자신들이 정권을 잡을 거라고 생각했는데, 이는 말 그대로 '한갓 헛된 꿈'에 불과했다.

윤보선은 합법 정부를 지키기보다 민주당 구파의 영수로서 개인의 정치적 이해를 택했다. 윤보선은 5·16 이후에도 10개월 동안이나 대통령 자리에 머물러 있으면서 5·16 세력에게 정치적 정통성을 부여하는 데 협조했다.

5·16군사정변, 마침내 성공하다 ●

마지막으로 박정희의 군사정변이 성공한 또 다른 변수는 1군 사령관 이한림의 우유부단한 행동이다. 이한림은 야전군 사령관으로서 반란군을 저지할 무력이 있었고, 처음에는 박정희의 쿠데타에 반대 의사를 분명히 했다. 한때 반란군을 진압하기 위해 군을 동원할 계획을 세우기도 했으나, 그 역시 아무런 행동도 하지 않았다.

이한림은 박정희와 함께 만주군관학교, 일본군 육사를 나온 절친한 친구다. 그는 장면과도 친밀한 관계였다. 박정희는 이한림의 거취가 쿠데타의 성패를 좌우한다고 판단하고 전화를 걸어 자신에게 동조해줄 것을 종용했으나 거절당했다. 이한림은 훗날 "장면 총리가 나타나서 적극적으로 군사행동을 요구했다면 그렇게 했을 것"이라고 말했다.

그러나 장면 총리는 나타나지 않았고, 시간이 흘렀다. 위기의식을 느낀 박정희는 쿠데타에 동조하는 부하 장교들에게 이한림을 체포해

■ 5·16 당시 윤보선의 행동과 관련해서는 강준만, 앞의 책, 273~280쪽을 참고할 수 있다.

서울로 압송하라고 명령했다. 이한림은 반란군을 저지하기 위해 아무런 행동도 취하지 않음으로써 쿠데타의 성공을 도운 셈이다. 그는 사흘 만에 5·16 세력에게 체포당하는 수모를 겪는다.

　이처럼 몇 차례 위험한 고비를 넘긴 쿠데타 세력은 정권을 장악한다. 5월 18일 정오, 상황이 종료된 상태에서 모습을 드러낸 장면은 마지막 국무회의를 개최했다. 국무회의는 반란군이 공포한 계엄령을 추후 승인하고, 국무위원 전원 사퇴를 결정했다. 이어 장면 총리는 장도영을 수반으로 하는 군사혁명위원회에 국정의 권한을 이양했다. 이렇게 해서 4·19혁명을 통해 합법적으로 들어선 2공화국 장면 정권이 무너지고, 무력으로 정권을 탈취한 군부가 전권을 장악했다.

■ 《내 무덤에 침을 뱉어라 4 : 국가 개조》(조갑제, 조선일보사, 1999) 108~111쪽.

5

박정희는 어떻게 미국의 승인을 받았을까?

5 · 16에 대한 미국의 입장 ·

한국 현대사를 이해하기 위해서는 미국을 알아야 한다. 한국 현대사의 사건을 이해하기 위해서는 당시 미국의 정책과 이에 관련된 인물들을 파악해야 한다. 한국 현대사에서 수많은 사건이 일어날 때마다 미국의 동향이 중요한 역할을 했다. 해방 정국에서 미국의 정책 노선이 한국의 정치 권력자를 결정하는 가장 중요한 변수가 되었다. 이승만 정권의 운명과 관련해서도 그러하다. 이승만 정권이 정치 파동을 일으키며 정국을 혼란 속으로 몰아넣을 때마다 미국은 정권 교체를 검토했으나, 더 나은 대안이 없다고 판단해 그대로 두었다.

4 · 19혁명이 발생하자 미국은 이승만 정권을 그대로 둘 수 없다고 판단, 이승만 대통령의 하야를 강력하게 요구했다. 처음에 이승만은 그럴 수 없다고 버텼으나 결국 미국의 요구를 받아들였다. 이승만이 더 버텼다면 4 · 19는 훨씬 폭력적으로 발전했을 테고, 그 후의 상황

또한 훨씬 혁명적이었을 것이다. 군대가 동원되어 민중 항쟁을 무력으로 진압했다면 한국의 정치 상황은 훨씬 더 혼란스러웠을 테고, 미국으로서는 이런 상황을 바라지 않았을 것이다.

1980년 5·18민주화운동, 1987년 6월 항쟁 때도 미국의 움직임을 볼 수 있다. 5·16군사정변에서 미국의 움직임이 중요하게 작용한 것은 두말하면 잔소리다. 장면 총리는 5·16을 되돌리기 위해 미국 대사관과 접촉하고, 매그루더 주한 미군 사령관도 만났으나, 미국의 입장은 쿠데타 승인 쪽으로 기울었다. 왜 그랬을까?

혁명에 대한 반혁명 전략의 일환 •

미국이 박정희의 쿠데타 계획을 몰랐다고 보기는 어렵다.■ 미국의 정보력이 그 정도라면 한국에서 그만한 영향력을 행사할 수 없었을 것이다. CIA는 쿠데타 계획을 알면서도 방치하고, 5·16 발발 후 재빨리 그 실체를 인정했을까? 그 답은 미국에게 남한이 어떤 존재인가 하는 문제와 밀접한 관계가 있다.

미국에게 남한은 '아시아 반공 전선의 전초기지'로 중요했다. 지역적 차원에서 반공 역량을 극대화할 수 있는 '지역 통합 전략'이 미국의 정책적 입장이었다. 5·16이 남한의 전략적 위치를 지켜주고 미

■ 짐 하우스만은 1961년 3월 1일(쿠데타 45일 전) 한국 군부에 쿠데타 기도가 있음을 상부에 보고했다고 한다. 《한국 대통령을 움직인 미군 대위》(짐 하우스만 지음, 정일화 옮김, 한국문원, 1995) 45쪽; 이완범, 앞의 글, 47쪽.

국의 전략을 수행하는 데 필요한 반공 정권의 등장을 의미한다는 점을 고려해야 한다.

미국은 4·19 이후 노심초사했다. 장면 정권을 강력하게 재편하는 방법을 찾아 남한 사회를 안정화하는 것이 미국의 과제였다. 이런 상황에서 박정희의 쿠데타 정보가 포착되었다. 쿠데타 기도를 당장 분쇄하기보다 그 효과를 타산하면서 지켜보는 쪽이 미국의 국익에 맞았을 것이다. 쿠데타가 남한 사회의 반공 체제를 실질적으로 강화하고, 남한 사회를 안정화할 수 있다면 미국은 굳이 반대하거나 분쇄할 필요가 없었다.

5·16군사정변은 4·19혁명의 '반혁명'으로 일어난 사건이다. 4·19 이후 민중운동과 통일 운동이 활발하게 전개되면서 남한의 반공 체제가 흔들렸으나, 장면 정권이 빠른 시일 내에 위기 상황을 해결할 수 있을지 불명확해 보였다. 미국의 처지를 잘 아는 5·16 주체들은 혁명 공약 1호를 "반공을 국시로 삼고 지금까지 형식적이고 구호에 그친 반공 태세를 재정비·강화한다"고 내세웠다. 이것이야말로 미국이 새 정부에 요구하는 점이었다.

4·19 이후 미국이 가장 두려워한 것은 남한의 반공 체제가 흔들리는 일이었다. 미국으로서는 통일 운동이 발전하여 남북 관계가 개선되고, 남한이 미국의 대소·대중 포위를 위한 반공 전초기지 역할을 못 하는 상황을 용납할 수 없었다. 4·19로 자유의 공간이 확장되면서 반미 감정이 확산되고, 통일 운동이 고양되기 시작한 것도 우려할 일이었다. 이런 상황이 계속되면 미국이 남한을 지배하는 구조가 흔들리고, 이 문제를 해결할 적임자는 군부밖에 없었다.

근대화를 위한 강력한 리더십 발휘 •

5·16은 4·19혁명에 대한 반혁명으로, 민주주의가 후퇴하고 사상의 자유를 억압하는 결과를 가져왔다. 5·16이 발발함으로써 통일운동과 혁신 세력, 교원노조를 비롯한 민중운동이 심각한 타격을 받았다. 5·16은 이제 막 자생적으로 움트기 시작한 민주주의를 후퇴시켰으며, 군부가 민간 정치를 지배하는 권위주의 체제로 바꿨다. 군부는 5·16으로 국가 안보를 책임지는 국방 집단에서 정치적 패권을 장악한 특권 집단이 되었다. 그에 따라 한국 사회에서 명령과 복종, 규율과 질서가 지배하는 군사 문화가 맹위를 떨쳤다.

5·16으로 정권을 장악한 박정희는 강력한 리더십으로 한국 사회의 근대화와 산업화를 추진하여 '한강의 기적'이라 불리는 경제성장을 이루었다. 이 과정에서 기술·경제 관료들과 산업 기술 인력이 마련되고, 행정조직과 관료 체계가 정비되었다. 근대 산업국가의 틀이 마련된 것이다. 이런 성과를 근거로 일각에서는 박정희를 '근대화의 혁명가'로 평가하기도 한다.˙ 그러나 관료적 권위주의, 정경유착, 빈부 격차와 지역 간 불평등, 지역감정 등 심각한 사회적 부작용도 생겨났다.

■ 조갑제가 대표적이다. 박정희 일대기와 통치 행적을 그린 《내 무덤에 침을 뱉어라》 시리즈는 그런 시각에서 정리되었다. 이에 대해 진중권은 《네 무덤에 침을 뱉으마!》라는 책으로 응수했다. 박정희를 '근대화의 혁명가'로 평가하는 점은 윤여준도 조갑제와 같지만, 역사의 평가에서는 약간 차이가 있다. 극단적 보수주의자와 합리적 보수주의자의 차이라고 할 수 있을 것이다. 윤여준, 앞의 책 참고.

근대화주의자들은 박정희 시대의 경제성장과 근대화에 절대적 가치를 부여하면서 5·16의 정당성을 역설하고자 한다. 하지만 그들이 강조하는 경제개발의 성공조차 박정희 정권이 독점해야 할 공적은 아니다. 경제개발 계획과 경제 제일주의는 민주당 정권 시절부터 시작된 것으로, 박정희 정권의 독창적인 산물이 아니다.

물론 박정희 정부가 수출 주도형 경제개발 정책을 최종 입안했고, 그 전략이 성공했다는 점은 부인할 수 없다. 동시에 경제성장의 실질적인 주역인 노동자, 농민 등 국민의 피와 땀이 아니면 그 성과도 없었다. 한국 국민의 잠재적 능력을 발굴하고, 대중을 조직·동원하여 그 일을 강력하게 추진하고 이끌어간 리더십과 더불어 그 과정에서 나타난 산업화의 그늘도 보아야 할 것이다.

미8군 사령관의 군사적 승인 •

5·16 거사가 시작되고 사흘간 결정적인 순간이 흘러갔다. 그사이 장도영을 비롯한 군 상층부가 모두 포섭되었고, 사실상 윤보선 대통령의 정치적 승인을 받았다. 동원력이 막강한 1군 사령관 이한림을 체포해 군 내부에서 유혈 사태가 벌어질 가능성이 없어졌고, 숨어 있던 장면도 나타나 정권을 이양했다. 미국 또한 사실상 쿠데타 승인 쪽으로 기울어진 상황이었다.

그럼에도 쿠데타 세력이 미국의 실질적인 인정을 받는 데는 상당한 시간과 노력이 필요했다. 미국으로서는 남한에 강력하고 안정된 통치 체제를 구축하려면 쿠데타를 인정해야 했다. 동시에 쿠데타 주체를 철저히 검증해야 했다. 과연 이들이 남한의 반공 체제를 굳건히 지킬 수 있는 집단인지 확인해야 했다는 의미다.

쿠데타 세력은 이런 사실을 잘 알았기에 시급히 미국과 접촉했다. 그 결과 김종필 중령(그는 5월 16일자로 군에 복귀한 상태였다)이 5월 19일 매그루더 사령관을 만났다. 5월 23일에는 김정렴이 주선하여 박정희도 매그루더를 만났다. 5월 25일 김종필이 다시 매그루더를 만났는데, 이 자리에는 미군 측에서 매그루더를 비롯해 멜로이 부사령관, 미8군 정보참모 콘 대령, 통역관 한상국 중령, 레이놀즈 소령, 통역관 존 애치, 정보장교 몰 대위가 참석했다.·

이 자리에서 5·16을 기획한 김종필은 '군사혁명'의 동기와 과정 등을 자세히 설명할 수 있었다. 그 설명을 듣고 매그루더는 군의 행동을 반대하지 않지만, 훼손된 작전 지휘권을 돌려놓으라고 요구했다. 군부는 이를 받아들였고, 다음 날 한미 군사 공동성명이 발표되었다. 국가재건최고회의(최고회의)는 모든 작전 지휘권을 유엔군 사령관에게 복귀시켰음을 밝히고, 대신 유엔군 사령관은 30사단과 33사단, 제1공수전투단과 5개 헌병 중대를 최고회의 통제 아래 두는 것으로 양해했다. 주한 미군 사령관이 반란군의 행동을 승인한 것이다.··

■ 《내 무덤에 침을 뱉어라 4》(조갑제 지음, 조선일보사, 1999), 122쪽.
■■ 조갑제, 위의 책, 126~127쪽.

정치적으로 인정받기 위한 노력 ·

5월 16일 박정희, 김동하, 채명신, 송찬호, 윤태일이 혁명위원회를 구성했으나, 5월 18일 최고위원 30명과 고문 2명이 참여한 군사혁명위원회로 확대되었고, 5월 19일 국가재건최고회의로 개편되었다. 최고회의는 혁명평의회로, 삼권을 장악한 군정의 최고 권력기관이다. 이때부터 군정 기간 동안 모든 통치가 최고회의 이름으로 펼쳐졌다. 최고회의 의장은 처음에 장도영이 맡았으나, 7월 3일 실질적인 지도자 박정희가 의장에 취임했다.

5·16 세력은 최소한의 군사적 승인을 받았으나, 미국의 정치적 승인을 받는 일이 남아 있었다. 미국이 박정희의 과거 경력 때문에 사상성을 의심하는 것은 심각한 문제였다. 미국의 지지와 지원을 받지 못하면 쿠데타는 궁극적으로 성공할 수 없었다. 박정희는 자신의 반공 의지를 보여주기 위해 노력했다.

먼저 군부는 대대적인 혁신 세력 검거에 나섰다. 군사정권은 과거 보도연맹 관련자와 혁신 정당, 노조 운동 관련자를 비롯하여 장면 정권 시절 통일 운동과 2대 악법 반대 운동에 관계한 사람들을 마구잡이로 잡아들였다. 5월 22일 군정은 용공 분자 2014명을 검거했다고 발표했고, 그 뒤에도 계속되어 모두 4000여 명이 검거되었다.

박정희는 자신의 과거를 세탁하고 '빨갱이 사냥'으로 미국의 환심을 사기 위해 〈민족일보〉를 속죄양으로 삼았다. 5월 19일 〈민족일보〉

■ 강준만, 앞의 책, 324쪽.

가 조총련계에게서 불법 자금 1억 환*을 지원받아 북한을 위한 활동을 해왔다면서 8명을 구속했다. 혁명재판소는 사장 조용수와 감사역 안신규, 편집국장 송지영에게 사형을, 나머지 5명에게 5~15년 형을 선고했다. 국내 문단과 언론계를 비롯하여 일본펜클럽, 국제펜본부, 국제신문인협회 등에서 박정희 앞으로 진정서를 보냈다. 그러나 사형선고를 받은 사람 가운데 2명만 무기로 감형되었을 뿐, 32세의 언론인 조용수는 '박정희의 사상 문제를 입증하기 위한 희생양'이 되어 12월 22일 형장의 이슬로 사라졌다.

과거 경력을 감추기 위한 노력 •

박정희는 미국의 인정을 받기 위해 눈물겹게 노력했다. 친미주의자 정일권을 주미 대사로 기용하는 등 미국과 가깝고 미국을 잘 아는 사람은 어떤 식으로든 중용하려고 애썼다. 한경직 목사와 정일권, 최두선, 김활란 등을 민간사절단으로 미국에 파견했으며, 자신의 좌익 전력 기록을 없애기 위해 미8군 통역장교 김경업과 최고위원 유양수를 중심으로 한 특별 관리팀을 보냈다. 7월 3일에는 반공법을 공포했는데, 이 또한 미국 독립 기념일(7월 4일)을 염두에 두고 군사정권이 반공 의지를 증명해 보이기 위해서라는 해석이 나올 정도였다.

■ 우리나라는 두 차례 화폐개혁을 통해 화폐단위가 '원'과 '환'을 오갔다. 한국전쟁 중이던 1953년 2월 이승만 정부는 100원을 1환으로 변환하는 1차 화폐개혁을 단행했다. 또 1962년 6월에는 박정희 군사정부가 10환을 1원으로 변환하는 2차 화폐개혁을 단행했다.

박정희와 군사정권의 노력이 헛되지 않아 미 국무장관 딘 러스크 Dean Rusk는 7월 21일, 군사정권을 지지한다는 성명을 발표한다. 11월 14일 박정희는 미국을 방문하여 케네디와 두 차례 회담했다. 이는 미국이 군사정부를 정식으로 승인하는 과정이나, '좌익 전향자 박정희'는 죽을 때까지 미국의 감시를 받으며 '창살 없는 감옥 생활'에 살아야 했다. 박정희가 좌익 사범에 필요 이상 강경하게 대처하고 철저한 반공주의자가 된 이유는 좌익 콤플렉스 때문인지 모른다.

박정희는 미국의 검증이라는 결정적 고비를 넘겼다. 미국은 일련의 검증 과정을 거쳐 군사정부에 공식적인 지지를 표명했다. 강력한 반공 정책을 표방한 군사정권이 불안정한 장면 정권보다 낫다고 판단한 것이다. 고비를 넘긴 반란군은 국민의 환심을 사려고 다양한 '이벤트'를 기획했다.

국민을 향한 군사정권의 이벤트 •

5월 21일 자유당 시절 대표적인 정치 깡패 두목 이정재를 비롯하여 200명이 넘는 깡패들이 거리 행진에 나섰다. 그들은 군인들의 호위 아래 '나는 깡패입니다. 국민의 심판을 받겠습니다' '우리는 젊은 몸과 마음을 국가에 헌신하겠습니다'라고 적힌 플래카드를 들고 서울 시내를 행진했다. 4·19와 함께 구속되어 8개월 징역살이 끝에 석방된 이정재는 이때 다시 구속되었고, 혁명재판을 받고 사형대에서 최후를 맞았다. 5월 22일 군정이 단속한 범법자 2만 7000여 명 가운데

4200명이 깡패였다.

5월 23일 '사이비 언론인 및 언론기관 정화 방안'이 발표되었고, 24일에는 댄스홀에서 춤추던 청춘 남녀 45명이 '옥내외 집회 금지령' 위반으로 체포되었다. 25일에는 '농어촌 고리채 정리법'이 발표되었다. 농어민이 진 연리 2할 이상 고리채의 채권 행사를 일시 정지하는 이 법은 오랜 세월 내려온 사회적 폐습 때문에 큰 효과를 보지 못했지만, 그 선의는 높이 평가받았다. 27일 군사정권은 병역기피 공무원 약 3000명을 적발하여 전원 해임 결정했다. 28일 '부정 축재자 처리 기본요강'이 발표되었고, 부정축재처리위원회와 부정축재조사단이 구성되었다. 공무원 18퍼센트를 숙정하는 조치도 취해졌다.

6월 11일 '재건국민운동에 관한 법률'을 공포하고, 최고회의 직속으로 재건국민운동본부를 설치했다. 초대 본부장은 고려대 총장 유진오가 맡았고, 9월에는 2대 본부장으로 유달영이 취임했다. 재건국민운동본부는 청년회와 부녀회 간부를 교육하는 향토교육원 142개를 설치하고, 일반 국민을 대상으로 1일 순회 교육도 했다. 교원들에게는 양복 대신 '국민복'을, 여성들에게는 한복 대신 '신생활복'을 입도록 계도했다. 학생들은 교복을 입고, 중·고등학생은 삭발하도록 했다. 이는 일제의 충복이던 황군 장교 박정희의 정신적 유산이 투영된 결과로, 한국 사회 전반에 군사주의 문화가 자리 잡게 만들었다.·

■ 박정희 군사정부가 행한 대국민 이벤트를 20년 뒤 전두환의 신군부가 그대로 따라 한다. 박정희의 이벤트는 국민들에게 신선하다는 느낌을 주었으나, 전두환의 이벤트는 재탕이어서인지 전혀 그런 느낌을 주지 못한다.

사냥이 끝나면 사냥개는 필요 없다 •

군정 체제가 자리를 잡아가면서 내부의 권력 암투가 시작되었다. 박정희와 김종필 등 5·16 주체 세력에게 최고의회 의장 장도영은 초기 쿠데타의 성공을 위해 반드시 필요한 존재였지만, 시간이 지나면서 불필요한 존재로 전락했다. 토끼 사냥이 끝나면 사냥개는 필요 없는 법이다.

6월 6일 최고회의 의장은 내각 수반 이외 다른 직무를 겸직할 수 없다는 국가재건비상조치법이 공포되면서 장도영은 무력해졌다. 실권은 국가재건최고회의 상임위원회 의장 박정희가 장악했다. 7월 3일 장도영의 최고회의 의장 사임 성명서가 발표되었다. 7월 9일 '장도영 일파 반혁명 사건'이 발표되었고, 문재준과 박치옥을 비롯한 육사 5기생 등 장도영 추종자 44명이 체포되었다.˙ 이런 일련의 과정을 지휘·조율한 것은 중앙정보부장 김종필이다.

1961년 11월 4일 딘 러스크 미 국무장관이 한국을 방문했고, 박정희와 케네디의 정상회담이 11월 14일로 결정되었다. 방미 일정이 결정된 뒤 박정희는 대장으로 진급했다. 미국에게 권위를 보이기 위해 필요하다는 것이었다. 5·16 직후 중장으로 진급하고 몇 달 지나지 않아 대장이 된 것이다. 박정희는 미국을 방문하는 길에 일본에 들러 11월 12일 이케다 하야토池田勇人 총리와 회담했다.

■ 장도영은 강제 예편되었고, 재판에서 무기징역을 선고받았다. 그는 형 면제로 풀려난 뒤 1962년 8월 29일 미국으로 떠났다. 그는 권력투쟁에서 패배해 망명 아닌 망명을 한 셈이다.

당시는 아무도 몰랐지만, 이 자리에서 한일 국교 정상화 문제가 논의되었다. 한일 국교 정상화는 미국의 강력한 요구였으며, 도쿄東京 회담은 워싱턴Washington 회담의 전제조건이었다. 이와 관련하여 박정희 미국 방문 수행 취재단으로 참여한 리영희는 다음과 같이 말한다.

여기에서 훗날 파란 많은 한일 국교 정상화 회담의 스케줄이 합의된 것이다. 박은 일본 정부와 합의한 내용을 케네디 대통령과 회담 선물로 들고 가게 돼 있었다. 미국 정부는 이승만의 반일적 고집에 골치를 앓고 민주당 정부의 우유부단에 속을 태운 터라, 군인 독재 권력으로 하여금 기어이 매듭을 짓게 하려는 정책이었다. 일본 정부와 이 사전 합의가, 새로 취임한 케네디 대통령이 박을 워싱턴으로 초대하는 외교 시나리오의 가장 중요한 동기고 목적이었다. 군인 정권에 대한 미국 정부의 확고한 지지와, 일본을 새로운 국가적 '후견자'로 수락하는 한국 측 약속을 백악관에서 교환하게 돼 있었다. "내가 이완용이 되더라도 기어이 타결하고 말겠다"고 한 김종필 국무총리의 비장한 결의는 도쿄 회담에 원연을 두고 있다. 하지만 나도 그랬고 다른 기자들도 그랬지만, 도쿄 회담의 결정이 워싱턴 회담의 '전제조건'적 내용이라고는 탐지하지 못했다. 우리의 취재 감각이 워싱턴에 쏠려 있었던 탓이다.

■ 《역정 : 나의 청년 시대》(리영희 지음, 창작과비평사, 1988) 370~371쪽.

박정희, 방미로 미국의 정치적 승인을 얻다 •

박정희와 케네디의 회담은 겉으로 보기에 대단히 성공적이었다. 수행 기자들은 "한국이 요구하는 대로 미국이 들어주기로 했다"는 식으로 기사를 보냈다. 하지만 합동통신 리영희 기자가 밝혀낸 바에 따르면 회담은 성공적이지 않았다. 케네디 행정부는 군사정권의 요구에 여러 가지 유보 조건을 달았다.

첫째, 조속한 시일 내에 총선 실시

둘째, 민정 이양 조건의 정치적 승인

셋째, 경제원조의 일시 유보

넷째, 1차 경제개발5개년계획에 대한 자금 22억 달러 지원 요청 거부

다섯째, 조속한 시일 내에 한일 관계 정상화, 국교 수립과 일본 경제권 내 남한 편입식 경제 발전 전략

여섯째, 경제계획을 자본 집약적 방식에서 노동 집약적 방식으로 개편

일곱째, 베트남전쟁에 대한 군사적 협력 등이었다.

이와 같은 문제에도 박정희는 "큰 희망과 용기를 주는 메시지를 가지고 귀국한다"는 성명을 발표했으며, 미국 또한 유사한 성명을 냈다. 워싱턴 회담으로 박정희의 기반은 확고해졌고, 박정희 군사정부는 미국의 승인을 받은 '합법 정부'가 되었다.

■ 《동굴 속의 독백》(리영희 지음, 나남, 1999) 529쪽.

6

정치공작사령부가 탄생하다

민간 정부에서 정권을 장악할 계획을 세우다 •

쿠데타를 일으킨 군인들이 늘 하는 말이 있다. "혼란을 수습하고 정국이 안정되면 본연의 위치로 돌아가겠다." 비단 군인들뿐만 아니라 동서고금을 망라하고 권력을 탈취한(정변을 일으킨) 사람들이 항상 이와 유사한 말을 한다. 혁명가들의 수사도 별반 다르지 않다. 구국이나 애국 충정 대신 인민의 자유와 해방이라는 단어가 나올 뿐. 총칼로 권력을 탈취한 군인들은 제자리로 돌아가지 못한다. 정말 순수한 마음에서 시작할 수도 있지만, 권력을 잡으면 내려놓기가 쉽지 않기 때문이다. 권력의 맛은 그 어떤 유혹보다 강하다.

　5 · 16 이후 박정희에게도 이런 갈등이 있었다. 박정희는 여러 고비를 넘기며 쿠데타에 성공했고, 최고회의가 전권을 장악한 가운데 '혁명 공약을 이행'하기 위한 작업에 착수했다. '구악舊惡 청산'이란 명목으로 사회 정화 작업과 국가 재건 운동이 시행되었다. 법령 제정

과 정비, 행정 체계 구축, 농어촌 고리채 정리, 화폐개혁, 경제개발 계획 수립, 부정 축재자 처리, 한전 설립 등이 빠르게 진행되었다.

그러나 군정을 계속할 수는 없었다. 군정은 처음 그들이 공약한 기간보다 훨씬 오래갔다. 이제 민간 정부가 들어서야 했다. 미국도 그것을 원했다. 군정이 2년 넘게 지속되면서 국민들도 염증을 내기 시작했다. '정치활동정화법'으로 정치인들을 묶어두었지만, 그대로 갈 수는 없었다. 박정희는 정치에서 손을 떼고 군을 장악한 상태로 정치권을 견제할지, 직접 권력을 장악해 통치할지 결단을 내려야 했다. 박정희는 후자를 택했다.

미국은 빠른 시일 내에 군정을 끝내고 민정으로 이양되기를 바랐다. 박정희 역시 군정 체제를 무한정 끌고 갈 수는 없었다. 5 · 16 주체의 입장에서도 빠른 시일 내에 권력 기반을 구축, 선거를 통해 합법성을 인정받아야 했다. 이들은 다음과 같은 계획을 세웠다.

> 첫째, 혁명 과업을 달성하기 위해서는 군인들이 군복을 벗고 대통령과 국회의원 선거에 출마하여 승리하고, 군정 이후에도 정권을 장악해야 한다.
>
> 둘째, 군인들이 정치에 참여하기 위해 신당을 조직하고, 신당에는 때가 묻지 않은 민간인을 참여시켜야 한다.
>
> 셋째, 기성 정치인들의 정치 도전을 물리칠 방법을 강구해야 한다.
>
> 넷째, 이런 목표를 위해서는 새로운 헌법과 선거제도가 필요하다.

■ 《대한민국사 1945~2008》(임영태 지음, 들녘, 2008), 306쪽.

권력 장악의 걸림돌을 제거하다 •

박정희와 김종필이 합법적인 권력 장악 계획을 원만하게 진행하기 위해서는 사회 전반을 새롭게 정리할 필요가 있었다. 새로운 권력을 탄생시키기 위한 사전 정리 작업은 대략 다음과 같은 방향에서 진행되었다.

첫째, 기성 정치인의 활동을 제한했다. 국회와 지방의회를 해산하고, 집회 · 시위 · 결사를 금지했으며, 정당과 사회단체들을 해산했다. 이에 따라 5 · 16 세력이 사회를 장악한 가운데 5 · 16의 정당성과 그 이념, 박정희 장군의 영도력을 선전할 수 있었다. 반면 모든 집회와 시위가 금지되고, 언론과 출판이 검열을 받아 군정에 반하는 의사 표현은 봉쇄되었다.

둘째, 1962년 3월 16일 정치활동정화법을 제정하여 기성 정치인 4374명의 정치 활동을 금지했다. 이로써 군정 체제에서 모든 정치 활동이 금지되고, 정치인의 자유로운 의사 표현이 봉쇄되었다. 반면 군부는 다양한 방식으로 정치 활동을 펴면서 정치적 기반을 강화할 수 있었다.

6월 1일에는 구 민주당을 중심으로 한 '이주당二主黨 반혁명 사건'이 발표되었다. 7월 15일에는 장면 총리도 이 사건에 연관이 있다고 발표되었다. 9월 29일 열린 육군본부 보통군법회의에서는 장면에게

■ 임영태, 앞의 책, 206~207쪽.

10년 형이 선고되었다. 장면은 2심에서 징역 3년에 집행유예 5년으로 풀려났으나, 이 사건 이후 정치 활동을 접었다.

셋째, 군부를 정비하여 박정희-김종필 체제를 확립했다. 1961년 7월 3일 장도영, 송찬호, 김일환, 박치옥, 문재준, 이회영 등 44명이 반혁명 음모를 이유로 체포되었다. 장도영은 혁명재판소 1심에서 사형, 2심에서 무기를 선고받았으나 박정희의 형 면제로 6개월 만에 풀려났다. 장도영은 이듬해 8월 29일 미국으로 떠났다. 이와 함께 장군 40여 명과 장교 2000여 명을 예편시켜 젊은 세력이 군의 요직을 장악했다.

1963년 3월 10일 김동하, 박임항, 박창암 등 19명의 '반혁명 음모사건'이 발표되었다. 이 사건에 연루된 김동하는 박정희와 더불어 5·16 주체 중 한 명이고, 박임항은 최고위원으로서 건설장관을 지냈으며, 박창암은 최고회의 혁명검찰부장으로서 5·16 후 혁명재판의 칼을 휘두른 인물이다. 이들은 김동하를 중심으로 박정희의 민정 참여를 반대하며 김종필 세력과 대립하는 과정에서 제거된 것이다. 이 모든 사건은 김종필이 만든 중앙정보부의 작품이다.

5·16 주체가 합법화된 권력을 장악하기 위해서는 군대의 총칼이 아니라 다른 것이 필요했다. 5·16이 성공한 뒤 내부 갈등이 생기고 경쟁도 벌어졌다. 여기에서 승리하려면 조직과 돈이 필요했다. 이런 일들을 위해 5·16 주체가 일차적으로 착수한 작업은 중앙정보부를 만드는 일이었다.

정권 수호의 첨병이 된 중앙정보부 •

정치에서 가장 중요한 것은 정보와 조직, 자금이다. 중앙정보부(중정)는 다중의 포석을 통해 만들어진 조직이다. 국내 정치를 장악하기 위한 조직이자, 북한과 해외 정보를 수집하기 위한 조직이다. 중정은 미국 CIA를 모델로 했지만, 그 역할은 근본적으로 달랐다. CIA는 대외 정보를 주로 취급하며 미국의 대외 정책 실현을 지원하지만, 중정은 대외 정보뿐만 아니라 국내 정보를 주요하게 취급하며 국내 정치에 관여했다.

박정희 시대 중정은 무소불위의 권력기관이었다. "남자를 여자로 만드는 일 외에는 모든 것을 할 수 있다"고 할 정도로 막강한 힘을 자랑했다. 중정은 박정희가 집권한 시절 내내 정권 안보의 첨병으로 사회 구석구석에 촉수를 뻗쳤다. 중정은 애초 취지인 국가 안보는 뒷전이고, 오직 대통령 박정희에게 충성하는 권력의 총구가 되었다. 박정희 정권에 위협이 되는 정치인과 민주 세력을 감시·통제하는 정치 공작사령부 노릇을 했다.•

박정희 정권에서 중정부장은 권력의 2인자였다. 남산(중정의 별칭)의 부장들은 박정희 정권 수호의 최전선 사령관이었으나, 대부분 박정희에게 이용되고 나서 '팽' 당하는 신세가 되었다. 중정을 만들고 초대 부장을 지낸 김종필을 비롯하여 김재춘, 김형욱, 이후락 등이 대표적인 예다. 박정희는 중정의 막강한 힘에 의지해 권력을 지탱했

■ 임영태, 앞의 책, 412쪽.

으나, 마지막에는 최고 심복인 중정부장의 손에 죽고 말았다. 중정은 박정희와 영욕을 함께했으며, 박정희 시대 비정한 권력 세계를 가장 적나라하게 보여주었다.

절대 권력을 구가하다 •

중정을 만든 것은 김종필이다. 5 · 16이 일어나고 이틀 뒤인 1961년 5월 18일, 김종필은 서정순 · 이영근 · 김병학 중령을 불렀다. 세 명은 육사 동기고 정보 계통 출신이다. 김종필은 이들에게 "미국의 CIA와 일본의 내각정보조사실을 절충한 정보 수사기관을 만들려고 하는데, 이를 위한 법을 만들라"고 지시했다. 최고회의법에 "공산 세력의 간접 침략과 혁명 과업 수행의 장애를 제거하기 위해 최고회의에 정보부를 둔다"(18조)고 규정되었다. 이에 따라 최고회의 직속으로 중정을 둔 것이다.

중앙정보부법은 6월 10일 최고회의를 통과하여 공포되었다. 번갯불에 콩 구워 먹듯이 만든 법이지만, 그 후 30여 년간 이 나라 역사에서 헌법만큼이나 중대한 법이 되었다. 5 · 16 주체들은 장애 수단을 제거하기 위한 물리력으로 중정을 설치한 것이다. 이 기관은 애초부터 정보 수집 기관이 아니라 '권력을 위해 방아쇠를 당기는 집행 기구'로 출발했다.

■ 김충식, 앞의 책, 44쪽.

중앙정보부법은 전문 9조로 된 간단한 법이지만 엄청난 권한이 있었다. 중정의 기능은 "국가 안전 보장과 관계되는 국내외 정보 사항 및 범죄 수사와 군을 포함한 정부 각부의 정보 수사 활동을 조정·감독한다"고 했다. 중정은 전국에 지부를 두며 직원은 부장이 임명한다. 부장과 차장은 최고회의 의장이 임명하며, 중정부장은 정보 수사에 관하여 타 기관 소속 직원을 지휘·감독한다. 중정부장, 지부장, 수사관은 범죄 수사권이 있으며, 수사에서 검사의 지휘를 받지 않는다. 또 "중앙정보부의 직원은 그 업무 수행에 있어서 필요한 협조와 지원을 전 국가기관으로부터 받을 수 있다"고 규정했다. 막강한 권력이 있는 중정부장은 대통령 외에는 아무도 간섭할 수 없는 최고 권력자였다.

정권을 지키는 신경망이 되다 •

중정은 박정희가 집권하는 18년 동안 정권 수호의 첨병이 되었고, 전두환의 신군부(이때 국가안전기획부로 개칭)가 정권을 장악하는 과정에서 중요한 기반이 되었다. 또 박정희 정권과 전두환·노태우의 신군부 정권에서 수많은 정치인과 민주 인사들이 그 희생양이 되었다. 중정과 군부는 박정희 정권을 떠받치는 두 기둥이었다. 군부가 정권을 지키는 무력이라면, 중정은 정권의 안위를 지키는 신경망이었다.

■ 김충식, 앞의 책, 44쪽.

중정 초대 부장은 김종필이었다. 그는 5·16을 실무적으로 기획했고, 5·16 성공 후 박정희 다음가는 군정의 실력자로 인정받았다. 5·16 주체는 권력 기반을 굳히기 위해 신속히 움직였다. 그 가운데 가장 중요한 것이 중정을 조직하는 일이었다. 최고회의 혁명 내각이 행정권을 장악했지만, 그것만으로는 권력을 조직적으로 구축하기 힘들었다. 군정 통치가 끝나고 민정으로 이양될 경우에 대비해야 했다. 중정은 그 기초를 준비했다.

중정은 김종필 부장과 정보 계통 8기생을 주요 간부로 조직되었다. 중·하급 간부와 요원들은 장면 정권에서 이후락이 책임자로 있던 정보연구실을 비롯하여 육본 정보국과 육군방첩대CIC, 대북첩보대HID, 경찰, 공채생 등으로 채워졌다. 이와 관련하여 김형욱은 회고록에서 다음과 같이 밝혔다.

> 한편 직업 수사관 출신들의 이력은 다채롭고 복잡했다. 이들의 전직은 사찰계 형사, 방첩 부대 문관, 헌병 하사관, 심지어 일제 치하에서 설치던 조선인 헌병과 밀정 등 형형색색이었다. 그중 어떤 사람은 일제 치하에서는 순사로 독립운동가들을 때려잡다가, 자유당 치하에서는 야당을 때려잡다가, 공산당이 서울을 점령한 시절에는 우익 민주 인사를 때려잡다가, 나중에는 공산당 간첩을 때려잡은 '천의 얼굴'의 사나이도 있었다.
>
> 그들에게 '이데올로기'란 겉치레에 불과했다. 그들은 이데올로기의 이름으로 어떤 사람도 때리고 고문할 수 있는 무정부주의자들이다. 그들은 누

■ 임영태, 앞의 책, 307쪽.

구든지 증오할 수 있고, 어떤 고문 기술도 개발할 수 있으며, 피의자를 학대함으로써 자신을 확인하는 사디스트다. 그들은 그런 기능 발휘만 확보된다면 누구에게나 거의 절대적인 충성을 바칠 수 있고, 어떤 권력자라도 자기 앞에 꿇어앉히고 "이 새끼! 너 뭐야? 맛 좀 봐야 알겠어!" 하고 으름장을 놓을 수 있는 인물들이다.

그들은 사회의 어두운 그늘에서 번성하는 독버섯, 밟혀도 무섭게 살아나고, 뜨거운 태양에 말라붙었다가도 빛이 사라지면 살아나는 독버섯들이다. 독버섯은 생존하기 위해 그늘과 습기가 필요하다. 사회에 정치 폭력의 그늘과 권력 연장을 위한 독재자들의 음험한 습기가 없어지지 않는 한 독버섯은 어느 곳에선가 창궐하게 마련이다. 중앙정보부의 으스스한 이미지는 지도층에 의해 입안되고, 그들의 맹활약으로 이룩된 것이다.[*]

수백 명으로 출발해 '한국 위의 한국'이 된 조직 •

중정은 처음에 800여 명으로 출발했으나, 1964년 방대한 부원을 거느린 "가장 응집력이 강한 조직"으로 발전했다.[**] 그러나 중정의 정확한 규모는 아무도 모른다. 정규 요원 외에도 숱한 정보원들이 있었기

■ 《혁명과 우상(김형욱 회고록) 1 : 혁명과 반혁명》(김경재 지음, 전예원, 1991) 235~236쪽.
■■ 《분단 한국사》(김정원 지음, 예진, 1992) 281쪽. 김정원은 1964년 중정 직원이 '37만 명'이라고 했는데, 이 숫자는 아무래도 의심스럽다. 당시 그 정도 요원을 운영할 예산을 확보하는 것이 사실상 어려웠을 뿐만 아니라, 전 국민의 1퍼센트가 비밀경찰 요원이라는 것도 믿기 어렵다. 그러나 남한 사회 모든 곳에, 심지어 '다방과 술집까지 그 촉수가 미쳤을 정도로 국민의 삶 모든 영역에 침투한 것은 분명하다." 강준만, 앞의 책, 57쪽.

때문이다. 중정의 영역이 어디까지인지 불확실할 정도로 한국 사회의 모든 곳을 통제했다.

중정이 처음 한 일은 장도영을 비롯해 군부 내의 박정희-김종필 반대 세력을 제거하는 것이었다. 중정의 활약으로 장도영과 그를 지지하던 육사 5기는 대부분 제거되었고, 군정은 박정희-김종필 체제로 정비되었다. 박정희와 김종필은 "공산 세력의 간첩 침략과 혁명 과업 수행의 장애를 제거하기 위해 정보부를 만든다"고 했지만, 중정은 처음부터 군정 세력의 장애물을 제거하는 데 이용되었다. 중정은 그 뒤에도 박정희, 전두환, 노태우 등 "군인 대통령의 칼이 되고, 권력 우상의 총구"가 되었다.

중정을 조직한 주목적은 정권 안위다. 5·16 세력은 혁명 공약에서 "과업이 완수되면 군인의 본분으로 돌아가겠다"고 했지만, 그건 공약空約일 뿐이었다. 그들은 중정이라는 막강한 조직을 이용하여 합법적으로 정권을 장악하기 위한 준비 작업에 들어갔다.

7

박정희,
군복을 벗고 집권하다

경쟁자의 손발 묶어놓고 불공정 게임을 하다 •

박정희는 군정을 통해 권력 기반을 다졌지만, 군정이 끝났을 때도 자신들이 권력을 잡으리라는 확신이 없었다. 자칫 민정 이양 과정에서 권력이 다른 세력에게 넘어가면 자신들의 장래가 어떻게 될지 몰랐다. '목숨 걸고 혁명'을 일으켰는데, 어영부영하다가 권력을 다시 기성 정치인들에게 넘겨줄 수는 없었다. 그들은 권력을 확실하게 장악하기 위해 치밀하고 구체적인 준비를 시작했다. 일차적으로 정치권의 발을 묶었다. 계엄이 해제되고 정치 활동이 재개될 경우 잠재적 경쟁자가 될 기성 정치인의 힘을 빼놓는 일이 급선무였다.

1962년 3월 16일 정치활동정화법이 발표되고, 정치인 4374명의 정치 활동이 금지되었다. 명분은 "참신한 정치 도의를 정립하기 위해서"라지만, 실제로는 잠재적 경쟁 상대인 기성 정치인들의 손발을 묶어놓고 불공정 게임을 하겠다는 것이었다. 이 일로 박정희와 논쟁을 벌인 윤보선은 3월 22일 대통령직을 사임했다.

윤보선은 "대통령이 헌법을 어길 수는 없다"면서도 그 법률안에 서명하고 물러났다. 헌정 질서를 파괴한 합법 정권을 전복한 마당에 불법이니 위헌이니 따지는 것이 무슨 의미가 있는지 모를 일이다. 그러나 박정희로서는 아쉬울 것도, 겁날 것도 없었다. 윤보선이 물러나자 박정희는 스스로 대통령권한대행이 되었다. 윤보선은 정파적 이해관계 때문에 5·16을 용인했지만, 장도영과 마찬가지로 박정희에게 이용되고 나서 '팽' 당하고 말았다.

공화당의 사전 조직화에 나서다 •

5·16 주체가 권력 기반을 닦기 위해 가장 공들인 일은 당을 사전에 조직한 작업이다. 김종필이 이끄는 중정은 비밀리에 집권 기반이 될 당을 조직하는 작업에 나섰다. 그 일은 중정에 7명으로 구성된 정치공작대(실무팀)가 꾸려지면서 본격적으로 시작되었다. 이들의 임무는 향후 출범할 정당을 실질적으로 이끌어갈 핵심 사무 당원들을 포섭하는 일이었다. 1962년 1월 4일 서울 충무로1가 카네기홀 2층에 사무실이 마련되었다. 이들은 1월 말까지 법조인, 언론인, 교육자, 사회사업가, 종교인, 공무원 등 여섯 분야에서 1차로 50여 명의 명단을 작성했다.

■ 《한국 현대사 산책─1960년대편 2》(강준만 지음, 인물과사상사, 2004) 111~113쪽.

1차로 선정된 50여 명을 다각도로 심사했다. 충무로에서 종로2가 뒷골목 제일전당포 건물 2~3층으로 사무실을 옮긴 뒤, '동양화학주식회사'라는 간판을 붙였다. 대상자들은 '재건동지회' 입회서에 서명함으로써 조직에 가입되었다. 재건동지회는 민정 이양과 함께 선보일 민주공화당의 모태 조직이다. 이들은 가입 서명과 함께 서약서도 작성했다. 서약서는 "목숨 걸고 비밀을 지킬 것이며 조직의 규율에 복종한다"는 내용이었다. 조직에 가입한 사람들 가운데 상당 기간 거절하다가 결국 가입한 사람도 있고, 수개월간 설득해도 끝내 가입을 거부한 사람들도 있다.

한편 김종필은 중정에 대학교수를 중심으로 한 내외문제연구소를 설치했다. 여기에는 고려대 윤천주, 서울대 김성희, 중앙대 강상운 교수 등이 포함되었다. 이들은 중정 행정차장 이영근, 재건동지회 책임자 강성원, 중정 판단관 최영두·김우경 등의 지원 아래 '8·15계획서'를 만들었다. 이것은 2년 뒤(1963년) 예정대로 민정 이양될 경우, 조직해야 할 새로운 정당과 민정 참여 방법 등을 정리한 '집권 플랜'이다.

1962년 2월 말까지 약 30명, 3월 말까지 70명이 재건동지회에 포섭되었다. 조직이 확대되자 재건동지회는 인사위원회를 중심으로 관리부, 조직부, 조사부 등으로 분산해 서울 시내 곳곳에 거점을 마련했다. 재건동지회에 포섭된 사람들은 서울 시내 거점에서 비밀 교육

■ 당시 합동통신 외신부 기자 리영희는 포섭 대상 리스트에 올라 북창동 재건동지회 사무실에 간 적이 있고 이후 강권에 의해 사무실에 나갔으나, 결국 "정치는 적성에 안 맞는다"면서 조직을 떠났다고 한다. 《내 무덤에 침을 뱉어라 5》(조갑제 지음, 조선일보사, 1999) 200쪽.

을 받았다. 그 내용은 정당론, 한국 정치 상황 분석, 5·16의 불가피
성과 그 이념 계승의 의의, 신당의 조직 원리 등이다. 이는 나중에
'밀봉교육'이라고 해서 문제가 되었다. 그러나 이런 사전 조직과 핵
심 당원의 비밀 교육보다 문제가 된 것은 이중 조직 문제다.

집권 플랜 '8·15계획서'가 준비되다 •

김종필의 지시로 '8·15계획서'가 마련되고, 이를 위해 당의 조직 원
리가 정리되었다. 당 기구는 대의기관과 집행기관, 정책 기관으로 나
뉘었고, 당원 또한 정치 당원과 사무 당원으로 구분되었다. 중앙당에
는 중앙위원회, 도당에는 도위원회, 지구당에는 지구위원회가 설치
되고, 당의 집행기관으로 당 조직마다 사무국이 설치되도록 설계되
었다. 사무국은 관료 체계에 따라 짜인 집행기관으로, 유급 사무 당
원들이 모든 당무를 처리하도록 했다.

종전 정당에서 각급 당 조직은 위원장을 맡은 국회의원의 사조직
성격이 농후했다. 김종필은 국회의원들이 개인적인 기반을 갖추고
선거구 중심으로 행동하지 못하도록 당의 자금과 조직의 실권을 당
사무국에 집중시키려 한 것이다. 이렇게 되면 개별 국회의원들이 힘
쓸 수 없을 뿐만 아니라, 파벌이나 계파를 만들기도 어렵다. 당연히

■ 김경재, 앞의 책, 239~242쪽.
■■ 김경재, 앞의 책, 236~240쪽.

최고위원들이 반발했다.

김형욱은 회고록에서 이런 당 조직 원리를 "당이 개인과 정부의 위에 있고, 사무 당원이 일반 정치 당원보다 상위에 있도록 규정된" 것으로, "공화당 조직의 지도 원리는 우연이라고 하기에는 너무할 만큼 공산당 조직 원리와 방불하다"고 비판했다.[•] 김형욱의 주장이 과장되었다고 해도 공화당의 조직 원리는 분명 종전 정당과 매우 달랐다. 그러다 보니 일부에서는 공화당 사전 조직과 당원 밀봉교육에 '남파 간첩 황태성이 관계되었다'는 소문이 파다했을 정도로 의혹의 눈길을 보냈다.

4대 의혹 사건과 '구악 뺨칠 신악'의 출현 •

김종필은 중정을 동원해 창당 작업을 구체적으로 실천에 옮겼다. 당을 조직하기 위해서는 사람들을 포섭하고, 훈련하고, 조직하는 일에 모두 돈이 필요했다. 김종필과 중정이 공화당 창당 준비 자금을 마련하는 과정에서 '4대 의혹 사건'이 불거진다.

첫째, 증권파동이다.[••] 중정은 증권 조작으로 막대한 자금을 확보하여 공화당의 창당 자금으로 썼다. 이 과정에서 투자자 수천 명이

■ 김경재, 앞의 책, 239쪽.
■■ 증권파동의 내용을 간략히 정리하면 다음과 같다.
중정 행정차장 이영근, 관리실장 정지원 등은 농협중앙회장 오덕준과 부회장 권병호에게 압력을 넣어 당시 농협이 보유한 한국전력 주식 12만 8000주를 시가보다 5퍼센트 싼값에 팔도

엄청난 손해를 보는 등 심각한 사회적 물의가 발생했다. 시중에는 증권파동으로 중정이 벌어들인 돈이 수백억 환일 것이라는 소문이 파다했다. 이 사건의 실무 총책을 맡은 중정 행정관 강성원은 "그때 약 20억 환을 벌어 재건동지회 조직에 썼다"고 증언했다. 20억 환은 지금의 화폐가치로 환산하면 수천억 원에 달한다.···

둘째, 워커힐 사건이다.···· 중정이 외화 획득을 빌미로 주한 미군의 종합 위락 시설인 워커힐을 정부자금으로 건립하면서 그 가운데 상당 부분을 횡령하여 공화당 정치자금으로 사용해 문제가 된 사건이다.

셋째, 새나라자동차 사건이다. 이는 중정이 닛산日産 '블루버드' 승용차를 불법으로 반입한 뒤 국내시장에서 시가의 2배 이상을 받고 팔아 폭리를 취한 사건이다.·····

록 했다. 중정의 압력에 따라 증권업자 윤응상은 한전 주식 12만 8000주를 주당 1만 5813환(액면가 1만 환)에 수의계약으로 확보했다. 윤응상은 시중에 상장된 한전 주식을 사들여 주가를 폭등하게 만들었다. 한전 주식은 2월 말 2만 환대에서 나중에는 6만 환대로 폭등했다. 이 과정에서 확보한 차액을 윤응상에게 자본금으로 제공해 통일증권, 일흥증권, 동양증권 등을 설립하도록 하고, 대한증권거래소 총 주식의 70퍼센트를 점유하여 윤응상의 심복인 서재식을 증권거래소 이사장에 앉혔다. 윤응상의 독무대가 된 증권거래소는 증권거래법과 거래소의 사업 규정을 무시하고 윤응상 계열의 증권회사를 불법적으로 지원하여 이들 회사의 주식이 폭등하도록 조작했다. 그러나 이들 회사가 약속한 결제를 이행하지 못하자 주가가 폭락했고, 이 과정에서 군소 투자자 5340명이 136억 6000만 환을 손해 봤다. 피해자 가운데 패가망신한 사람, 자살한 사람들이 속출하는 등 사회적 물의가 이만저만이 아니었다. 이 사건으로 중앙정보부가 벌어들인 돈이 수백억 환이 될 것이란 소문이 파다했다. 이 사건의 실무 총책인 중정 행정관 강성원은 "그때 약 20억 환을 벌어 재건동지회 조직에 썼다"고 증언했다. 《한국 현대사 이야기 주머니 2》(한국정치연구회 지음, 녹두, 1993) 154~158쪽.

■ ■ ■ 조갑제, 앞의 책, 196쪽.

■ ■ ■ ■ 1961년 중정 2국장 석정선 등은 서울 성동구 광장동 소재의 부지 18만여 평(약 59만 5000제곱미터)을 수용해 총 규모 60억 환에 이르는 사단법인 워커힐 관광사업을 시작했다. 이들은 교통부에 압력을 넣어 관광공사법을 제정, 관광공사를 설립했다. 워커힐 공사가 진행되는 도중에 산업은행의 융자 거부로 공사가 지지부진하자, 교통장관 박춘식과 관광공사 신두영 사장은 1962년 8월 13일부터 1963년 2월 21일 사이에 워커힐 사장 임병주(당시 중정 2국 1과

넷째, 회전 당구대(파친코) 사건이다. 일본에서 회전식 당구대를 면세로 사들여 당구장 영업을 하려던 사건으로, '파친코 사건'이라고 한다. 당시 법적으로 금지된 회전 당구대 100대를 재일 교포의 재산 반입으로 속여 국내에 들인 뒤 서울 시내 33곳에 당구장을 개설했다. 이 사건으로 김태준 등이 관세법 위반과 문서위조 및 동행사로 군법회의에 송치되었다.┈┈┈

4대 의혹 사건은 그 실체가 정확히 밝혀지지 않았으나, 사회적으로 심각한 물의를 일으켰다. 이 사건은 박정희의 묵인 아래 중정이 직간접으로 개입한 작품이지만, 문제가 되자 김종필이 혼자 책임을 지고 '자의 반 타의 반' 외유外遊를 떠나는 것으로 무마되었다. 4대 의혹 사건은 군정 시기 비리와 부패 가운데 빙산의 일각에 불과하다. 정권의 핵심 인물들이 엄청난 치부를 했고, 군정의 비호 아래 많은

장, 중령)에게 정부 주식 출자금 5억 3590만 원을 전용 가불하도록 했다. 임병주는 그 돈으로 워커힐 공사를 마무리했고, 그 가운데 막대한 액수를 횡령했다. 그는 교통장관과 각 군의 공병감에게 압력을 넣어 군 장비 4158대와 연인원 2만 4078명을 워커힐 공사에 무상으로 동원하고, 인부들의 인건비도 지불하지 않는 등 숱한 부정을 저질렀다. 이 사건이 알려지자 미국에서도 큰 문제가 되었으며, 미군에게 출입 금지령을 내려 워커힐은 극심한 재정난을 겪었다. 결국 워커힐은 민간에 매각되었다. 한국정치연구회, 앞의 책, 158쪽.
■■■■■ 김종필 중정부장은 1961년 12월 한일회담 차 일본에 갔을 때 야스다(安田)상사의 사장 재일 교포 박노정을 만나 자동차공업에 대해 의견을 교환했다. 그 뒤 전무 안석규가 한국에 파견되어 중정 차장보 석정선의 지원으로 새나라자동차공업주식회사를 설립했다. 이어 정부에서는 관광용 자동차 400대를 수입하기로 결정했으며, 새나라는 자동차의 수입과 판매 대행을 독점했다. 이때 석정선은 인천시장에게 압력을 넣어 새나라의 부지와 자재 구입 등에 편의를 제공하도록 했다. 새나라는 일본에서 면세로 들여온 자동차 1642대를 수입가의 2배를 받고 판매했다. 그 차익은 공화당의 창당 자금으로 사용되었으리라고 추정되지만, 석정선이 업무상 횡령, 협박과 증뢰죄로 구속되는 것으로 끝나고 말았다. 한국정치연구회, 앞의 책, 159쪽.
■■■■■■ 한국정치연구회, 앞의 책, 162쪽.

사람들이 떼돈을 벌었다. 그러니 사람들 사이에서는 '구악舊惡을 뺨칠 신악新惡'이란 소리가 터져 나왔다.*

3공화국 헌법, 대통령제로 개정하다 •

김종필의 공화당 창당 준비 작업과 함께 새로운 정부의 헌법이 준비되고 있었다. 1962년 7월 11일 최고회의 산하에 최고위원 9명, 민간인 전문위원 21명으로 구성된 헌법심의위원회가 설치되었다. 자문위원으로는 하버드대학교Harvard University의 루퍼트 에머슨Rupert Emerson 교수와 뉴욕대학교New York University의 길버트 플랜츠가 초빙되었다. 미국이 우리나라 헌법 개정 방향에 관심이 있었기 때문이다.**

　1962년 10월 31일 대통령제를 골자로 한 새 헌법안이 최고회의를 통과했다. 12월 6일 계엄령이 해제되고, 12월 17일 새 헌법안이 국민투표에 회부되었다. 새 헌법안은 찬성 78.8퍼센트로 통과되었다. 군정 지도자들은 이를 "군정에 대한 신임투표로 생각"했고, 다른 사람들은 이를 "가능한 한 빨리 민정에 복귀하라는 열망의 표출"로 보았다. 새 헌법은 '국민의 직접선거에 의해 선출되는 대통령을 정점으로 한 강력한 대통령제'가 특징이며, '단원제 국회, 소선거구제, 헌법 개정에 대한 국민투표제, 법원의 심사 권한' 등을 포함했다.

■ 한용원, 앞의 책, 251쪽.
■■ 조갑제, 앞의 책, 191쪽.

　12월 27일 마침내 박정희는 "군복을 벗고 대통령에 출마할 것"이라고 발표했다. 선거를 통해 정권을 장악할 준비가 되었다는 이야기다. 1963년 1월 1일, 기성 정치인의 정치 활동 금지가 해제되었다. 1월 5일 김종필은 준장으로 예편하고, 9일 중정부장을 사임했다. 그는 비판에도 아랑곳하지 않고 공화당 창당 작업에 뛰어들어 1월 18일 발기 대회를 열고, 2월 26일 중앙당을 창당했다. 그러나 당이 사전에 비밀 점조직 형태로 구성되었다는 사실이 알려지면서 파문이 걷잡을 수 없이 커졌다.

　박정희도 더는 김종필을 감싸줄 수 없었다. 버티다가는 함께 떠밀려 갈 판국이었다. 1963년 2월 20일 김종필은 4대 의혹 사건과 공화당 사전 조직에 대한 책임을 지고 모든 공직에서 사퇴한다고 발표했다. 김종필은 2월 25일 "자의 반 타의 반"이라는 말을 남기고 외유 길에 올랐다. 여기에는 미국의 강력한 요구가 있었다.

모자 벗은 군인 정권 출범 ·

김종필의 외유에도 5 · 16 주체의 내분은 쉽게 가라앉지 않았다. 박정희는 3월 16일 "군정을 4년간 연장하는 안을 국민투표에 부치겠다"고 발표했으나, 미국의 강한 압력과 기성 정치인들의 반발로 실현

■ 강준만, 앞의 책, 176쪽; 조갑제, 앞의 책, 221쪽; 김일영, 〈1960년대의 정치 지형 변화〉, 《1960년대의 정치사회 변동 : 한국 현대사의 재인식 10》(한국정신문화연구원 엮음, 백산서당, 1999) 221쪽.

되지 못했다. 4월 8일 박정희는 군정 연장안을 철회했다. 민정 이양이 기정사실로 굳어지면서 후보들의 윤곽도 드러났다. 박정희(공화당), 윤보선(민정당), 허정(국민의 당), 송요찬(자유민주당), 오재영(추풍회), 변영태(정민회), 장이석(신흥당) 등이 후보로 등록했으나, 허정과 송요찬은 10월에 사퇴했다.

1963년 10월 15일 치러진 대통령 선거에서 박정희는 근소한 차이로 윤보선에 승리했다. 총 1100만여 표 중에서 박정희는 유효 투표의 46.65퍼센트인 470만 2642표를 얻었고, 윤보선은 45.1퍼센트인 454만 6614표를 얻었다. 두 사람의 표 차는 15만 6028표에 불과했다. 자금과 조직의 현격한 열세에도 야당이 선전한 것이다. 이는 국민들이 군정을 그다지 신뢰하지 않았음을 말해준다.

11월 26일에는 6대 국회의원 선거가 실시되었다. 지역구 131명과 전국구 비례대표 44명을 선출하는 복합 선거제도가 도입되었다. 선거 결과 공화당은 지지율 32.4퍼센트로 110석을 확보했고, 민정당은 지지율 19.4퍼센트로 41석을 얻었다. 민주당은 13.1퍼센트 지지율에 13석을, 자유민주당은 7.8퍼센트 지지율에 9석을, 국민의 당은 8.5퍼센트 지지율에 2석을 확보했다. 공화당의 득표율은 32.4퍼센트에 불과했으나, 의석 비율은 62.8퍼센트에 달했다.

야당이 사분오열한데다 국회의원 선거는 지연과 혈연, 자금의 효과가 크게 작용했기 때문이다. 국회의원 선거에서도 무소속을 제외하면 선거 자금을 쓴 정당 순서대로 표를 얻었다. 이는 관권의 개입

■ 임영태, 앞의 책, 314쪽.

은 적었지만 금권의 역할이 컸음을 말해주는 징표다.

1963년 12월 17일 3공화국 박정희 정권이 정식으로 출범했다. 1961년 5월 16일 군부가 쿠데타로 전권을 장악한 뒤 2년 6개월간 '군정'을 거쳐 비로소 '민간 정부'가 들어선 것이다. 그러나 선거라는 형식적인 절차를 거쳤어도 3공화국은 정통성 시비에서 벗어나기 힘들었다. 박정희와 공화당은 두 차례 선거를 통해 군정이 완전히 끝나고 민간 정부가 시작되었다고 주장했지만, 군부 통치가 끝났다고 생각하는 사람은 거의 없었다. 국민들에게는 그들이 '모자 벗은 군인 정권'에 불과했다.

8

수출제일주의

한국 경제의 원형이 마련되다

박정희, 보릿고개를 해결한 인물로 기억되다 •

우리나라 경제가 본격적으로 발전하기 전, 한국에 대한 세계의 이미지는 형편없었다. 지금 우리가 이름도 잘 기억하지 못하는 아프리카의 가난한 나라들과 비슷한 이미지였다고 보면 될 것이다. 전쟁과 가난이 한국의 대명사처럼 따라 붙었다. 당시 한국은 전쟁고아와 거지가 넘치는 나라였다. 1961년에 한국은행이 세계 40개국의 국민소득을 비교 · 분석한 결과(1959년 기준)에 따르면, 한국은 78달러로 끝에서 다섯 번째였다. 1위 미국 2250달러, 2위 캐나다 1521달러, 3위 스웨덴 1387달러, 4위 스위스 1299달러였다. 영국은 8위로 1023달러, 일본은 25위로 299달러였다.˙

박정희가 쿠데타로 권력을 장악한 1960년대 초반, 많은 사람들이

■ 《내 무덤에 침을 뱉어라 4》(조갑제 지음, 조선일보사, 1999) 349쪽.

배고픔의 고통을 겪으며 살았다. 보릿고개가 삶을 옥죄던 시절이다. 그래서 박정희는 "절망과 기아선상에서 허덕이는 민생고를 시급히 해결하고, 국가 자주 경제 재건에 전력을 집중한다"는 '혁명 공약'을 내세웠다.

박정희에게 가장 시급한 과제는 경제 건설이었다. 그는 권력을 장악한 첫날부터 경제 발전에 관심을 쏟았다. 논란이 없는 것은 아니지만, 박정희의 공적이 있다면 경제 발전이라는 데 일치한다. 특히 나이 든 사람들에게 박정희는 보릿고개와 배고픔을 해결한 인물로 기억된다. 이 기억은 무척 강렬해서 박정희를 절대적으로 지지하는 밑바탕이 되고 있다.

내포적 공업화에서 대외 개방적 공업화로 선회하다 •

박정희 정권의 경제정책은 흔히 강력한 수출드라이브 정책으로 표현된다. 자원이 빈약하고 자본도 축적되지 않은 나라에서 선택할 수 있는 길은 수출 증대를 통한 적극적인 외화 획득과 대외 개방경제 체제라는 사고에 기반을 둔 것이다.

경제 발전을 위해서는 외자 유치가 무엇보다 중요하다. 외국자본을 끌어들이려면 국내의 저임금 노동력을 기반으로 한 가공무역 육성·지원책을 비롯해 적극적인 유인책이 필요하다. 박정희 정권은 이를 바탕으로 국제분업 체계에서 비교 우위에 있는 경공업을 발전시켜 수출 증대를 꾀하고자 했다. 1차 경제개발5개년계획의 후반기인 1965년 이후 박정희 정권은 수출 증대에 한국 경제의 모든 것을 걸다시피 했다. 그래서 수출제일주의와 '수출만이 살길이다' 라는 슬로건이 나왔다. 이때부터 수출제일주의는 일종의 신앙이 되었다.[*]

그러나 박정희 정권이 처음부터 수출제일주의 경제 노선을 택한 것은 아니다. 박정희는 군사정권 시절인 1961년부터 경제 문제를 해결하기 위해 경제개발5개년계획을 세우고 이를 추진하고자 했다. 이 계획의 기본 정책 방향은 '자립적 경제를 지향하는 자주적 공업화 전략'이라고 할 수 있다. 대외 개방적인 경제체제를 통한 수출 지향적 산업 전략과 대비되는 '내포적 공업화 전략'이다.[**]

그렇다면 박정희 정권의 경제 노선이 왜 바뀌었을까? 내포적 공업화 전략에서 대외 개방적 공업화 전략으로 선회하는 과정에는 미국의 훈수와 대내외 경제 여건을 감안한 박정희 정권의 선택이 있었다.

경제기획원 신설과 1차 경제개발5개년계획안 확정 •

5·16 군사정부의 경제개발 계획은 크게 3단계 과정을 거쳤다.[***]
먼저 1961년 5월 말 건설부가 마련한 안으로, 장면 정권 시절의 경제 개발 계획안을 거의 복사한 수준이었다. 다음은 유원식 최고위원의

■ 《한국 현대사 산책―1960년대편 2》(강준만 지음, 인물과사상사, 2004) 277쪽.
■■ 이완범, 〈경제개발5개년계획의 입안과 미국의 역할〉, 《1960년대의 정치사회 변동 : 한국 현대사의 재인식 10》(한국정신문화연구원 엮음, 백산서당, 1999) 69~70쪽.
■■■ 이에 대해서는 이완범, 위의 글, 64~84쪽을 참고할 수 있다.

주도 아래 서울 상대 박희범 교수의 자문을 받아 마련한 안으로 제철·제강, 기관차·조선·공작 기계, 자동차, 기초 화학공업 등 기초적인 생산제 공업을 우선적으로 건설하려는 내포적 공업화 전략이었다. 이 안은 7월 21일 최고회의에 보고되었다. 최고회의안은 건설부안을 수정한 것으로, 군사정부의 독자적인 사고 체계가 반영되었다.

군사정부의 경제개발 계획안이 일차적으로 확정되는 것은 경제기획원안에서다. 최고회의는 7월 22일 경제개발 계획을 일원적으로 추진하기 위해 경제기획원을 신설하고 종합경제재건계획을 공표했다. 경제기획원은 당시 산업개발위원회가 속해 있던 건설부를 모태로 재무부의 예산국, 내무부의 통계국 등 여러 기관을 흡수·통합하여 만들어졌다. 경제기획원은 향후 경제개발 계획의 총괄지휘부 역할을 담당한다.

경제기획원은 최고회의안을 기반으로 작업한 끝에 9월 중순 실행 계획안을 완성했다. 각종 통계자료나 경험 있는 계획 전문가가 부족했으므로 최고회의안을 토대로 세부 계획을 세우는 수준에서 마련되었다. 경제기획원 초대 부원장 송정범에 따르면 "〈네이산Nathan 보고서〉를 비롯해 말레이시아와 인도의 5개년 계획을 참고했고, 세계은행IBRD에서 비교·연구된 개발 기구에 대한 자료, 뮈르달Karl Gunnar Myrdal 교수의《경제 이론과 저개발 지역》등을 참조했다"고 한다.

경제기획원안은 최고회의안을 답습한 것이며, 이승만·민주당 정부에서 마련한 계획안처럼 박정희가 미국을 방문했을 때 원조와 차관을 얻어내기 위한 정치적 성격도 있었다. 그에 따라 당시 한국이 비교 우위로 여겨지던 농업과 일차산업의 중요성이 상대적으로 강조

되었다. 나중에 마련되는 수출 지향적 공업화 전략과 비교하면 크게
차이가 나는 부분이다. 그에 따라 1차 경제개발5개년계획은 1962년
1월 13일부터 구체적으로 시행되었다.

박정희 정권의 계획안에 제동을 거는 미국 •

미국도 한국의 경제 발전과 안정을 원했으며, 이를 지원하려는 의도
가 있었다. 미국은 한국이 반공의 전초기지로서 작동하기 위해서는
무엇보다 경제적인 발전과 국민의 생활 안정이 중요하다고 보았다.
공산주의에 대항하는 가장 중요한 출발점은 국민의 생활수준을 향상
하는 것이라고 믿었기 때문이다. 특히 1950년대부터 저개발 국가 경
제개발의 중요성을 강조해온 미국의 경제학자 로스토Walt Whitman
Rostow가 케네디 행정부의 국무부 정책기획위원회 의장으로 발탁되
면서 그의 경제 이론은 장면 정부 이후 한국의 경제개발 계획 작성에
큰 영향을 미쳤다.

그런데 군사정부에서 마련한 경제개발 계획안은 미국이 보기에 탐
탁지 않았다. 군사정부는 정유, 철강, 화학공업 등 기초공업과 비료,
시멘트, 화학섬유 등의 공장을 한꺼번에 건설하겠다는 대담한 계획
을 세우고 외자도입을 추진했는데, 미국이 볼 때 무리한 계획이었다.

■ 계획안은 1961년 9월 15일부터 중앙경제심의위원회가 심의하고, 11월 20일 최고회의를 거
쳐 12월 말에 최종 확정되었으며, 1962년 1월 5일 발표되었다.

막대한 신규 투자는 재정 적자와 통화량 팽창을 초래하여 경제적 안정을 해칠 수 있다며, 재정 긴축과 안정을 최우선 과제로 설정해야 한다고 조언했다. 전력과 에너지 등 사회자본에 투자하는 것은 적극적으로 장려했지만, 정유와 비료 외에 기간산업 건설은 가급적 억제하려 했다. 특히 미국은 막대한 외화가 동원되어야 하는 제철 사업은 시기상조라며 차관을 승인하지 않았다. 울산공업지구(1962년 2월 3일 기공)와 같은 대규모 공업단지 건설도 반대했다.

미국은 다양한 방식으로 1차 경제개발5개년계획안의 수정을 종용했다. 경제개발 계획 발표 후 '쇼핑 리스트' '공장 건설 일람표'라며 혹평했다. 또 제철, 정유, 조선, 시멘트, 비료를 생산하는 공장을 건설하는 데 필요한 재원은 고려하지 않고 의욕만 앞세워 실현 불가능한 계획을 짰다고 비판했다. IBRD 역시 "연평균 7퍼센트 성장은 선진국에도 유례가 없다"며 회의적인 반응을 보였다.

박정희는 1961년 11월 미국 방문 시 케네디 대통령에게 원조를 요청했지만, 미 국무부 산하 국제개발처Agency for International Development, AID의 해밀턴 처장은 7.1퍼센트 성장 계획을 문제 삼으며 회의적인 반응을 보였다. 그는 "이 공장을 모두 지으려면 약 20억 달러가 필요한데, 한국같이 가난한 나라에 누가 투자하겠느냐"고 했다. 미국은 한국의 경제성장률을 5퍼센트 정도로 낮춰야 한다고 주장했다. 그들은 '불안한 성장'보다 '안정'을 원한 것이다.

━━━━━━

■ 이완범, 앞의 글, 87~92쪽.

미국, 한국의 경제정책 수립과 집행에 개입하다 •

박정희 정권은 미국의 권고를 무시할 수 없었다. 미국은 박정희가 방미 중인 11월, 경제개발5개년계획을 수정하기 위해 ADLArthur D. Little Inc.과 계약을 맺었다. ADL은 1961년 12월 6일부터 1962년 3월 5일까지 한국에서 조사 활동을 수행했다. ADL은 〈예비 조사 보고서〉를 통해 한국의 경제성장률 산정은 자의적이며, 계획 자체가 불충분하다고 평가했다. 이에 따라 미국은 한국이 계획을 수정하는 것이 좋겠다고 충고했다. IBRD도 외자 지원 계획을 언급하면서 2차 계획부터는 적극적인 개입을 조건으로 내걸었다.

1962년 1월 AID 처장 해밀턴이 한국을 방문해 박정희 최고회의 의장, 김유택 경제기획원장 등과 만났다. 3월에는 해리만 미 극동 문제 담당 국무차관보가, 5월에는 AID 세이머 자노 극동 담당 부처장이 한국을 방문했다. 이들은 한국의 국제경제 협력과 관련된 사항을 논의했다. 1963년 7월 19일 5·16으로 중단된 한미합동경제위원회CEB를 계승하는 한미경제협력위원회ECC가 신설되었다. 이후 미국은 ECC를 통해 한국의 경제정책 수립과 집행 과정에 적극적으로 개입했다. 미국은 1차 경제개발5개년계획 후반기에 자국의 경제학자들을 동원해 개방경제 정책을 채택하도록 강력히 권고했다.•

이처럼 미국은 한국의 1차 경제개발5개년계획을 비판하며 수정을 권고했다. 미국은 한국의 경제정책의 수립과 집행에 다양한 방식으

■ 이완범, 앞의 글, 93쪽.

로 개입했지만, 경제개발에 필요한 외자도입은 지원해주지 않았다. 미국은 박정희 정부의 민정 이양과 경제개발 계획 수정 요구를 연계해 압력을 행사했다. 5·16 군사정부는 경제개발 자금을 확보하기 위해 동분서주할 수밖에 없었다.

5·16 군사정부, 통화개혁을 실시하다 •

미국이 자금을 지원해주지 않자 5·16 군사정부는 서독에 손을 내밀었다. 정래혁 상공장관은 1961년 11월 13일 서독을 방문하여 장기차관과 민간투자를 합쳐 1억 5000만 마르크(약 3750만 달러)를 얻었다. 그해 11월 이정림 단장이 이끄는 구주 지역 교섭단도 크루프Fried. Krupp GmbH, 지멘스Siemens AG 등 서독의 대기업과 차관 교섭을 벌여 1500만 달러 규모의 차관을 들여왔다. 서독에서 차관 도입은 질식 상태인 한국 경제의 숨통을 터주었지만, 미국의 비위를 건드리는 일이 되었다.

다음으로 군사정부는 경제개발 자금을 마련하기 위해 통화개혁을 시도했다. 10환을 1원으로 하는 통화개혁은 1962년 6월 9일 밤 10시에 기습적으로 공표, 그날 자정부터 발효되었다. 통화개혁은 박정희의 후원 아래 최고회의 수석경제위원 유원식이 주도했는데, 직속상관인 최고회의 재정경제위원장 김동하조차 모르게 진행되었다. 미국

■ 이완범, 앞의 글, 94쪽.

은 통화개혁 실시 48시간 전인 6월 8일에야 이 사실을 통고받았다.

박정희는 통화개혁에 즈음한 담화에서 "부정부패 등 음성적으로 축적된 자금이 상당히 온존했으나 이는 산업자금이나 장기 저축으로 되어 있지 않다"면서 "음성 자금과 과잉 구매력을 진정한 장기 저축으로 유도하여 투자 재원으로 활용하는 동시에 인플레를 방지하는 조치가 불가피했다"고 주장했다. 화폐개혁의 목적은 음성 자금을 장기 저축 형식으로 확보하여 투자 재원으로 동원하기 위함이었다.

미국, 박정희의 통화개혁에 제동을 걸다 •

미국은 통화개혁이 자본주의적 경제 운영 원리와 맞지 않는다며 극히 부정적이었다. 또 군사정부가 사전 협의 없이 멋대로 행동하는 것이 여간 불쾌하지 않았다. 1962년 6월 10일 한미대책회의에서 버거 Samuel D. Berger 대사는 2단계 긴급 금융 조치는 미국과 사전에 협의하기 바란다고 말했다. 그러나 유원식은 6월 16일 긴급 금융 조치 공포 때도 미국과 협의하지 않았다.

미국은 "산업개발공사 설립 자금으로 4000만 달러를 제공할 테니 동결 자금을 푸는 것이 어떠냐"고 제안하고, 6월 21일 국무부 에드워드 라이스 차관보가 정일권 주미 대사를 불러 강제 동결한 예금을 풀지 않으면 원조를 끊겠다고 말했다. 유원식은 박정희와 함께 "동결

■ 이완범, 앞의 글, 99쪽.

자금을 절대 풀 수 없다"고 맞섰지만, 예산의 절반을 미국의 원조 자금에 의존하던 한국 정부로서는 버티기 힘들었다. 결국 군사정부는 7월 13일 동결 자금 중 3분의 1을 자유 계정으로 풀고, 나머지는 1년 정기예금 계정으로 전환한다는 특별조치법을 공포했다.

유원식은 화폐개혁의 책임을 지고 최고회의 수석경제위원을 사임한 뒤 군에 복귀했다. 그 뒤 유원식은 "통화개혁이 실패한 원인은 '배신자' 박정희의 선택 때문이며, 결국 자립 경제를 지향하던 기본 방향에서 식민지(종속) 경제로 전환하는 계기가 되었다"고 비판했다.

미국의 압력과 대내외 경제 여건으로 통화개혁이 실패하면서 경제 계획을 포함한 박정희 정권의 초기 경제정책 방향은 큰 변화를 겪었다. 이 과정에서 유원식과 박희범 등 내포적 공업화를 주장하는 '자립 경제 노선'이 밀려나고, 이병철과 박충훈, 김정렴 등 대외 개방적 공업화를 주장하는 '실용주의 노선'이 힘을 얻기 시작했다.

새로운 경제정책 방향 수립 •

미국의 압력으로 통화개혁이 실패한 뒤 자립 경제 노선은 설 자리를 잃었다. 한국 정부는 미국의 지원 아래 1차 계획의 수정에 나섰다. 1962년 11월 26일 보완 작업을 위해 경제기획원에서 최고회의, 내

■ 박 정권의 통화개혁과 미국의 압력에 대해서는 이완범, 앞의 글, 95~104쪽; 조갑제, 앞의 책을 참고할 수 있다.

각, 관계 실무자로 구성된 연석회의가 열렸다. 실무 작업을 위해 개발계획반, 재정반, 금융반, 국제수지반, 기술진흥반과 이들을 총괄하는 종합 부문 심의반이 구성되었다. 종합 부문 심의반의 심의위원 15명은 반장 김동식 대령을 제외하면 모두 경제기획원을 비롯한 경제 관료들이 맡았다. 기술·경제 관료의 영향력이 강해지면서 새로운 경제개발 전략이 마련되었다.

최고회의는 1963년 2월 4일 3년차 계획을 포함한 5개년계획의 보완 작업을 경제기획원에 지시했다. 정부는 2차 연도인 1963년 8월 원안을 대폭 수정한 보완 계획을 본격적으로 작성했다. 박정희는 그해 12월 5대 대통령 취임사에서 조국의 근대화 촉성을 '역사적 필연의 과제'로 전제하고, '민족 자립의 지표가 될 경제개발5개년계획의 합리적 추진'이 '중대한 국가적 과제'라고 역설했다. 1차 계획의 수정을 강하게 암시한 것이다. 수정안은 민정 이양 후인 1964년 1월에 발표, 2월에 확정되었다.

1964년 2월 14일 한국의 장기 경제개발에 관한 조사와 자문을 위한 정부와 미국 경제고문단의 용역 계약이 체결되었다. 그에 따라 재정 금융, 개발계획, 농공업 전문가 6명으로 구성된 미국 경제고문단이 한국의 경제계획을 평가하고 자문했다.

■ 이완범, 앞의 글, 107쪽.
■ ■ 이완범, 앞의 글, 115쪽.

수출만이 살길이다 •

경제계획은 여러 가지 요인 때문에 전반적으로 수정되었다. 먼저 미국의 영향력을 들 수 있다. 미국은 한국 재정을 좌우하는 상황에서 자신들과 상의도 없이 수립한 경제계획을 인정할 수 없었다. 더욱이 박정희 정부가 처음 수립한 계획은 여러 가지 면에서 문제가 많았다. 미국은 다양한 방법으로 한국 정부에 영향력을 행사해서 경제계획을 전반적으로 수정하게 만들었다.

그러나 박정희 정부의 경제계획 수정이 전적으로 미국의 압력에 기인한 것이라고 볼 수는 없다. 큰 방향은 미국의 요구에 따랐지만, 구체적인 내용은 한국 정부의 관료들과 대기업의 요구가 강하게 반영되었다. 그렇게 해서 자립 경제 노선은 사실상 폐기되고, 외자도입과 개방경제에 따른 수출 주도형 경제체제로 전환되었다.

이 과정에서 등장한 것이 수출제일주의다. 1964년 경제계획 수정 이후 박정희 정부는 개방정책을 통해 외자에 의존하는 경제모델을 채용하고, 강력한 수출드라이브 정책을 시행한다. 1964년 6월 수출진흥 종합 시책이 마련되었다. 10월 5일 박정희는 자립 경제의 기초를 확립하는 첫째 과제가 수출 진흥을 통한 외화 획득이며, 경제 시책의 중요한 목표를 '수출제일주의'로 삼는다고 역설했다. 1965년 연두교서에서 박정희는 '증산, 수출, 건설'이라는 구호를 내걸고 '수출 아니면 죽음'이라는 극단적인 호소까지 인용하면서 수출의 중요성을 강조했다. '수출은 성장의 엔진'이며 '수출만이 살길'이었다.

1964년 중반부터 수출 주도형 경제정책이 본격 시행되었다. 이 정

책을 수행한 세력은 '돌격 내각'이라는 별칭이 붙은 정일권 내각이
다. 그중에서도 저돌적인 추진력으로 유명한 장기영 부총리와 '수출
장관'이라는 별명이 있는 박충훈 상공장관이 중요한 역할을 수행했
다. 1964년 5월 상공장관에 다시 임명된 박충훈은 임명장을 받는 자
리에서 박정희에게 말했다.

"수출만이 살길입니다. 앞으로 우리는 수출제일주의를 국가의 가
장 중요한 정책으로 삼고 매진해야 할 것입니다. 그러기 위해서는 대
통령 각하께서 총사령관으로 진두지휘해주셔야 할 것입니다."

한국의 수출 주도형 경제모델은 미국의 경제계획 수정 요구에서
비롯되었지만, 그 요구를 받아들이는 과정에서 수출 주도형 경제모
델을 선택한 것은 박정희 정부다. 그 선택은 결과적으로 한국 경제
가 성공하는 밑거름이 되었다. 자립 경제 노선을 포기하고 선택한 대
외 개방형 경제발전 모델에서 오늘날 한국 경제의 원형이 시작되었다.

■ 《이당 회고록》(박충훈 지음, 박영사, 1988), 83쪽; 이완범, 앞의 글, 131쪽 재인용.
■ ■ 이완범, 앞의 글, 143쪽.

9

한일회담

돈 때문에
본질을 놓치다

일본의 과거사 부정의 출발점이 된 한일회담 •

우리나라 사람들이 일본에 대한 감정이 좋지 않은 것은 과거 역사 경험의 영향이 크다. 한국과 일본은 지리적으로 이웃해 있으면서 오랫동안 관계를 맺어왔다. 이것은 필연이며 숙명이다. 우리가 아무리 일본을 싫어해도 안 보고 살 수는 없다. 역사적으로는 두 나라 관계가 친밀할 때도, 소원할 때도 있었다. 임진왜란과 식민지 지배는 일본에 대한 우리의 감정을 결정적으로 악화시킨 요인이다. 특히 일본의 식민지 지배는 한국인의 가슴에 깊은 응어리를 심어놓았다. 한반도의 분단도 식민지 지배에서 시작되었다.

문제는 일본이 한국을 식민지로 지배했다는 사실이 아니라 그런 과거를 대하는 일본의 의식과 태도다. 일본은 식민 통치에 진정으로 사과하고 반성하는 태도를 보이지 않는다. 상황이 불리하면 일시적으로 과거사를 반성하는 모양새를 취했다가도 기회만 되면 언제 그랬냐는 듯이 뒤집는다.

식민지 지배가 오히려 한국의 경제 발전과 한국인의 생활개선에 도움이 되었다면서 침략 행위를 정당화하려는 일본 우익 정치인과 극우 세력의 행태는 우리의 반일 감정을 지속적으로 유지시키는 주범이다. 일본 정부와 우익은 위안부 동원에 국가가 개입하지 않았으며, 독도가 일본 영토 다케시마竹島라는 주장도 끊임없이 제기한다. 독도 문제는 러일전쟁 후 일본의 제국주의 팽창 과정에서 확보한 산물인데도 이런 주장을 계속하는 것은 제국주의 시대의 침략적 사고를 버리지 못하고 있다는 증거다. 우리가 알아야 할 것은 일본의 반복되는 망언과 과거사 부인을 가능하게 만든 계기가 한일회담 과정에서 싹텄다는 사실이다.

미국의 강력한 지원 아래 진행된 한일회담 •

박정희 군사정권은 처음부터 미국에게 강한 압박을 받았다. 미국의 전략은 전 세계적으로 반공 전선을 강화하고, 대소·대중 포위망을 구축하는 것이 핵심이었다. 이를 위해서는 미국이 저개발 국가들을 경제적으로 지원해야 하는데, 1960년대 들어서면서 달러의 힘이 약해지기 시작했다. 미국이 저개발 국가를 경제적으로 지원하는 것도 한계에 부닥칠 수밖에 없었다. 이를 보완하기 위해 미국은 동아시아에서 한국과 일본을 묶어 지역 차원의 반공 동맹을 구축하고자 했다. 그러자면 한국과 일본의 국교 정상화가 필수적이었다.

미국이 박정희 군사정부에 한일 국교 정상화를 강하게 요구한 것은 정치·군사적인 이유뿐만 아니었다. 미국은 한국의 경제개발에 필요한 자금 지원을 일본에 떠넘기고 싶었다. 베트남에서 분쟁이 확대됨에 따라 미국이 한국을 지원하는 데도 한계가 있었다. 반면 일본은 한국전쟁 특수를 바탕으로 1950년대 고도성장했고, 그 과정에서 경제 대국으로 발돋움했다.

국교 정상화를 통해 한국은 경제개발 자금을 확보할 수 있고, 일본은 자국 자본의 한국 진출에 성공할 수 있으며, 미국은 아시아 지역에서 한·미·일 세 나라의 반공 동맹을 강화할 수 있을 것이다. 한일 국교 정상화는 세 나라 정부의 이해관계가 맞아떨어지는 일이었다. 이승만·장면 정부는 국민들의 반일 감정 때문에 일본과 교섭에 적극 나설 수 없었으나, 군사정부는 군사작전 하듯이 강력하게 밀어붙였다.

회담의 첫 단추를 잘못 끼우다 •

한일회담에서는 공개적으로 진행된 공식 회담보다 비밀리에 진행된 밀실 협상이 중요한 역할을 했다. 1962년 10월 21일과 11월 12일에 열린 김종필-오히라 마사요시大平正芳 회담에서 청구권 문제에 합의한 것이 대표적인 예라 할 수 있다.

■ 임영태, 앞의 책, 315~316쪽.

　10월 21일 중정부장 김종필은 미국 국무장관 딘 러스크의 초청을 받아 미국으로 가는 길에 도쿄에 들러 일본 외상 오히라와 1차 회담을 했다. 11월 12일 김종필은 오히라와 2차 회담을 했고, 이때 '김종필-오히라 메모'로 불리는 비밀 합의가 성립되었다. 한국이 청구권을 포기하는 대신 일본이 무상 공여 3억 달러, 유상(대외 협력 기금) 공여 2억 달러, 상업(민간) 차관 1억 달러 등을 제공하기로 합의한 것이다.

　청구권이란 일본의 식민지 지배에 대한 배상과 보상 청구 권리를 의미한다. 이는 일제의 식민지 통치로 피해를 본 한국 민간인들이 일본 정부를 상대로 배상과 보상을 요구할 수 있는 권리로, 한일회담에서 가장 중요한 부분이었다.

　그러나 김종필-오히라 메모는 일본이 한국에 제공하는 자금의 명목은 한마디도 언급하지 않은 채 한일 국교 정상화 대가로 일본이 위의 자금을 제공하기로 합의했다. 그 때문에 한일 양국이 자금의 명목을 놓고 자의적으로 해석할 수 있는 여지를 남긴 셈이다. 나중에 한국은 이 돈을 '청구권자금'이라고 주장했지만, 일본은 '경제협력 자금' 혹은 '독립 축하금'이라고 해석했다. 김종필이 오히라와 비밀 협상을 통해 이런 사실을 묵인했으니, 한일 관계의 첫 단추를 잘못 끼운 셈이다.

■ 《한일 과거사 처리의 원점 : 일본의 전후 처리 외교와 한일회담》(이원덕 지음, 서울대학교 출판부, 1996) 300쪽.

한일회담 반대 시위가 전국으로 확산되다 •

굴욕적인 한일회담에 한국민의 반발은 예상보다 거셌다. 1964년 3월 6일 야당과 사회·문화·종교 단체 대표가 참여하는 '대일굴욕외교 반대 범국민투쟁위원회'가 결성되었다. 위원회는 '구국 선언문'과 '대정부 경고문'을 발표하고, '한일회담 즉시 중지, 일본에 반성 요구, 민족정기 고취'를 슬로건으로 내걸었다. 3월 15일부터 회담 저지를 위한 본격적인 유세에 들어갔으며, 3월 22일 장준하 등이 연사로 나선 서울 장충단공원 집회에는 70만 명이 몰렸다.

3월 24일 서울에서 4·19혁명 이래 최대의 학생 시위가 일어났다. 서울 시내 대학생 5000여 명이 제국주의자 이케다 하야토池田勇人 수상과 민족 반역자 이완용의 화형식을 치르고, "한일 굴욕 외교 반대"를 외치며 가두로 진출했다. 이후 시위는 전국으로 확산되어 고등학생과 일반 시민까지 참여하는 대중적인 시위로 발전했다.

박정희는 3월 26일 발표한 특별 담화에서 "나와 정부는 학생들에 못지않게 국가와 민족을 위해 털끝만 한 사심도 없이 회담에 임하고 있음을 나와 정권의 생명을 걸고 역사 앞에 맹세한다"며, "학생들의 애국 충정은 이해하지만 시위는 외교에 도움이 안 된다"고 한일회담 강행 방침을 밝혔다. 이와 함께 "학생들의 주장을 받아들여 대일 비밀외교의 주역으로 일본에 머무르던 공화당 의장 김종필을 본국으로 소환하겠다"고 했다. 3월 28일 김종필이 귀국했다. 박정희 정권이 공개한 김종필-오히라 메모가 언론에 보도되자, 반대 투쟁은 강도를 더해갔다. 박 정권의 '5월 비준 계획'은 물거품이 되고 말았다.

'민족적 민주주의 장례식' 조사 •

1964년 5월 20일 동숭동 서울대 문리대 교정에서 '민족적 민주주의 장례식'이 거행되었다. 이날 학생 3000여 명과 시민 1000여 명이 참석한 가운데 박정희가 주창한 '민족적 민주주의'가 사망했음을 알리는 조사弔辭와 선언문이 발표되었다.˙

> 시체여! 너는 오래전에 죽었다. 죽어서 썩어가고 있었다. 넋 없는 시체여! 반민족적 · 비민족적 민주주의여!
>
> 썩고 있던 네 주검의 악취는 '사쿠라'의 향기가 되어, 마침내 우리 학원의 잔잔한 후각嗅覺이 가꾸고 사랑하는 늘 푸른 수풀 속에 너와 일본의 이대잡종二大雜種, 이른바 사쿠라를 심어놓았다. ……시체여! 반민족적 · 비민주적 민주주의여! 석학碩學의 머리로도, 촌부村夫의 의식으로도 난해하기만 한 '이즘'이여! 너의 정체는 무엇이냐? 절망과 기아의 해방자로 자처하는 소위 혁명정부가 전면적인 절망과 영원한 기아 속으로 민족을 함몰시키기에 이르도록 한 너의 본질은 과연 무엇이냐? 무엇이란 말이냐? 말하지 않아도 좋다. 말 못 하는 시체여! 길고 긴 독재자의 채찍을 휘두르다가 오히려 자신의 치명적인 상처를 스스로 때리고 넘어진 너, 박의장朴議長의 민족적 민주주의여! 너의 본질은 곧 안개다!

■ 《혁명과 우상(김형욱 회고록) 2 : 한국중앙정보부》(김경재 지음, 전예원, 1991) 112~113쪽. 이 조사는 서울대 미학과 4학년 김지하(본명 김영일)가 작성하고, 서울대 정치학과 4학년 송철원이 낭독했다.

당시 중정부장 김형욱은 이 글을 읽고 "5·16 혁명정부에 대한 비판이 너무나 통렬해서 숨이 막혔다"고 한다. 김지하의 조사가 문학적이라면, 선언문은 사회과학적이다. 선언문에서는 "4월 항쟁의 참다운 가치성은 반외압 세력·반매판·반봉건에 있으며, 민족 민주의 참된 길로 나가기 위한 도정이었으나 5월 군부 쿠데타는 이런 민족 이념에 대한 정면 도전이며 노골적인 대중 탄압의 시작이었다"고 주장했다.

5월 20일 시위를 계기로 학생들의 한일회담 반대 투쟁은 굴욕적인 외교교섭에 반대하는 차원을 넘어서기 시작했다. 학생들은 한일회담을 미국과 일본, 박정희 군사정부의 합작품으로 인식했고, 일본 제국주의의 경제 침략을 위한 발판으로 규정했다.

군대를 동원해 6·3 반대 시위를 진압하다 •

6월 2일 서울대와 고려대 등 서울 시내 대학생 3000여 명이 참가한 가두시위가 벌어졌고, 미국을 비판하는 목소리가 곳곳에서 터져 나왔다. 서울대 상대생들은 교정에서 가식적 민주주의(신부), 매판자본(신랑), 제국주의(주례) 등의 화형식을 거행한 뒤 데모에 나섰고, 고려대생들은 플래카드에 '미국은 가면을 벗고 진정한 우호국임을 보여라'라고 적었다.

■ 임영태, 앞의 책, 321쪽.

6월 3일 전국적으로 학생과 시민 10만여 명이 시위에 참가했다. 서울대 문리대 교정에서는 김종필의 화형식이 거행되었고, 훈련을 마치고 돌아온 ROTC 후보생들까지 시위에 가담했다. 오후 4시 무렵 경찰차와 트럭을 탈취한 시위대는 세종로와 태평로 거리를 장악했다. 서울 시내 파출소도 박살이 났다. 시위대는 청와대 앞 최후 저지선을 위협했다.

박 정권은 경찰력으로 감당할 수 없는 상황이 되자 군대를 동원했다. 6월 3일 밤 9시 40분 서울 일원에 비상계엄이 선포되고, 마구잡이 진압이 시작되었다. 이날 하루 동안 시위대 200명이 부상당하고, 1200명이 체포되었다. 6월 6일 새벽에는 1공수특전단 장교 8명이 〈동아일보〉 편집국에 무장 난입해 공갈 협박하는 사건이 일어났다. 7월 29일 계엄이 해제될 때까지 학생 168명, 민간인 173명, 언론인 7명 등 모두 348명이 구속되었다. 이 기간 중 포고령 위반으로 890건, 1120명이 검거되었다. 그중 540명이 군사재판, 86명이 민간 재판, 216명이 즉결재판에 회부되었고, 278명이 방면되었다. '6·3사태' 혹은 '6·3사건'이다.

6월 3일 계엄령 발동으로 학생 시위는 소강상태에 접어들었다. 박 정권은 여론을 무마하기 위해 김종필을 공화당 의장에서 사퇴시키고 외국으로 내보냈다. 김종필의 두 번째 '자의 반 타의 반' 외유다. 한일회담의 실질적인 지휘관 박정희는 김종필을 희생양으로 삼아 위기에서 벗어나고자 한 것이다.

■ 《한국 현대사 산책―1960년대편 2》(강준만 지음, 인물과사상사, 2004) 299~300쪽.

돈 몇 푼에 정신이 팔려 본질을 놓치다 •

6·3사태 이후 한일회담은 더 진척되지 못하고 해를 넘겼다. 1965년 1월 9일 박정희는 내외신 기자회견을 열고, 올해 안에 한일회담을 반드시 매듭짓겠다고 선언했다. 김종필이 물러난 다음 박정희는 1964년 7월 27일 이동원을 한일회담의 주무장관인 외무장관에 기용했다. 이동원은 과연 박정희의 기대를 저버리지 않았다. 그는 김종필에 이어 '제2의 이완용'이라는 매도에도 굴하지 않고 끝까지 한일회담을 성사시켰다.

한일 양국은 청구권자금과 관련해서는 김종필-오히라 메모에 기초하여 무상 3억 달러, 유상 2억 달러, 상업 차관 1억 달러에 최종 합의했다. 마지막 걸림돌이던 독도 영유권 문제는 한국이 물러섰다. 조약문에 한국의 영토임을 명문화하지 않음으로써 일본이 국제사법재판소에 제소할 수 있는 근거를 마련해준 것이다.

1965년 2월 19일 한일협정¨이 가조인되었다. 이날 대규모 시위가 발생했고, 대학이 개강하면서 3~4월 내내 시위와 단식 농성이 이어졌다. 4월 17일 서울 효창공원에서 대일굴욕외교반대 범국민투쟁위원회가 주최하는 대규모 집회가 열렸고, 서울 시내 전역에서 시위가 벌어졌다. 고등학생 3000여 명도 시위에 가담했다. 4월 내내 전국에서 시위가 벌어졌고, 5월에도 시위가 계속되었다.

■ 김경재, 앞의 책, 155쪽.
■ ■ 정식 명칭은 '대한민국과 일본국 간의 기본 관계에 관한 조약'이며, 줄여서 '한일기본조약' 혹은 '한일협정'이라고 부른다.

5월 16일 박정희는 세 번째 미국 방문 길에 올랐다. 5월 19일 박정희는 존슨Lyndon Baines Johnson 대통령과 2차 회담을 하고, 가조인된 한일협정을 환영한다는 공동성명을 발표했다. 박정희는 미국 방문 시 딘 러스크 국무장관과 논의하던 중 "수교 협상에서 비록 작은 것이지만 화나게 하는 문제 가운데 하나가 독도 문제다. ……그 문제를 해결하기 위해 그 섬을 폭파하고 싶다"고 발언했다.

6월 22일 오후 5시 도쿄의 수상 관저에서 외무장관 이동원과 외무대신 시나 에쓰사부로椎名悅三郎가 서명하여 한일협정이 정식 조인되었다. 조약 체결 과정에서 일본의 식민지 지배에 대한 사과도 없었고, 한일병합이 원천 무효라는 점도 확인하지 못했다. 한일협정으로 이승만 정권이 그은 평화선이 철폐되었고, 재일 교포의 법적 지위와 영주권 문제도 일본 정부의 처분에 맡겨졌다. 일제가 35년간 불법으로 강탈한 한국의 문화재도 모두 일본의 소유로 인정했다. 위안부와 사할린Sakhalin 교포, 원폭 피해 문제는 거론조차 하지 못했다.

독도 문제도 논란의 소지를 남겼다. 일본은 조인 직전인 1965년 4월에도 한국 정부에 "다케시마의 불법 점거에 관하여 엄중 항의한다"는 문서를 보내 독도가 한국 영토임을 인정하지 않았다. 일본 측이 향후 독도 문제에 대한 불씨를 남긴 것이다.

· ■ 《한국 현대사 산책―1960년대편 3》(강준만 지음, 인물과사상사, 2004) 27쪽.
■ ■ 《해방 후 정치사 100장면》(김삼웅 지음, 가람기획, 1994) 166쪽.

비준 동의안을 강행 처리하다 •

7월 14일 밤, 공화당은 정부가 제출한 '한일협정 비준 동의안'을 전격 발의했다. 7월 31일 예비역 장성, 대학교수단, 종교인, 문인 등 300여 명이 참가한 연대 투쟁 조직 '조국수호국민협의회'가 결성되었다. 이 단체는 김홍일, 김재춘, 박병권, 박원빈, 송요찬, 손원일, 이호, 조홍만, 최경록 등 전직 장성들이 주도했다. 8월 11일 대일굴욕외교반대 범국민투쟁위원회와 조국수호국민협의회가 최대·최선의 연합 전선을 펴기로 합의했으나, 그날 밤 공화당의 날치기로 한일협정 비준 동의안이 국회특별위원회를 통과했다. 다음 날부터 서울 시내 각 대학에서 시위가 벌어졌지만, 한일협정 비준 동의안은 8월 14일 오전 야당 의원들이 불참한 가운데 국회 본회의를 통과했다.•

학생들의 반대 시위가 전국으로 확산되자 8월 26일 박 정권은 서울시 일원에 위수령을 발동해 전방 6사단 병력을 서울 각 대학에 진주시켰다. 8월 27일 윤천주 문교장관이 해임되고, 후임으로 권오병 법무차관이 기용되었다. 서울대 총장 신태환도 면직되었다. 신태환은 "대학의 자율성을 침해하지 말라"는 사퇴 성명을 냈다. 후임에는 학생 탄압에 앞장선 법대 학장 유기천이 임명되었다.

같은 날 예비역 장성 11명이 "군인은 애국하는 시민이나 학생에게 총 겨누기를 거부하고, 민족적 양심에서 군의 빛나는 조국 수호의 전통을 지켜달라"며 '국군 장병에게 보내는 호소문'을 발표했다. 이 사

■ 강준만, 앞의 책, 31쪽.

134

건으로 8월 29일 김홍일, 박병권, 김재춘, 박원빈 등이 구속되었고
손원일, 최경록, 백선진, 조홍만 등이 불구속 기소되었다.

학생 시위가 계속되자, 정부는 9월 4일 고려대와 연세대에 무기 휴
업령을 내렸다. 9월 6일 서울대 상대에서는 최루탄과 군화 화형식이
열렸다. 정부는 폐교 조치까지 거론하며 강경 대응하는 한편, 시위에
'사전 처벌' 작전으로 맞섰다. 서울대 학생운동의 본거지라 할 민족
주의비교연구회(민비연)가 해체되었고, 김중태를 비롯해 14명이 구
속·기소되었다. 서울대 법학과 황산덕·김기선 교수가 파면되었고,
고려대 김성식·이항녕·김경탁 교수가 정치교수로 몰려 쫓겨났다.

졸속·굴욕 외교는 누구를 위한 것이었나 •

박 정권은 학생과 시민, 언론, 지식인, 예비역 장성, 야당 등 사회 각
계의 강력한 반대에도 마침내 한일회담을 타결하고 비준 동의안까지
처리했다. 한일회담에 대해서는 입장에 따라 견해가 다를 수 있지만,
기본적으로 청구권자금(일본은 그런 명목조차 인정하지 않았다)으로 3억
달러 플러스알파를 받은 것은 너무했다는 점에 대부분 동의한다.

만일 한국이 분명한 원칙을 세워서 차분히 협상에 임했다면 굴욕
적인 협정을 체결하지는 않았을 것이라는 주장에 타당성이 있다. 일

■ 이종오, 〈반제·반일 민족주의와 6·3운동〉, 《역사비평》 창간호(1988년 여름) 63쪽; 강준
만, 앞의 책, 33쪽.

본 입장에서도 한국에 경제적으로 진출하는 것은 매력적인 조건이었다. 미국의 압박이 거세고 경제개발에 필요한 자금을 확보하는 일이 급했지만, 일본과 국교 정상화는 돈으로 해결될 문제가 아니었다. 특히 최근 아베安倍晋三 정권의 노골적인 과거사 부정과 우경화를 보면서 그런 생각을 지울 수 없다.[*]

당시 지식인들이 다분히 감정적이고 윤리적인 차원으로 접근한 점도 없지 않다. 홍석률은 "지식인들의 백이숙제류 민족주의는 박정희 정권의 정서적·문화적 민족주의가 은폐한 민족문제의 본질을 과학적으로 비판하는 데 한계가 있었다"고 비판했다.[**] 박정희 정권이 1965년을 넘겨서는 안 된다면서 한일협정을 밀어붙인 이유는 무엇일까? 국가 이익 때문이었는지, 정권의 이해관계 때문이었는지 생각해봐야 할 일이다.

---

[*] 2013년 민주당 정권이 붕괴한 뒤 들어선 아베 정권은 노골적인 우경화 행보와 더불어 과거 침략 행위를 부인하는 언사를 서슴지 않고 있다. 한국이 이 문제를 단독으로 저지할 힘은 없지만, 정확한 역사 인식과 한일 관계에 대한 바른 입장 정립이 필요하다.

[**] 홍석률, 〈1960년대 지성계의 동향 : 산업화와 근대화론의 대두와 지식인 사회의 변동〉, 《1960년대 사회변화 연구 : 1963~1970》(한국정신문화원 엮음, 백산서당, 1999) 246쪽; 강준만, 앞의 책, 40쪽.

10

베트남 파병

‘피의 대가’로
경제성장의 밑천을
마련하다

한국 젊은이들 피의 대가로 달러를 벌다 •

1950년대 우리는 한국전쟁을 치르는 과정에서 말할 수 없는 고통을 겪었다. 그런데 1960년대에 또 다른 전쟁을 경험했다. 베트남전쟁에서 우리 청년들이 피 흘리며 죽어갔다. 참전 대가는 돈이었다. 남의 전쟁에서 우리 청년들이 죽어간 대가로 돈을 벌었다.

베트남전쟁에서 우리가 벌어들인 돈은 얼마나 될까? 1970년 2월 24~26일 미 상원 대외안보공약소위원회(위원장 이름을 따라 '사이밍턴 위원회'라고도 한다) 청문회에서 주한 미국 대사 윌리엄 포터William J. Porter는 "1965~1969년 베트남 파병에 따른 한국의 이득은 5억 4600만 달러로, 이는 한국전쟁 때 일본이 얻은 이득과 비교도 안 되지만 베트남에 파병하지 않은 일본의 이득보다는 적고, 대만(타이완)의 그것을 약간 상회하는 정도"라고 증언했다.

1965~1972년 한국의 기업들이 벌어들인 수익과 군인·노동자들이

받은 봉급과 보상금은 7억 5000만 달러에 달하는 것으로 추정되었다.[*] 현대사를 연구하는 많은 사람들은 베트남전쟁에서 한국이 벌어들인 돈이 10억 달러를 상회할 것으로 본다.[**] 일본과 국교 정상화 과정에서 한국 정부가 받은 금액이 총 6억 달러(무상 3억 달러, 유상 2억 달러, 상업 차관 1억 달러)라는 점을 생각하면 대단한 액수다.

베트남에서 벌어들인 돈은 2차 경제개발5개년계획의 중요한 자금으로 사용되었다. 일본이 한국전쟁을 통해 고도성장의 바탕을 마련했듯이 베트남전쟁 특수가 한국 경제 발전의 밑거름이 된 것이다. 베트남전쟁에서 돈을 번 것은 우리뿐만 아니다. 피 한 방울 흘리지 않은 일본은 우리보다 훨씬 많은 돈을 벌었다.

베트남 민중의 해방전쟁에 참전하다 •

베트남 민족은 처절하게 싸우며 고통 받는데 주변 국가들은 그 전쟁에서 경제성장의 밑천을 마련했다는 것은 역사의 아이러니다. '전쟁의 슬픔'[***]은 전쟁터에만 있는 것이 아니다. 전쟁의 가장 큰 슬픔은

<hr>

■ 김일영, 〈1960년대의 정치 지형 변화〉,《1960년대의 정치사회 변동 : 한국 현대사의 재인식 10》(한국정신문화연구원 엮음, 백산서당, 1999) 330쪽.
■ ■ 금액의 규모에는 차이가 있다. 미 회계국은 10억 3000만 달러, 사이밍턴 위원회에 제출한 국방성의 보고서는 9억 2000만 달러, 미 하원 국제관계소위원회는 15억 달러로 추정한다.《한국 현대사 이야기 주머니 2》(한국정치연구회 지음, 녹두, 1993) 200쪽.
■ ■ ■ '전쟁의 슬픔'은 베트남 작가 바오 닌(Bâo Ninh)의 소설 제목이기도 하다. 바오 닌은 북베트남 병사로 참전한 경험을 바탕으로 전쟁의 슬픔을 그려 휴머니즘 문학의 대표작으로 평가받았다.《전쟁의 슬픔》(바오 닌 지음, 하재홍 옮김, 아시아, 2012) 참고.

세계 체제의 구조적 모순 속에 존재한다.

베트남전쟁은 미국이 벌인 전쟁이다. 프랑스는 오랫동안 베트남을 식민지로 지배했으나 일본에 밀려 그곳을 떠나야 했다. 2차 세계대전에서 일본이 패망하자, 프랑스가 베트남으로 돌아오려 했다. 호찌민Ho Chi Minh이 이끄는 베트민(월남민주동맹)은 이에 반발하여 반프랑스 해방전쟁을 시작했고, 프랑스는 디엔비엔푸Dien Bien Phu 전투에서 결정적 패배를 당했다. 프랑스가 떠나자 이번에는 미국이 그 자리를 차지할 속셈으로 들어왔고, 베트남 민족은 다시 전쟁을 치렀다.

미국의 지원 아래 남베트남˙에 세워진 응오딘지엠Ngo Dinh Diem 정권은 정통성을 확보하지 못했고, 민중의 지지도 얻지 못했다. 부패하고 무능하며, 인민을 억압하고 수탈하는 독재 정권이었다. 1960년 12월 남베트남에서 남베트남민족해방전선NLF이 결성되었다. 응오딘지엠 정권에 저항하는 민주·민족 세력이 총결집한 것이다.

NLF는 남베트남 정권(월남)을 전복하고 베트남을 통일하기 위해 북베트남 정권(월맹)과 손잡았다. 월남 정권을 지원하던 미국은 군대를 파병하고 남부를 평정하기 위해 베트콩(NLF의 무장 조직)을 공격하고 북부를 폭격했으나 전쟁은 점차 격화되었다. 남베트남 상황은 나빠졌고, 미국은 수렁으로 빠져들었다. 미국은 '자유세계를 지킨다'는 명목으로 파병을 요청했고, 한국은 그에 응한 대가로 경제적 이득을 얻었다.

■ 북위 17도 선을 경계로 남북이 분단되었다. 북베트남에는 호찌민이 이끄는 베트남민주공화국이, 남베트남에는 미국의 지원을 받는 베트남공화국이 세워졌다.

미국에 보은해야 하는 한국 ●

1961년 11월 박정희가 처음 미국에 방문했을 때 케네디에게 한국군 파병을 제안했다. 당시 케네디는 베트남에 군사적 개입을 자제하는 상황이었고, 한국군 파병은 적극 검토되지 않았다. 그러나 케네디가 죽고 1963년 11월 존슨이 뒤를 이으면서 상황이 달라졌다. 존슨 대통령은 베트남에 적극적인 군사적 개입을 고려했고, 이듬해 4월부터 '자유세계의 우방'들에게 참전을 요청하기 시작했다. '공산주의 세력의 팽창을 막고 자유와 민주주의를 수호하기 위해서'라는 명분을 내세웠다.

하지만 미국의 여러 우방국 가운데 베트남 파병에 적극적으로 응한 나라는 한국밖에 없다. 북한 공산주의 세력과 직접적으로 대결하는 입장에서 공산주의와 싸우는 맹방을 지원한다는 구호는 그럴듯해 보였다. 미국과 관계도 고려하지 않을 수 없었다. 미국은 한국전쟁에서 적지 않은 피를 흘리며 대한민국을 지켜주었고, 기회 있을 때마다 보은報恩을 이야기했다.

뿐만 아니라 한국에는 5만 명이 넘는 미군이 주둔하면서 안보를 지켜주고 있었다. 미군이 없는 한국은 언제 북한의 공격을 받을지 모르는 처지였다. 미국은 한국에 파병을 요청하면서 걸핏하면 미군 철수를 내세웠다. 베트남 전선에 투입할 군대를 주한 미군에서 빼낼 수도 있다는 것이다. 이는 40년 뒤 이라크에 파병을 요청할 때도 써먹는 수법이지만, 한국으로서는 결코 무시할 수 없는 현실적인 압박이었다.

　1960년대에는 남한이 북한보다 모든 면에서 열세였고, 주한 미군이 철수하거나 미군이 약해지면 한반도에서 무슨 일이 벌어질지 모르는 상황이었다. 하지만 수많은 젊은이들이 희생될 것이 분명한 전쟁터에 군대를 보내는 일은 신중하게 판단해야 했다. 국가 이익에 부합해야 한다는 말이다. 과연 그 국익이란 무엇이었을까?

가장 중요한 이유는 돈이다 ●

　한국 정부가 가장 먼저 생각한 것은 경제적 이익이다. 박정희 정권은 이제 시작한 경제개발5개년계획에 필요한 자금이 절대적으로 부족했다. 베트남에 파병하면 군인들의 월급과 수당을 확보할 수 있을 뿐 아니라, 군에 필요한 물품과 관련된 사업에 진출할 기회도 얻을 것이다. 이와 함께 토목 건설과 제품 판매를 위한 기업의 해외 진출이 가능하며, 미국 시장을 공략하는 데 도움이 될 것이다. 박정희 정권은 베트남에 군대를 보내는 대신 미국과 협상하는 과정에서 경제적 이익을 최대한 확보하려고 노력했다.

　한국은 베트남에 파병된 한국군의 물자와 용역을 한국에서 구입하고, 미국이 베트남에서 시행하는 국제개발처AID 사업도 한국이 확보할 수 있도록 해달라고 요구했다. 이를 통해 한국은 적지 않은 경제적 이득을 보았다. 1965~1973년 베트남과 무역에서 약 2억 8000만 달러를 벌었으며, 미국 시장에 진출하는 데도 상당히 유리한 조건을 확보했다. 베트남 파병으로 한국의 기업과 노무자들이 베트남 시장에서 활동할 수 있는 유리한 조건이 마련되었고, 유휴 인력이 소모되면서 실업률 해소에도 상당한 도움이 되었다.

박정희 정권은 베트남 파병으로 미국에서 조건이 좋은 공공차관을 도입할 수 있었다. 이에 따라 1966~1972년 외자 35억 달러가 도입되었는데, 그중 31.4퍼센트인 11억 달러가 공공차관, 68.6퍼센트인 24억 달러가 상업 차관이다. 공공차관은 주로 발전, 철도, 고속도로 등 기간 설비 건설에 투입되어 2차 경제개발5개년계획이 성과를 거두는 데 밑바탕이 되었다. 박정희는 차관을 도입하고 돈을 주무르는 과정에서 상당한 정치자금을 확보했고, 그 자금은 박 정권의 통치 기반을 강화하는 데 소요되었다.[*]

비전투 부대의 파병에서 시작되다 •

베트남 파병으로 경제적인 이득만 본 것은 아니다. 박정희 정권은 베트남 파병이 안보와 군사적인 측면에서도 적지 않은 이득을 줄 것이라고 생각했다. 미국은 파병을 요청할 때마다 베트남에 부족한 군대를 채우려면 주한 미군을 감축할 수밖에 없다는 주장을 폈다. 미국이 정말 그런 생각을 했는지 위협용으로 사용했는지 모르지만, 한국으로서는 그런 압박을 무시할 수 없었다.

한국군의 베트남 파병은 처음에 단순한 형태였다. 1964년 5월 9일

■ 김일영, 앞의 글, 330~331쪽.

존슨 대통령은 박정희 대통령에게 베트남 지원을 요청하는 서한을 보냈다. 이에 한국 정부는 5월 20일 국가안보회의를 열어 외과 이동 병원(의무 요원 130명)과 태권도 교관단(10명)으로 구성된 소규모 비전투 부대를 파병하기로 결정했다.

하지만 미국의 파병 요구는 그것이 시작이었다. 같은 해 10월 윌리엄 번디William Putnam Bundy 미 국무성 극동 담당 차관보가 서울에 와서 증파를 요청했다. 박정희 대통령은 12월 19일 2차 파병을 요청하는 존슨 대통령의 편지를 받았다. 2차 파병은 공병을 주축으로 한 후방 지원부대지만, 전후방 구분이 없는 베트남전쟁의 특성을 감안하여 자체 경비대와 심리전반이 포함되었다.▪

1965년 2월 9일 오후 2시, 서울운동장에서는 3만여 관중이 모인 가운데 베트남 파병 환송 국민대회가 열렸다. 이 자리에서 박정희는 "건국 이래 처음 있는 역사적 장거"를 칭송하며 비둘기부대원을 '자유의 십자군'이라고 찬양했다.▪▪

<hr>

▪ 《제3공화국 외교 비사》(이상우 지음, 조선일보사, 1984) 247쪽.
▪▪ 한홍구, 〈박정희 정권의 베트남 파병과 병영국가화〉, 《역사비평》 62호(2003년 봄) 125~106쪽; 강준만, 앞의 책, 51쪽. 이 시절 많이 듣는 말이 '자유의 십자군'이다. 이 말은 노래나 아이들의 놀이와 일상용어에 뿌리 깊게 자리 잡았다. 공산주의와 싸우는 '자유의 전사들'이라는 의미다. 그런데 이들이 왜 십자군인가? 중세 유럽의 기독교 세력이 십자군을 결성, 성지 예루살렘(Jerusalem)을 탈환하기 위해 원정을 떠났다. 기독교 문화가 지배하는 서구 제국주의 국가들은 '자유의 십자군'이라는 이름으로 민족의 해방을 위해 투쟁하는 베트남 민중을 토벌했다.

미국의 증파 요청과 파격적인 환대 •

베트남 전황이 나빠지자 미국은 한국에 다시 증파를 요청했다. 기록에 따르면 미국이 한국의 3차 파병 계획을 처음 세운 것은 1965년 3월 24일이다. 이 내용은 1972년 〈뉴욕타임스〉가 특종 보도해 화제가 된 '미 국방성 기밀문서Pentagon Papers'에 잘 드러난다. 존 맥노튼John McNaughton 국방성 국제 안보 담당 차관보는 1965년 3월 24일 로버트 맥나마라Robert Strange McNamara 국방장관에게 보낸 '정책 방향 제안'에 다음과 같이 적었다.

> 쁠래이꾸Pleiku, 콘툼Kon Tum, 달랏Dalat 지역의 베트콩을 물리치기 위해 미군 1개 사단(＋한국군 1개 사단)을 배치하며, 비엔호아Bien Hoa와 탄손누트Tan Son Nhat, 냐짱Nha Trang, 퀴논Qui Nhon, 쁠래이꾸 등 거점 지역을 장악하기 위해 또 다른 미군 1개 사단(＋한국군 1개 사단)을 배치한다.'

미국은 전황이 급박해지자 몸이 달아 한국군의 증파를 계속 주문했다. 박정희는 미국의 요청을 받고도 결단을 미루었다. 최대한 실리를 얻기 위한 일종의 협상 전략이었다. 미국은 1965년 4월 27일 헨리 로지Henry Cabot Lodge 특사를 파견하여 박정희가 결단할 것을 촉구하고, 존슨 대통령이 특별 전용기를 보내 박 대통령 내외를 워싱턴으로 초청했다.

■ 이상우, 앞의 책, 255~256쪽.

5월 16일 박정희 대통령은 세 번째 미국 방문길에 올랐다. 5·16 직후 첫 번째 방미는 쿠데타에 대한 미국의 승인을 받기 위한 것이었고, 두 번째 방미는 케네디 장례식에 참석하는 '침묵의 조문 길'이었다. 반면 세 번째 방미는 존슨 대통령의 간곡한 요청에 따른 것으로 '득의에 찬 방미 길'이었다.·

박정희는 미국에서 전례 없는 환대를 받았다. 존슨 대통령은 박정희가 "한국의 대통령일 뿐 아니라 아시아의 위대한 지도자"라고 치켜세웠다. 박정희는 이런 파격적인 대우에 "내 생전 이런 환대는 처음 받아본다"며 즐거워했다.

세 번째 미국을 방문한 기간 동안 박정희와 존슨의 정상회담이 두 차례 열렸다. 회담은 일사천리로 진행되었다. 공동성명에는 '북한 재침 시 미국의 즉각 개입과 지원, 한국군을 유지하기 위한 충분한 군사 지원, 대베트남 지원을 위한 밀접한 협조 체제 유지, 군원 이관의 재검토, 추가 개발 차관 1억 5000만 달러 제공, 한국과학기술연구소 KIST 설립 지원' 등을 합의 사항으로 담았다.·· 공동성명에서 전투부대 파월에 관해서는 한마디도 구체적으로 언급하지 않았다. 사전에 확정되었기 때문이다.

<hr>

■ 이상우, 앞의 책, 259쪽.
■ ■ 이상우, 앞의 책, 260~261쪽.

맹호부대와 청룡부대 파견하다 •

한국 정부는 1965년 7월 2일 국무회의에서 '국군 1개 사단과 이에 필요한 지원부대 베트남 파병'을 의결하고, 12일 동의 요청서를 국회에 제출했다. 1, 2차 파병과 달리 3차 파병에는 국회의 반대가 만만치 않았다. 전투부대 파병이고, 규모도 문제가 되었다. 그러나 의원들의 반대도 근본적인 반대는 아니었다.

정부나 국회 모두 파견 군인들의 수당과 군수물자 조달에서 한국이 참여할 기회를 얻기 바랐다. 외신에 한국이 예상한 경제적인 실리를 기대할 수 없을 것이라고 보도되면서 의원들의 반대가 심해졌지만, 브라운Winthrop Brown 대사가 나서서 곧 무마되었다. 8월 13일 찬성 101표, 반대 1표, 기권 2표로 3차 파병 동의안이 국회 본회의를 통과했다. 야당은 당론으로 3차 파병 동의안 반대를 결정, 전원이 출석을 거부했다.

베트남에 파견될 전투부대는 맹호와 청룡이었다. 맹호부대로 편성된 수도사단은 당시 국군에서 전투서열 1위였고, 청룡은 막강한 전투력을 자랑하는 해병대로 구성되었다. 나중에 4차로 베트남에 증파되는 백마부대는 전투서열 2위로, 최정예 부대가 차출되었다는 것을 알 수 있다.

초대 주월 한국군 사령관에는 채명신 중장(소장에서 중장으로 승진)이 임명되었다. 한국군은 미군의 지휘를 받지 않고 독자적인 작전권을 행사하기로 결정했다. 1965년 10월 맹호부대와 청룡부대가 베트남에 도착했다. 3차에 걸친 파병으로 주월 한국군은 2만 2000명이 되었다. 당시 주월 미군 규모는 7만 5000명으로, 보유 군대의 비율로 보면 한국이 미국보다 많은 병력을 파병한 상황이었다.

한국 정부, '선행조건'을 요구하다 •

미국은 얼마 지나지 않아 다시 증파를 요청했고, 한국 정부는 1966년 2월 28일 임시 국무회의에서 4차 파병안을 의결했다. 국무회의에서 의결된 4차 파병안의 병력 규모는 '맹호부대 보충을 위한 1개 연대 병력의 전투단, 증강된 육군 1개 전투 사단, 이들을 지원하기 위한 지원부대'였다.

국회에 동의안이 제출되자 야당이 격렬하게 반대했다. 대다수 의원들은 이제 한국군 파월의 명분이나 의무감은 사라졌다고 주장했다. 신한당 윤보선 대표위원은 "전투 병력을 또다시 증파하려는 정부의 태도는 한국 젊은이들의 피를 팔아 장사하겠다는 것이며, 국민의 관심을 국외로 전환해 정권의 영속화를 노리려는 저의에서 나온 것"이라고 비판했다.

3월 20일 대다수 야당 의원들이 불참한 가운데 찬성 95표, 반대 27표, 기권 3표로 4차 파병 동의안이 본회의를 통과했다. 여당에서도 일부 의원들이 파병에 반대했지만, 표결 직전 모두 찬성으로 돌아섰다. 4차 파병안은 본회의를 통과했으나 설득력이 없었다. 정부도

■ 이상우, 앞의 책, 272쪽.

4차 파병 때는 명분론 대신 각종 경제적 보상의 실리론을 폈다.

한국 정부는 미국에 파병의 선행조건을 내세웠다. 당초 6개 항으로 된 선행조건을 요구했으나 미국 측이 거부했다. 1966년 2월 25일 처음 요구한 것보다 훨씬 후퇴한 내용이 담긴 '한미 합의 의사록'이 마련되었다.▪ 그럼에도 협상 과정에서는 한국 정부가 상당한 외교력과 협상력을 발휘했다. 미국이 급박한 처지에서 진행한 협상이기도 하지만, 정부 또한 과거 경험을 바탕으로 치밀하게 준비한 결과였다.

한미 합의 의사록과 브라운 각서 ▪

한미 합의 의사록이 나오기까지 가장 크게 논란이 된 것은 파월 장병에 대한 처우 문제다.▪▪ 정부는 해외 근무 수당 100퍼센트 인상을 요구했으나, 미국은 하사 이하 사병에 한해서 26.6~50퍼센트를 인상했다. 이에 따라 하사의 1일 해외 근무 수당이 1달러 90센트, 병장 1달러 80센트, 상병 1달러 50센트, 일병 1달러 35센트가 되었다. 그래봐야 한국군의 월급▪▪▪ 수준은 베트남군보다 약간 높고, 필리핀군이나 태국군에 비해서는 훨씬 낮았다. 미군은 같은 계급 기준으로 한국

▪ 이상우, 앞의 책, 283쪽.
▪▪ 당시 파월 한국군은 정부가 지급하는 봉급 외에 미국이 지급하는 해외 근무 수당을 받았다. 이병 1일 1달러, 대위 5달러, 대령 6달러 50센트를 받았는데, 이 액수는 미군이 받는 금액의 20분의 1, 심지어 베트남군에 비해서도 5분의 1 수준이었다. 전사자와 전상자 급여도 제대로 책정되지 않아 전사한 사병들은 11년 전에 책정된 급여 5000원밖에 받지 못했다.
▪▪▪ 한국 정부가 지급하는 월급과 미국이 지급하는 해외 근무 수당을 합한 액수다.

군의 3~4배를 받아 비교가 되지 않았다.[*]

한미 합의 의사록은 한국 입장에서 결코 만족스럽지 않았으나, 미국 입장도 고려해서 어쩔 수 없이 타결했다. 1966년 2월 25일 이동원 외무장관과 브라운 대사는 협상을 종결짓고 전투부대 증파에 따른 한미 합의 의사록에 서명했다. 정부는 이를 토대로 2월 28일 4차 파병안을 정식 의결했다.

그러나 미국은 브라운 대사가 정식 서명한 한미 합의 의사록을 일방적으로 수정, 브라운 대사가 서명한 공한公翰 : 공적인 편지 형식으로 한국에 전달했다. 이 과정에서 내용이 막연해지고 외교 문서의 공적 성격도 합의 의사록보다 약해졌지만, '브라운 각서'로 불리는 공한[**]의 내용은 그동안 한국군의 파월을 둘러싸고 한국과 미국이 협상한 내용을 총괄한 것이라는 점에서 의미가 있었다.

한국은 이 각서의 내용을 믿고 계속해서 병력을 베트남에 보냈다. 그러나 미국은 약속을 지키지 않았다. 브라운 각서 이행이 지지부진하자 국회에서 문제가 되었다. 한국 정부는 미국 측과 함께 공동 실무 작업반을 구성해 매주 각서 이행 상황을 점검했으나, 의견이 엇갈려 만족할 만한 성과를 내지 못했다. 한국의 요구에 미국은 냉담한 반응을 보였다. 하지만 공한 형식으로 교환된 각서에는 작성 당시부터 효력과 성격, 시한을 명시한 규정이 없고, 내용도 모호해서 강력하게 밀고 나갈 수 없었다.[***]

■ 이상우, 앞의 책, 282쪽.
■■ 정식 명칭은 '한국군 월남 증파에 따른 미국의 대한 협조에 관한 주한 미 대사 공한'이다.
■■■ 이상우, 앞의 책, 285쪽.

한국군, '미군의 용병'으로 낙인찍히다 •

브라운 각서는 대외적으로 한국의 이미지를 실추하는 치명적인 역할을 했다. 미 상원 대외안보공약소위원회는 1970년 2월 24일부터 26일까지 사흘간 한국 관계 청문회를 열고, 포터 주한 미국 대사와 브라운 국무성 부차관보, 존 마이켈리스John H. Michaelis 유엔군 사령관 등을 불러 한국군의 월남 파병에 따른 미국의 경제적 대가와 보상에 관해 따졌다.

이 자리에서 제임스 풀브라이트James William Fulbright, 스튜어트 사이밍턴Stuart Symington, 마이크 맨스필드Mike Mansfield 등 비둘기파 의원들은 한국이 자유와 민주주의 수호를 위해 월남에 파병한다면서 무엇 때문에 '경제적 대가'를 바라는 행동을 했는지 따졌다. 이때 가장 문제가 된 것이 해외 근무 수당이고, 그 증거물이 브라운 각서였다. 해외 언론은 브라운 각서 내용을 근거로 한국의 파월이 '피의 대가'를 노린 용병傭兵이라고 보도했다.˙ 한국의 파병은 유엔에서도 북베트남의 공격 표적이 되었고, 제삼세계 국가들에게 외교적 고립을 당하는 원인이 되었다. 한국은 억울하지만 반박할 논리가 궁색했다.

1967년 6월 주월 한국군의 병력을 보충하기 위해 다시 3000명을 보냄으로써 주월 한국군 병력은 최고 수준인 5만 명 규모에 이르렀다. 이 시기 베트남에 주둔한 다른 나라의 병력 규모를 보면 호주

■ 이상우, 앞의 책, 286쪽; 《한국 현대사 산책─1960년대편 3》(강준만 지음, 인물과사상사, 2004) 97쪽.

(4500명)와 필리핀(2000명)이 많은 편이고, 그 밖에 뉴질랜드 150명, 태국 17명 등으로 명목상의 파병에 그쳤다.[*]

우리 양심에 상처가 남다 •

한국은 미국에 이어 가장 많은 군대를 베트남에 보냈다. 1964년 9월부터 1973년 3월까지 8년 6개월 동안 한국군은 연인원 32만 명(31만 2853명)을 파병했다. 한국군은 대부대 작전 1171회, 소부대 작전 5만 7636회를 치렀고, 월맹군 사살 4만 1462명, 포로 4633명, 무기 노획 2만 972점의 전과를 기록했으며, 7438제곱킬로미터를 평정했다. 이 과정에서 한국군은 전사자 3844명, 부상자 3344명, 비전투원 손실 3738명의 피해를 당했다. 파월 한국군은 전투 외에도 베트남 주민들을 위해 교실 652개를 짓고, 주민들의 집 2516채를 보수·신축했으며, 경로잔치 등을 베풀었다.[**]

그러나 이는 공식적인 기록일 뿐, 알려지지 않은 사실도 있다. 1965년 12월 22일 한국군은 퀴논에서 12세 이하 어린이 22명과 여성 22명, 임산부 3명, 70세 이상 노인 6명 등 민간인 50여 명을 집단 학살한 것을 비롯해 수많은 민간인 학살 사건을 저질렀다. 지금까지 확인된 것만 해도 80여 건에 피해자가 수천 명에 달한다. 이는 우리

■ 이상우, 앞의 책, 293쪽.
■ ■ 이상우, 앞의 책, 300쪽.

'양심에 그어진 상처'가 아닐 수 없다.

양심적인 지식인들은 베트남전쟁과 스페인내란을 '인류의 양심을 시험한 전쟁' '가장 부도덕한 전쟁'이라고 한다. 미국이 부당하게 개입한 '부도덕한 전쟁'이며 '불의의 전쟁'이라는 오명을 벗기 어렵다. 베트남 민중의 입장에서 베트남전쟁은 침략 세력의 부당한 간섭과 개입에 저항해 싸운 '해방전쟁'이며 '정의의 전쟁'이다. 우리는 미국의 '간섭 전쟁'에 끼어들었고, 그 때문에 한국군은 '미국의 용병'이라는 비난까지 들었다.

한국과 베트남은 과거의 상처를 잊고 1992년 12월 22일 국교를 수립했다. 그러나 한국 정부는 베트남전쟁에서 한국군이 저지른 잘못을 공식적으로 사과하지 않았다. 한국 정부의 태도는 과거 침략 행위를 부정하는 일본의 모습과 크게 다르지 않다. 남의 잘못을 단죄하려면 자신의 잘못을 성찰하고 반성할 줄 알아야 한다. 잘못된 과거사를 반성하고 용서를 구하는 것은 부끄러운 일이 아니다. 한국이 일류 국가로 발전하기 위해서는 이 같은 용기가 필요하다.

■ 임영태, 앞의 책, 323쪽. 한국군의 베트남 민간인 학살과 관련해서는 김현아, 〈한국군의 베트남전 참전과 민간인 학살〉, 《20세기 한국의 야만 2》(이병천 외 지음, 일빛, 2001)을 참고할 수 있다.

11

삼선 개헌

권력을 향한 욕망을
거침없이 드러내다

권력을 향한 집착은 위험하다 •

명예욕과 권력욕은 원초적 욕구나 물욕과 차원이 다른 인간적 욕구다. 물질적 부가 명예나 권력을 만드는 데 기여할 수 있고, 자본주의 사회에서는 부가 명예나 권력이 되기도 하다. 전통 시대에는 명예나 권력이 부를 지배하는 것이 일반적인 현상이었다. 지금도 큰 부자 가운데 명예를 손에 넣지 못한 사람이 있다. 실추된 명예, 거짓된 명예 속에 사는 사람들도 많다. 엄청난 재산을 소유했으나 많은 사람들에게 비난 받는 부자들도 있다. 부를 바탕으로 정치권력까지 잡아보려다가 실패한 사람들도 적지 않다.

흔히 물욕보다 강한 것이 명예욕이며, 명예욕보다 강한 것이 권력욕이라고 말한다. 인간의 권력욕이 대단하다는 것은 역사를 통해 익히 확인할 수 있다. 우리는 이승만 대통령에게서 권력욕에 사로잡힌 인간의 전형을 보았고, 그에 버금가는 인간을 만난다. 박정희다. 이승만의 최후가 그다지 아름답지 않았어도 천수는 다했으나, 박정희는 그마저 누리지 못했다. 왜 그랬을까?

민주국가에서 시위는 정치적 의견을 표현하는 합법적인 수단이다. 언론·출판·집회(시위)·결사의 자유는 민주주의의 핵심 내용 가운데 하나다. 정부 또한 공공질서와 안정을 위해 과격한 집회나 시위는 경찰력을 동원해서 진압할 권한이 있다. 경찰력으로 안 될 경우, 군대를 동원할 수도 있다. 하지만 군대를 동원하려면 심각하게 고민해야 한다. 경찰이 치안 유지를 위해 존재하는 집단이라면, 군대는 국가 안보를 책임지는 국가 무력의 최후 수단이기 때문이다. 그래서 군대의 기본 속성은 완전무장과 살상이다. 군대가 민간인과 충돌할 경우 대량 살상의 위험이 상존한다. 1980년 5월 광주에서 그것을 적나라하게 보여주었다.

박정희는 정권 초기부터 야당이나 학생들이 정치적 반대 의사를 표현하는 시위가 대규모로 발전할 경우 쉽게 군대를 동원했다. 무력으로 권력을 잡았기 때문일까, 자신이 군인이었다는 사실을 국민에게 일깨우기 위해서일까? 헌법적 통치의 기본 정신이 살아 있던 3공화국 때도 박정희는 내내 그랬다. 한일 국교 정상화 반대 시위, 베트남 파병 반대 시위, 삼선 개헌 반대 시위, 교련 반대 시위 등에서 위수령이나 계엄령으로 군대를 수시로 동원했다. 자유민주주의적 질서와 거리가 먼 유신 체제가 유지되는 동안은 사실상 군정 통치를 넘어 비밀경찰 국가 수준이었다. 박정희는 지나친 권력욕 때문에 천수를 다하지 못했다.

인간의 욕망이 아무리 커도 영원히 살 수 없는 것처럼, 권력을 향한 집념이 아무리 강해도 끝이 있는 것이 세상의 이치다. 박정희는 인간의 원초적 본능과 차원이 다른 권력에 유난히 집착했으나, 인간 세계의 일반 법칙을 무너뜨릴 수는 없었다.

삼선 개헌, 영구 집권의 첫걸음이 된 사건 •

박정희의 권력욕이 도를 넘어선 것은 삼선 개헌이라 할 수 있다. 5·16 군사정변이 합법성이 없었고, 두 차례 대통령 선거에서 승리할 때도 비리가 있었지만, 거기에서 끝났다면 선을 넘었다고 보기는 어려울 것이다. 군정 기간을 포함해 박정희 통치 역사 10년에 대한 평가가 의미 있게 진행되었을지도 모른다. 하지만 박정희는 애초부터 그럴 마음이 없었다.

박정희는 두 번째 당선되는 순간부터 영구 집권을 생각했다. 1967년 대통령 선거가 끝나자마자 삼선 개헌에 착수했고, 삼선 개헌으로 세 번째 당선되자마자 유신 체제를 준비한 것도 그 때문이다. 삼선 개헌 은 박정희의 권력욕이 적절한 선에서 제동될지 가늠하는 역사적 기 로였다.

박정희가 삼선 개헌을 준비하던 시점에서 영구 집권을 위한 유신 체제 같은 것을 구상했는지는 알 수 없다. 삼선 개헌으로 한 번만 더 하겠다고 생각했을 수도 있고, 영구집권을 염두에 두었을 수도 있다. 어느 쪽이라도 좋다. 삼선 개헌 당시에는 '한 번만 더'라고 생각했을 수도 있지만, 삼선 개헌으로 '한 번 더' 대통령이 된 다음에는 멈추기 어려웠다고 봐야 한다. 그런 점에서 삼선 개헌은 박정희의 영구 집권을 향한 첫걸음이다.

　이는 인간의 욕망에 대한 일반적 속성과도 맞아떨어진다. 인간이 욕망을 추구하는 데 정지선을 넘어서면 돌아오거나 멈추기란 거의 불가능하다. 마약, 도박, 게임 중독 등에서 그런 예를 수없이 확인한다. 권력 또한 마찬가지다. 장기 집권을 추구한 권력자들은 역사적 인물 혹은 영웅, 위인, 위대한 독재자 등의 평가를 받지만, 그만큼 권력욕이 강하고 권력 중독이 심한 사람들이다. 제도적 장치가 마련되고 시스템이 통제하는 나라가 아니면 그들은 파멸하기 전에 결코 스스로 물러나지 않는다. 나폴레옹Napoléon Bonaparte, 히틀러Adolf Hitler, 프랑코Francisco Franco, 박정희, 마르코스Ferdinand Edralin Marcos, 팔레비 Muhammad Riza Pahlevi, 카다피Muammar al-Qaddafi, 스탈린Iosif Vissarionovich Dzhugashvili Stalin, 마오쩌둥毛澤東, 김일성, 김정일, 무바라크Hosni Mubarak, 카스트로Fidel Castro…….

"나 정권 못 내놔, 절대로!" ●

1967년 5월 3일 치러진 6대 대통령 선거에서 박정희는 쉽게 승리했다. '쉽게'라는 말은 다소 어폐가 있지만, 1963년 대선과 비교하면 확실히 그렇다. 5대 대선에서 박정희는 15만 표라는 근소한 차이로

■ 임영태, 앞의 책, 334쪽.

윤보선을 이겼다. 하지만 4년 뒤 치러진 선거에서 박정희는 유효 투표의 51.5퍼센트를 얻어 윤보선을 10퍼센트 이상 멀찌감치 따돌렸다. 표 차도 116만 표나 되어 박정희의 완승이었다.

그 이유는 여러 가지가 있을 것이다. 야당이 분열되어 지리멸렬했다면, 여당은 박정희를 중심으로 단결했다. 박정희의 리더십 또한 강력한 기반을 구축했다. 여당에서 김종필이 차기 후계자를 꿈꾸는 것 외에는 아무도 박정희의 권위에 도전할 엄두를 내지 못했다. 이제 군인 박정희가 아니라 대통령 박정희로 확고한 권위를 인정받았다.

그동안 박정희가 추진한 경제개발 계획과 근대화 정책의 성과 또한 국민들에게 인정받기 시작했다. 지식인과 대학생, 도시 중산층은 한일 국교 정상화와 베트남 파병 등 박정희의 정책에 비판적이지만, 일반 국민은 달랐다. 식량 사정이 상당히 좋아지고, 실업 문제도 나아지고 있었다. 국민 대중에게는 언론 자유나 민족적 가치 같은 추상적인 것들보다 '밥과 일자리' 등 구체적인 현실 문제 해결이 중요하게 다가왔다. 대통령 선거 결과를 놓고 볼 때 박정희의 지지 기반은 4년 전에 비해 확실히 강화되었다.

박정희는 이런 현실에 고무되어 자신감이 생겼고, 권력에 대한 욕망이 불같이 일었다. 1960년대 내내 중정부장으로 박정희의 수족 노릇을 한 김형욱은 회고록에서 박정희가 삼선 개헌 의도를 내비친 것은 1967년 대선과 총선부터라고 밝혔다. 박정희는 어느 날 술자리에서 속내를 털어놓았다고 한다. "나…… 정권 못 내놔. 절대로!"라고. 이 말을 듣고 김형욱은 생각했다.

……나는 그의 진심을 들은 것이 솔직히 무서웠다. 남의 비밀스런 진심을 알고 있다는 것이 얼마나 무서운 일인가. 더욱이 그것이 박정희의 진심인 바에야. 나는 돌아오면서 괴로웠다. 대체 그것이 무슨 얘기냐? 1967년 대통령 선거에 져도 정권을 못 내놓겠다는 건가, 아니면 영원히 못 내놓겠다는 건가. 전자라면 날더러 부정선거를 감행하더라도 선거를 이기게 만들라는 지령이 아니냐. 뚜껑은 열어보지 않았으나 현재 상황으로 박정희의 대통령 당선은 확실한데 말이다. 그렇다면 이건 종신 집권을 하겠다는 것이 아니고 무엇인가.˙

삼선 개헌의 승패를 좌우할 7대 총선 •

삼선 개헌을 위해서는 국회의원을 3분의 2 이상 확보해야 했다. 그런 점에서 1967년 6월 8일 치러진 7대 국회의원 선거는 삼선 개헌의 승패를 가늠하는 '전쟁'이었다. 정부와 여당은 온갖 수단을 동원했다. 행정공무원은 물론이고 농협 조합장에서 영림 서장까지 공권력이 총동원되었다. 공화당은 막걸리에서 고무신, 밀가루, 보리쌀까지 마구 뿌렸다.˙˙ 도시 빈민가에서는 여당을 찍으면 판잣집을 헐지 않겠다는 '은밀한 공약'이 난무했다.

　야당 후보를 탄압하는 공작도 서슴없이 자행되었다. 신민당의 전

<hr>

■　김경재, 앞의 책, 205~206쪽.
■■　당시 초등학교 2학년이던 필자도 시골에서 이런 현장을 목격했다.

국구 후보 10번 김재화는 재일 동포 실업인이었는데, 총선을 일주일 앞두고 국가보안법, 반공법, 외환 관리법 위반 혐의로 구속되었다. 중정은 조총련계 자금이 유입되었을 가능성이 있다면서 신민당 중앙 경리 장부를 압수하고 당 간부들을 잇달아 불러 조사했으며, 선거 자금을 비롯한 경비 지출도 동결했다. 야당 전열이 순식간에 마비되었다.

박정희는 유력한 야당 정치인 김대중을 떨어뜨리기 위해 수단과 방법을 가리지 않았다. 박정희는 "여당 국회의원 열 명이든 스무 명이든 낙선시켜도 상관없다. 김대중은 절대 당선되지 않도록 하라"는 지시를 내렸다. 그에 따라 온갖 부정한 수법이 동원되었다. 박정희가 선거 기간 중 두 번이나 목포를 방문하여 공화당 김병삼 후보를 지원했고, 유달산 기슭에 있는 한 호텔에서 각 부서 장관들을 모아놓고 국무회의를 열기도 했다. 국무회의의 주제는 목포 발전이었다. 그러나 김대중은 국회의원에 당선되었다.

대대적인 부정선거로 공화당은 압승을 거두었다. 공화당은 득표수 50.6퍼센트를 얻었지만, 의석은 헌법 개정에 필요한 3분의 2인 117석을 훨씬 넘는 129석(지역구 102석, 전국구 27석)을 확보했다. 신민당은 득표수 32.7퍼센트를 얻었으나, 의석은 45석(지역구 28석, 전국구 17석)을 확보하는 데 그쳤다.

선거뿐만 아니라 투표와 개표 과정에도 대대적인 부정이 자행되었기에 그 후유증이 만만치 않았다. 야당은 부정선거 무효를 주장하며 등원을 거부했고, 전국에서 학생들이 부정선거 규탄 시위를 벌였다. 6월 13~14일 전국 대학교와 고등학교에서 대규모 시위가 벌어졌고,

정부는 휴교령으로 대응했다. 6월 16일까지 전국 31개 대학과 163개 고등학교에 휴교령이 내려졌다. 그러나 야당은 이런 조건에도 제대로 된 투쟁을 벌이지 못했다. 등원을 거부하며 '재선거 실시'를 주장하던 야당은 8월 1일 박정희가 "이번 선거가 문제를 남기고 끝난 것을 유감으로 생각한다"는 발언을 계기로 투쟁을 접었다.

박정희와 김종필 격돌하다 •

총선에서 승리하여 삼선 개헌의 바탕은 마련됐지만, 그것을 현실로 만들기 위해서는 많은 과정이 필요했다. 먼저 당을 정비해야 했다. 공화당에는 당의장 김종필과 그의 측근 김용태를 비롯하여 최영두, 신윤창, 예춘호 등 중진 의원들이 포진하고 있었다. 그들은 1971년 대통령 선거에서 김종필이 박정희의 후계자가 되어야 한다고 생각했다. 그러나 박정희는 김종필에게 권력을 넘겨줄 생각이 추호도 없었다. 박정희와 김종필의 격돌이 불가피했고, 그 과정에서 '국민복지회 사건'과 '4 · 8 항명 파동'이 일어났다.

　1968년 5월 "공화당 내에 국민복지회라는 반국가 단체가 조직되어 대통령 각하를 비방하고 있으니 고발한다"는 제보가 청와대에 접수되었다. 박정희는 노발대발해서 당장 주동자를 찾아 엄중 문책하라고 김형욱 중정부장에게 지시했다. 중정은 국민복지회 김용태 회장과 송상남, 최영두 등을 잡아 고문했다. 이는 여당 출신 국회의원을 처음 고문한 사건으로, 박정희 정권이 막가기 시작한 전조다. 이

때 중정에서 가장 문제 삼은 것은 송상남이 작성한 '참모 연구서'의
내용이다. 김형욱 회고록에 따르면 김용태가 서명한 연구서의 주요 내
용은 다음과 같다.

> 우리 국민복지회는 여당 내의 야당이다. 1967년 선거 부정은 모두 박 대
> 통령이 책임져야 하며, 모든 부정부패 역시 그 책임을 박 대통령이 짊어
> 져야 한다. 현재의 정세로 보아 박 대통령의 삼선을 위한 개헌 공작은 필
> 연적으로 대두할 것이며, 우리는 이를 저지하기 위해 세력을 확보해야 할
> 결정적 국면에 처했다. ……1971년 선거에서 우리의 대안은 오직 김종필
> 당의장이다. 우리는 그의 이미지를 부각하기 위해 모든 노력을 해야 하
> 며, 기어이 1971년을 '김종필의 해'로 만들어야 한다. 동시에 김종필 당의
> 장은 이 공동 목표를 위해 정치적으로 책임져야 할 모든 사항을 회피하고
> 이미지 관리에 신중해야 할 것이라고 우리는 판단한다.▪

중정은 "삼선 개헌을 반대하고 김종필을 차기 대통령 후보로 옹립
하려는 음모"가 아니냐고 추궁했다. 김용태는 "끝내 부정하면 김종필
계열 인사 17명이 희생된다"는 김형욱의 협박에 조작극이라고 인정
할 수밖에 없었다. 김종필은 이에 반발해 5월 30일 공화당 의장과 국
회의원을 사퇴하고 정계 은퇴를 선언했다.

김종필은 보란 듯이 부산으로 내려가 송도해수욕장 근처에서 아마
추어 화가가 되어 그림을 그리고 있었다. 박정희가 내려치자 김종필

▪ 김경재, 앞의 책, 226쪽.

이 올려 치며 반격한 것이다. 박정희는 당황했으나 삼선 개헌을 밀어 붙이겠다는 생각을 버리지 않았다.

4·8 항명 파동으로 김종필계 완전히 제거하다 •

김종필이 물러나자 공화당은 당의장(서리) 윤치영, 사무총장 길재호, 정책위의장 백남억, 원내총무 김진만, 재정위원장 김성곤 등 삼선 개헌을 위한 행동 부대가 장악했다. 이들은 곧바로 삼선 개헌 작업에 들어간다. 포문을 연 것은 윤치영이다. 그는 1968년 12월 17일 (며칠 전 발표된) 국민교육헌장을 인용하여 "'조국 근대화와 민족중흥의 과업을 이룩하기 위해서' 무엇보다 강력한 정치적 리더십이 필요하다"면서 "대통령의 연임 조항을 포함한 현행 헌법상의 문제점을 개정하는 것이 연구되어야 한다"고 주장했다.

그러나 공화당에는 아직 김종필계가 상당한 세력을 형성하고 있었다. 이들은 삼선 개헌 절대 반대 의견을 고수하며 새로운 지도부에 반발했고, 이 와중에 '4·8 항명 파동'이 터졌다. 야당인 신민당이 제출한 권오병 문교장관 해임 권고 결의안이 국회에서 통과된 것이다. 공화당에서 37~48표로 추정되는 반대표가 나온 셈이다.

이는 권오병 개인에 대한 반감이라기보다 삼선 개헌에 반대하는 집단행동이다. 절대 불가를 천명한 박정희의 지시에 항명한 대가는

■ 《호외 백년의 기억들》(정운현 지음, 삼인, 1997) 172쪽.

혹독했다. 다시 중정이 나섰고, 의원들은 말할 수 없는 육체적 고통을 당했다. 그리고 양순직, 예춘호, 정태성, 박종태, 김달수 등 김종필계 의원과 중앙위원 11명 등 모두 93명이 당에서 제명되었다.

이 사건으로 김종필계는 그야말로 풍비박산했다. 박정희는 이 사건 뒤 부산에서 아마추어 화가 노릇을 하던 김종필을 불러올렸다. 김종필은 저항할 의지를 잃었다. 그는 "다음은 임자 차례야"라는 믿을 수 없는 말 한마디를 듣고 돌아왔다.

협박과 매수공작으로 삼선 개헌을 강행하다 •

당내 반대 세력을 평정한 박정희는 중정부장 김형욱을 돌격 대장으로 삼고 김성곤, 백남억, 길재호, 김진만 4인방을 주력부대로 하여 삼선 개헌을 강행했다. 이들은 공화당 내부 평정은 물론, 신민당의 일부 의원들까지 매수하는 등 수단과 방법을 가리지 않았다. 1969년 8월 14일 공화당 107명(전체 108명 가운데 정구영 의원은 끝까지 서명하지 않았다)과 신민당 3명(성낙현, 조흥만, 연주흠), 정우회 11명 등 모두 121명이 서명한 개헌안이 국회에 제출되었다.

그 전 7월 25일 박정희는 "개헌안이 국민투표에서 부결되면 이를 정부에 대한 불신임으로 간주하고 즉각 사임하겠다"는 '협박 담화'를 발표하기도 했다. 정부와 공화당은 '혼란인가 안정인가'라는 슬로건

■ 《대한민국 50년사 1》(임영태 지음, 들녘, 1998) 358쪽.

을 걸고 대대적인 국민 홍보전에 돌입했다. 만화로 만든 전단지는 삼선 개헌이 통과되지 않으면 나라가 곧 망하기라도 할 것처럼 심각한 위기감이 들었다. 국민을 향해 위기를 선동한 것이다.[*]

신민당을 포함한 재야 세력과 지식인, 대학생 등 박정희 반대 세력도 적극적인 저지 행동에 나섰다. 신민당은 개헌안 표결을 저지하기 위해 편법을 동원했다. 변절한 세 의원이 의원직을 자동 상실하게 만들기 위해 9월 7일 당을 해산했다가 9월 20일 세 의원만 빼고 나머지로 국회 교섭단체 등록을 한 것이다.[**] 야당 의원들은 국회의사당을 점거하고, 학생들이 국회 밖에서 연좌 농성을 벌였다.

그러나 박정희의 하수인들이 한 수 위였다. 9월 13일 국회 본회의가 열리지 못하자, 국회의장 이효상은 월요일인 9월 15일 다시 본회의를 열겠다고 선언하고 의사당을 빠져나갔다. 그러나 공화당 의원들은 9월 14일 새벽 본회의장 길 건너편에 있는 3별관에 다시 모였고, 의사봉 대신 주전자 뚜껑을 사용한 이효상 의장의 사회로 2분 만에 안건을 통과시켰다. 찬성 122표, 반대 0표였다.[***]

---

[*] 임영태, 앞의 책, 359쪽

[**] 《야당 40년사》(이영석 지음, 인간사, 1987) 254쪽.

[***] 《한국 현대사 산책—1960년대편 3》(강준만 지음, 인물과사상사, 2004) 328쪽; 임영태, 앞의 책, 359쪽.

삼선 개헌으로 유신의 길을 열다 •

1969년 10월 17일 개헌안이 국민투표에 회부되어 투표율 77.1퍼센트에 찬성 65.1퍼센트로 통과되었다. 서울에서는 40퍼센트가 투표하지 않았고, 참가자 가운데 53퍼센트가 반대표를 던져 사실상 패배했다. 그러거나 말거나 전국의 공화당 지구당 요원 8471명에 대한 논공행상이 벌어졌다. 지역별로 찬성표 비율에 따라 포상금 60만 달러가 차등 지급되었다고 한다. 이때 사용된 막대한 자금은 1968~1969년 도입된 차관 8억 8640만 달러에서 나온 것으로 추정된다.

박정희의 정치는 공포와 억압, 금권과 회유를 기본으로 한 동원 체제였다. 삼선 개헌 이후 동원 체제는 억압의 강도를 더하며, 그 종착점이 유신 체제였다. 당시 신민당 총재 유진오 박사는 "삼선 개헌은 돌아오지 않는 다리며, 이 다리를 넘어서는 날에는 민주주의를 평화적 방법으로 되찾을 길이 영원히 막힐 것"이라고 했는데, 그 예견이 맞아떨어졌다.

1971년 대선에서 박정희는 중정의 지휘 아래 관권을 총동원하고, 조직적인 금품 살포와 영호남의 지역감정을 조장하여 승리했다. 그리고 1년 만에 국회를 해산하고, 초헌법적 수단을 동원해 유신 체제를 만듦으로써 자유민주주의를 완전히 파괴했다. 삼선 개헌은 민주주의로 돌아올 수 없는 다리를 건넌 유신 체제의 서막이었다.

■ 《분단 한국사》(김정원 지음, 예진, 1992) 321쪽.

12

동백림 사건과 윤이상

'상처 받은 용',
냉전의 희생물이 되다

중앙정보부, 세계를 놀라게 하다 •

1960년대 후반 중앙정보부가 크게 한 건 했다. 이전에는 주로 국내에서 악명을 떨치더니 이제는 해외까지 손길을 뻗쳐 세계를 깜짝 놀라게 만들었다. 1960년대 후반까지 서방세계 사람들은 한국(South Korea)이 어디에 있는지도 몰랐다. 그렇게 존재감이 없던 한국이 서방 언론의 주목을 한 몸에 받는 사건이 일어났다. 서방 언론은 연일 한국 관련 기사를 쏟아냈고, '동백림 사건'으로 한국은 세계의 이목을 받았다. 안타깝게도 그다지 명예스럽지 못한 반인권 국가의 이미지로 부각되었지만 말이다.

이 사건으로 한국은 국제사회에서 국가 신인도가 떨어지고, 인권 후진국의 오명을 자초했다. 정보기관의 대외 활동 인프라가 훼손되었고, 해외 방첩 기관의 집중적인 견제도 감내해야 했다. 무엇보다 해외 교민 사회에서 반정부 인사가 양산되고, 전반적으로 해외 정보력이 약해진 것이 정보기관으로서 큰 손실이었다.* 가장 큰 피해자는 중정부장을 지낸 김형욱 자신인지 모른다. 동백림 사건 관련자 비밀 연행 작전 성공은 1970년대 김대중 납치 사건, 김형욱 실종 사건 등 중정의 불법 해외 공작을 부추기는 부작용을 낳았기 때문이다.

　동백림 사건 이후 정부가 해외 교민 사회를 조직적으로 통제하기 시작했다. 그 중심에는 중정이 있었다. 공관과 교민, 유학생 정보 등과 관련한 대책이 수립되고, 본국의 지원과 통제가 강화되었다. 그에 따라 유럽을 비롯한 해외 교민 사회가 친정부와 반정부 인사로 갈려 갈등과 분열, 반목이 심해졌으며, 해외에 거주하는 지식인들 사이에 반정부 활동이 급증했다. 이처럼 동백림 사건은 한국 현대사에 큰 파장을 일으켰다.

북한, 서독 교포 사회에 선전 활동을 벌이다 •

중정은 1967년 7월 8일부터 17일까지 일곱 차례에 걸쳐 '동백림 간첩단 사건'에 대해 발표했다. 주된 내용은 독일에 거주하던 다수 한국인이 수시로 동독의 수도 동베를린(동백림)에 있는 북한 대사관을 방문했으며, 이들 중 일부는 북한에서 파견된 공작원에게 밀봉교육을 받고 서독과 한국에서 간첩으로 활동했다는 것이다.** 관련자는

■ 〈동백림 사건 진실 규명〉(이하 '동백림 사건 보고서'),《과거와 대화 미래의 성찰 : 주요 의혹 사건 상권(II)》(국가정보원, 2007) 427~428쪽.
■ ■ 국정원, 위의 보고서, 312쪽.

대부분 교수, 문화·예술인 등 지식인 계층이고, 독일에 파견된 광부와 간호사가 일부 포함되었다. 관련자 가운데 일부는 독일 유학 중 이런 행위에 가담한 뒤 국내에 들어와 교수 등으로 활동했으며, 일부는 서독 등 현지에 살고 있었다. 왜 이런 일이 일어났을까?

이 사건의 바탕에는 냉전 시대 동구와 서방세계의 통로 역할을 하던 베를린이 있다. 동백림東伯林은 동독의 수도 동베를린Ost-Berlin을 말한다. 베를린은 1945년 5월 8일 독일의 패전 이후 전승 4개국(미국, 영국, 프랑스, 소련)이 분할 점령한 상태에서 동베를린과 서베를린West-Berlin의 자유 왕래가 허용되었다. 그러나 동서 냉전 체제가 본격화되면서 동베를린과 서베를린의 왕래가 단계적으로 제한되었다.

일정한 제약이 있지만 동베를린과 서베를린의 교류는 비교적 자유로웠다. 독일을 찾은 서방세계 사람들이 유서 깊은 도시 베를린을 방문하고 싶어 했고, 서베를린에 들어간 사람들은 간단한 절차만 거치면 비교적 자유롭게 동베를린에 드나들 수 있었다. 반공 교육이 몸에 밴 한국인은 공산권 지역을 출입하는 데 따른 심리적 부담감이 있었지만, 절차는 까다롭지 않았다. 고국을 떠나 오랫동안 독일에서 거주한 일부 교민과 유학생들은 별다른 의식 없이˙ 서독 지역에 비해 상대적으로 저렴한 식료품과 서적을 구입하기 위해 동베를린에 종종 출입했다.

북한이 이런 정황을 그냥 두고 보지 않았다. 처음에는 동베를린을

■ 남북의 적대적인 대치 상황이 엄존하는 한국 사회는 '반공에 살고 반공에 죽는' 분위기였다는 점을 감안할 때 그렇다는 이야기다.

드나드는 한국인에게 북한의 발전상을 보여주는 화보, 평화통일 방
안 선언문, 최고회의 연설문 등 선전물을 보냈다. 1960년대는 북한
이 남한에 비해 경제적으로 앞섰다. 사람들은 북한의 주장이 사실일
까 호기심이 생겼다. 이런 상황에서 북한은 동독 대사관에 대남 활동
실무자를 파견하여 공작 활동을 벌이기 시작했다. 그들은 유학생, 문
화 · 예술인, 교포, 독일에 파견된 광부 · 간호사 등과 직접 접촉해서
평화통일 방안을 선전하고, 북한 방문을 권유 · 주선했다.

유럽에 거주하는 한국인들은 북한의 광범위한 선전에 노출되었고,
북한의 주장에 호기심과 관심을 보였다. 다수의 한국 유학생과 장기
체류자들이 한국 음식 접대 같은 북한의 관심과 환대를 기대하고, 북
한에 사는 가족 소식을 탐문하며, 북한의 평화통일 방안에 관심이 생
기기도 해서 동베를린 북한 대사관을 왕래했다.

실정법 위반 사건을 간첩 사건으로 확대 · 과장하다 ·

당시 중정은 간첩단 사건으로 발표했지만, 2006년 1월 26일 '국가정
보원 과거사건 진실규명을 통한 발전위원회'(약칭 국정원 진실위, 2004년
11월~2007년 10월 활동)가 발표한 바에 따르면 간첩단 사건과 거리가
있었다. 사건 관련자들이 동베를린과 북한을 방문하고, 금품을 수수
하고, 특수 교육을 이수했으며, 주변 인물의 근황을 제보하고 대북

■ 국정원, 앞의 보고서, 305쪽.

접촉을 주선하는 등 실정법(반공법과 국가보안법)을 위반한 것은 분명하다. 이 가운데 3~4명은 귀국한 뒤 1~2회 안착 신호를 발송하고, A-3 방송을 청취한 것으로 확인되었다(이들도 북한의 지령을 적극적으로 수행할 의사는 없었던 것으로 추정).

국정원 진실위는 당시 중정이 이 사건을 국가 안보에 대한 위협으로 인식하고 적극적으로 조사한 것은 이해할 수 있지만, 독일과 프랑스, 미국, 오스트리아 등 외국에서 용의자 30명을 강제·불법적인 방법으로 연행한 것은 해당 국가의 주권과 국제법을 무시한 불법행위라고 평가했다. 나아가 국정원 진실위는 "주권 침해 같은 현실적 문제 등을 고려할 때 해외 거주 관련자들은 사법적 처벌보다 관련자들의 협조에 기초해서 현지 공관 접촉의 불법성을 알리고, 유사한 행위를 예방하는 방향으로 사건을 해결하는 것이 합리적인 방안"이었다고 결론지었다.

더욱이 중정은 동백림 사건 수사 과정에서 검찰에 송치한 66명 가운데 23명에게 간첩죄를 무리하게 적용하고, 사건 관련자들의 귀국 후 활동 부분을 과장했으며, 혐의가 미미한 사람들의 범죄 사실을 과장해서 발표하는 등 사건의 외연과 범죄 사실 확대를 기도했다. 또 중정은 이를 6·8 부정선거에 대한 사회적 비판을 잠재우는 방편으로 활용하기 위해 10일 동안 무려 일곱 차례에 걸쳐 대대적으로 수사 내용을 발표했으며, 특히 학생들의 부정선거 규탄 시위를 북한의 지령에 따른 국가 전복 행위로 몰고 가기 위해 1960년대 대표적인

■ 국정원, 앞의 보고서, 425쪽.

학생운동 조직 민비연을 동백림 간첩단 사건의 일부로 확대·왜곡했다. 이 점은 김형욱도 회고록에서 '잘못되었다'고 시인했다.[1]

중정, 유럽 현지에 비밀공작팀을 파견하다 •

반공법과 국가보안법 등 실정법 위반 사건을 무리하게 확대·과장한 이 사건의 파장은 지금 우리가 생각하는 것보다 훨씬 컸다. 중정이 국제 관계와 서독 법률 체계를 무시하면서 비밀리에 공작원을 파견하여 관련자들을 서독과 프랑스 등지에서 불법적으로 연행·조사했기 때문이다.

사건은 독일 유학생 출신 임석진이 자수하면서 시작되었다. 그는 독일 유학 당시 동독 대사관을 드나들었으나 국내에 돌아온 뒤 한국의 현실을 보고 고민하다 박정희와 관계가 있는 주변 인사에게 이야기를 털어놓았고, 박정희 면담까지 했다. 박정희는 임석진과 면담한 뒤 김형욱에게 엄정 수사를 지시했고, 내사 결과 '실체가 있다'고 판단한 김형욱은 특별 수사팀을 꾸려 본격적인 수사에 나섰다.

수사를 본격적으로 진행하기 위해서는 관련자들의 신병을 확보해야 했다. 국내에 사는 사람들은 어려움이 없었으나, 국외에 사는 인사들의 신병을 확보하는 일이 문제였다. 1967년 6월 7일 중정은 해외 혐의자를 체포하여 국내로 연행하기 위한 'GK-6717 공작 계획'

■ 김경재, 앞의 책, 194쪽.

(일명 GK공작)*을 수립하고, 유럽 현지에 비밀 공작팀을 파견했다. 중정은 6월 20일 이후 독일과 프랑스 등 현지에서 비밀리에 활동을 개시, 관련자들을 체포하여 국내로 연행했다.

사건 관련자 다수는 임의동행 형식으로 국내에 연행됐지만, 연행 과정에는 거짓말과 공갈, 협박, 폭력이 있었다. 국제적으로 가장 문제가 된 윤이상 작곡가는 처음에 대통령 면담을 구실로 호텔에 유인한 뒤, 거짓과 협박을 동원하여 반강제적으로 연행했다. 윤이상의 아내 이수자 또한 같은 방법으로 연행되었는데, 그는 나중에 "함부르크Hamburg 공항에서 그들이 먹인 약물의 영향인지 모르나 정신이 몽롱해진 상태에서 남편(윤이상)은 자기 의사와 상관없이 비행기에 탔다"고 증언했으며, 대사관에서는 라디오 소음 고문이 있었다고 주장했다.** 프랑스에서 활약하던 이응로 화백과 부인 박인경은 국위 선양에 공헌한 유공자로 박정희 대통령이 8·15 경축 행사에 초청한다는 거짓말에 속아 연행되었다.

한국, 국제사회에서 인권유린 국가로 낙인찍히다 •

이수길 박사는 어릴 때 소아마비로 지팡이를 짚고 다녀야 했는데, 대사관에 연행된 뒤 당장은 귀국하지 못하겠다고 하자 수사관이 지팡

이를 빼앗아 부러질 때까지 때려서 귀국에 동의하지 않을 수 없었다. 다른 사람들도 거짓과 협박, 회유 등으로 연행되었으며, 일부는 대사관에서 폭력과 고문을 당했다. 대다수 사람들이 대사관에 연행된 뒤에는 귀국을 거부할 수 없는 상황이었다. 임의동행 형식으로 설득해서 자진 귀국했다는 중정의 주장은 사실과 다르다.

이런 사실이 알려지자 서독과 프랑스에서 여론이 들끓었다. 국가주권이 침해당했고, 민간인을 불법적인 방법으로 유인·납치·연행함으로써 인권유린이 자행되었다는 것이다. 서독과 프랑스 정부는 한국 정부의 강제 연행에 강력히 항의했고, 영토주권 침해이자 납치행위라고 비난하면서 원상회복을 요구했다. 한국 정부는 국제적으로 궁지에 몰렸다.

불법적으로 연행된 관련자들 중에 작곡가 윤이상과 화가 이응로 같은 유명 인사가 포함되어 더욱 문제가 되었다. 독일에서 활약하던 윤이상(당시 50세)은 세계적인 음악가의 반열에 올랐으며, 이응로(당시 64세) 또한 국제적인 명성을 얻은 원로 화가였다. 유럽을 중심으로 윤이상·이응로 구출위원회가 조직되었다. 특히 윤이상은 세계적인 음악가들이 서명한 탄원서가 제출되는 등 한국 정부에 적지 않은 압박이 가해졌다. 서독과 프랑스뿐만 아니라 서방 전체에서 비판적인 여론이 조성되었다. 이 사건으로 박정희가 지배하는 한국은 국가 신인도가 크게 추락했고, 인권유린 국가로 낙인찍혔다.

■ 국정원, 앞의 보고서, 374~379쪽.

수사 과정에서 고문과 폭력이 자행되다 •

중정이 직접 담당한 다른 사건과 비교해서 동백림 사건 관련자들을 혹독하게 대했다고 볼 수 있는 증거는 없다. 어쩌면 다른 사건에 비해서 고문이나 폭력이 약했을지도 모른다. 이 사건은 국제적인 이목이 집중되었고, 관련자 가운데 세계적인 인물이 포함되었기 때문이다. 하지만 중정이 어떻게 변명해도 조사 과정에서 폭력과 고문이 자행된 것은 사실이다.

윤이상의 경우, 본인 주장에 따르면 "물고문을 받고 주사를 맞았다"고 한다. 하지만 자살 기도 후 폭력이 중지된 것으로 여겨지기에 다른 사람보다 상대적으로 가혹 행위를 덜 당한 것으로 볼 수 있다. 다른 사람들은 구타와 폭력은 물론, 물고문과 전기 고문을 적잖이 당했다. 천상병 시인은 "정보부에서는 나를 세 번이나 전기 고문하며 서독 유학생 친구와 어떤 관계인지 자백하라고 했지만, 몇 차례 까무러치면서도 끝내 살아났다. 지금도 몸서리가 쳐진다. 고문한 놈을 찾아 죽이고 싶은 심정일 때도 있었다"고 말했다. 천상병 시인은 이 사건 후 정상적인 사회생활이 어려울 만큼 심한 후유증으로 고통을 받았고, 1993년 그의 시 제목처럼 하늘로 돌아갔다(歸天). •

이수길 박사 또한 "1967년 6월 27일 수사관들은 다시 전기 고문과 물고문을 자정까지 계속했다. 이날 고문이 지금까지 받은 고문 중 가

■ 천상병 시인은 출소 후 정신이상 증세에 시달리고, 정신병원에 입원하는 등 심각한 고문 후유증에 시달렸다. 국정원, 앞의 보고서, 394쪽.

장 가혹했다. 고문이 끝날 때 나는 의식불명이었고, 드디어 죽음을 이긴 것 같은 환상을 느꼈다"고 회고했다. 서울대 민비연 관련자 김학준도 "가족 면회와 변호사 접견 등이 모두 금지된 상태에서 밤이면 남산으로 끌려가 반죽음을 당했다. 지하실에 끌려가 고문을 받아 기절도 하고, 허위 자백도 했다"고 언급했다. 고문을 당한 사람들의 증언은 수없이 많다. 고문이 자행되었다는 것은 두말할 여지없는 진실이다.

냉전 시대의 논리가 사건을 지배하다 •

동백림 사건은 다른 정치적 사건과 비교하면 '실체가 분명한' 실정법(반공법과 국가보안법) 위반 사건이다. 그러나 이 사건을 대규모 간첩단 사건으로 본 중정의 수사는 사건을 무리하게 확대·적용한 것이다. 사건 관련자 203명 중 66명을 검찰에 송치하면서 정하룡, 조영수, 윤이상 등 23명에게 형법 98조와 국가보안법 2조 간첩죄를 적용했으나, 대법원에서 간첩죄를 적용받은 피의자는 한 명도 없었다는 데서 그 점을 분명히 확인할 수 있다. 이 사건의 성격을 비교적 정확하게 볼 수 있는 것은 북한 노동당 부부장 출신 박병엽(필명 신경완)의 증언이다. 그는 유영구와 나눈 대담에서 다음과 같이 증언했다.

■ 국정원, 앞의 보고서, 393쪽.

(유럽 주재 한인들에게 준 돈은) 공작금이 아니라 유럽 생활에 돈이 궁할 테니 생활비에 보태 쓰라는 것이었다. 이 생활비가 뒷날 수사 과정에서 중앙정보부에 의해 '공작금 수수죄'로 기록되었다. 이들에게 바란 것은 말이나 글로 평화통일의 필요성을 역설하는 전파자적 역할을 기대하는 정도였다. 같은 시기 통혁당과 달리 이들에게 처음부터 조직자적 역할을 부여할 생각을 하지 않았다. 때문에 이들이 북한에 다녀와서 조직을 만들거나 이를 위해 사람을 포섭한 일은 없었다.*

그러나 이 사건 수사를 지휘한 중정부장 김형욱은 다른 주장을 펴고 있다. 그는 회고록에서 다음과 같이 주장한다.

동백림 사건에 연루된 대다수 지식인은 북한 공산주의의 호전성을 실감하거나 6·25의 전화 속에서 목숨 걸고 참전한 경험이 없는 젊은 층이었다. 더구나 그들은 사상적으로 공산주의 이론과 서적을 쉽게 접할 수 있는 서구라파(서유럽)에서 유학 생활을 하면서 알게 모르게 북한의 공작 대상에 넘어갔고, 그중 상당수는 자신이 민족 분단을 해결하기 위해 무엇인가 할 수 있다는 목가적牧歌的인 열망이 있었던 것도 사실이다. 그중 거대한 국가 안보의 견지에서 용납될 수 없는 것이 많았다. ……동백림 간첩 사건은 이런 지식인의 개인적 세계주의와 그들에 대한 국가의 기대가 마찰한 전형적인 예에 불과하다.**

■ 국정원, 앞의 보고서, 329쪽;《남북을 오고간 사람들》(유영구 지음, 도서출판 글, 1993) 336~348쪽.
■■ 김경재, 앞의 책, 190~191쪽.

이런 주장 앞에서 "북한의 발전상이 궁금해서" 동베를린을 오가고, "어려운 생활에 보태 쓰라고 주는 돈이어서" 북한의 돈을 받고, "친구의 소식이 궁금해서 북한을 방문했다"는 이야기는 인정될 여지가 없다. 이것은 그야말로 '냉전 시대의 논리'가 지배한 사건이다. 첨예한 남북 대결과 냉전 상황에서 국가 안보를 책임지는 정보부장으로서 그런 인식을 할 수는 있을 것이다. 그렇다고 동백림 사건에서 보여준 김형욱의 불법과 인권유린 행위가 용납될 수는 없다.

윤이상, 동백림 사건으로 상처를 받다 •

동백림 사건을 이야기하면서 빼놓을 수 없는 인물이 '상처 받은 용' 윤이상이다. 그의 어머니가 태몽에 상처 받은 용을 봤다고 해서 붙은 별명이다.· 윤이상은 동백림 사건이 나기 전에는 세계적으로 명성을 떨치는 한국 출신 작곡가, 예술가에 지나지 않았다. 그는 젊은 시절부터 진보적인 민족주의 운동에 참가했고 사회의식이 남달랐지만, 작곡가 이상은 아니었다. 그러던 그가 어느 순간부터 남한 땅에 들어올 수 없는 인물이 되었고, 북한과 가까운 인사이자 통일 운동가가 되었다.

윤이상은 불혹의 나이에 유럽으로 건너가 본격적으로 작곡가 수업을 했다. 재능이 뛰어난 그는 피나는 노력을 한 결과 60대 중반에

■ 이수자, 앞의 책, 88쪽.

'동양적 세계관을 서양음악에 접목한 독특한 음악세계를 구축한 인물로 평가받았다. 윤이상은 한국전쟁 때 월북한 친구를 찾아보고 싶은 마음에 동베를린에 있는 북한 대사관을 방문했고, 그것이 계기가 되어 고구려 고분벽화를 보고 작곡의 영감이 떠올리기 위해 북한 땅을 밟았다. 부인 이수자와 동행한 것을 포함하여 모두 12차례 북한을 찾았으며, 북한에서 5000달러 정도를 받았다. 평양에서 노동당 가입과 지하당 활동을 요구하자 윤이상이 거부하면서 관계가 소원해졌지만, 그의 행위가 국가보안법과 반공법 위반이라는 사실은 분명했다.

윤이상은 반강제로 한국에 연행되었고, 간첩죄로 기소되었다. 간첩죄는 최종적으로 무죄가 되었고, 반공법상 탈출죄가 적용되어 징역 10년, 자격정지 10년이 선고되었다. 그는 1969년 2월 24일 형 집행정지로 석방되어 국내에 머물다가 이듬해 8월 15일 대통령 특사로 잔형이 면제되면서 독일로 돌아갔다.

윤이상은 그 뒤 남한과 관계를 끊었다. 그는 독일 국적을 취득했으며, 북한은 찾았으나 남한은 찾지 않았다. 북한은 그를 세계적인 명성에 걸맞게 대접한 반면, 남한은 그를 여전히 '윤이상은 간첩'이란 시각으로 보았다. 그는 남한을 외면했다. '상처 받은 용'의 외로운 몸부림이자, 자신의 '명예를 회복하게 해달라'는 항거였다. 그러나 남한은 아무런 답변도 주지 않았다.

■ 동백림 사건과 관련한 윤이상·이수자 부부에 대해서는 국정원, 앞의 보고서, 411~423쪽을 참고할 수 있다.

1967년과 2013년은 얼마나 다를까? •

세월이 흘러 남북 관계가 어느 정도 회복되고 냉전도 완화된 상황에서 남한을 방문할 기회가 있었으나, 윤이상은 돌아오지 못했다. 1989년 3월 '남북음악축전'을 계기로 귀국을 추진하는 과정에서 그는 20여 년 전 가혹 행위와 관련해 한국 정부의 사과를 요구했으나, 받아들여지지 않았다. 1994년에는 한국 음악계에서 '윤이상 음악축제'를 기획하여 귀국을 추진했으나, 한국 정부가 준법 서약서 제출을 요구하여 무산되었다. 결국 그는 고국에 돌아오지 못한 채 1995년 11월 3일 베를린에서 사망했고, 그곳에 묻혔다.

윤이상은 중국과 한국의 궁중음악, 불교와 도교의 신화적 소재를 바탕으로 도교적 경향을 띠는 음악세계를 보여준다고 평가되며, 생존 당시 '현존하는 유럽의 5대 작곡가'로 꼽힐 정도로 높이 평가받았다. 대표작으로는 관현악곡 〈바라婆羅〉, 오페라 〈나비의 미망인〉〈율〉〈영상〉〈심청〉 등이 있고, 1981년에는 5·18광주민주화운동을 소재로 한 〈광주여 영원히〉를 작곡했다.˙ 그는 말년에 조국에 대한 그리움을 애타게 표현했으나, 그토록 와보고 싶어 하던 동심의 고향 통영(그는 1917년 경남 산청에서 태어났으나 어린 시절을 통영에서 보냈다) 땅을 밟지 못했다.

1960년대 살벌한 남북 대결 와중에 벌어진 동백림 사건은 어쩔 수 없다 해도, 1994년 그의 남한 방문이 무산된 것은 안타까운 일이다.

■ 임영태, 앞의 책, 419쪽.

그때는 김영삼의 문민정부가 들어선 뒤였으나, 여전히 '냉전 시대의 논리'가 기승을 부렸다. 냉전 세력은 과거를 반성할 줄 모르며, 기득권을 포기하려고 하지 않는다. 냉전 시대의 유물이 아직도 한국 사회를 지배하는 것은 아닐까? 동백림 사건 당시 한국의 통치자였던 박정희의 딸 박근혜가 대통령인 지금은 그때와 얼마나 다를까? 과연 2013년은 냉전 시대의 논리가 지배하던 1967년을 확실히 극복하고 있을까?

13

군사적 동원 체제가 구축되다

5·16 직후 남북 관계에 큰 영향을 미친 사건 •

5·16 발발 이후 남북 관계에 커다란 영향을 미칠 '황태성 사건'이 일어났다. 북한은 남북 관계를 풀기 위한 밀사로 황태성을 파견했으나, 남한에서는 간첩으로 몰아 처형함으로써 그 후 남북 관계를 대결로 몰고 간 사건이다. 황태성 사건은 어떻게 일어났으며, 남북 관계의 변화에 어떻게 작용했을까?

남한에서 5·16군사정변이 일어났을 때, 북한은 정확한 판단을 내리지 못했다. '쿠데타 주역'의 과거 경력 때문이다. 최고 지도자 박정희와 실세 기획자로 알려진 김종필의 과거 행적에서 북한은 일말의 기대감을 품은 모양이다. 북한은 5·16 직후 김일성의 지시로 박정희를 포함한 주요 간부 8명에 대한 신상 자료를 검토하는 긴급회의를 열었다. 1980년대 남한으로 망명한 조선노동당 부부장 출신 박병엽이 증언한 바에 따르면, 회의 참석자 가운데 70퍼센트가 박정희를 긍정적으로 평가했다고 한다.

5·16 직후인 1961년 7월경에는 남한의 육군 첩보 부대HID 서해지구 파견대가 북쪽에 '정치 회담'을 제의해 만나기도 했다. 이때 남북은 영화 필름을 교환했다. 남쪽에서는 〈성춘향〉을, 북에서는 〈꽃피는 평양〉을 보냈다. 이는 5·16 직후 남한에서 군사정부가 안정될 때까지 시간을 벌자는 계산으로 진행한 대북 공작이지만, 북한에는 약간의 혼동을 일으키는 원인이 되었다. 1961년 7월 북한 노동당 정치위원회에서는 "박정희가 반공을 표방하고 혁신계를 탄압하지만, 우리와 통일 문제를 협의할 수도 있을 것이다. 평화통일을 제안할 비밀 협상 대표를 파견하자"는 결론을 내렸다.·

황태성 처형으로 남북 대결 본격화하다 •

북한은 남한과 비밀 협상을 위해 황태성을 파견하기로 결정했다. 황태성은 대남 연락부장 이효순을 찾아가 "박정희야말로 나를 사숙私淑하던 아이입니다. 나를 존경하기까지 했습니다. 내가 내려가 직접 만나겠소"라고 했다고 한다. 황태성은 박정희의 형 박상희의 동지였다. 두 사람은 일제강점기부터 공산주의 운동을 함께했고, 해방 후 남로당 경북도당의 핵심 인물이었다. 황태성이 박상희와 조귀분의 중매

■ 《내 무덤에 침을 뱉어라 4》(조갑제 지음, 조선일보사, 1999) 261쪽; 《한국 현대사 산책—1960년대편 1 : 4·19혁명에서 3선 개헌까지》(강준만 지음, 인물과사상사, 2004) 213쪽.

를 설 정도로 두 사람은 가까운 사이였다. 박상희는 10월 민중 항쟁 때 경찰의 총격으로 사망했으나, 황태성은 살아남아 월북했다. 그는 한국전쟁 후 남로당 출신이 대부분 숙청되는 와중에도 무역성 부상까지 지냈다.

남으로 파견된 황태성은 1961년 9월 1일 박정희의 대구사범 후배이자 황태성의 이웃에 살던 친지의 아들 김민하를 찾아갔다. 김민하는 박정희의 대구사범 동기인 고려대 교수 왕학수를 찾아갔고, 왕학수는 중정부장 김종필을 만나 이 사실을 전했다. 그러나 김종필에게서 답변이 오지 않았다. 기다리다 답답해진 황태성은 김민하와 그의 조카사위 권상능을 통해 박상희의 아내이자 김종필의 장모인 조귀분에게 편지를 보냈다. 조귀분이 편지를 받고 놀라서 바로 상경해 김종필을 만났으나, 여전히 김종필에게서는 답변이 없었다.

10월 22일 황태성에게 김종필 중정부장이 반도호텔 735호실에서 만나자는 연락이 왔다. 그 자리에는 김종필의 대역을 하는 박아무개 경감이 나왔고, 황태성은 박아무개 경감에게 모든 내용을 털어놓았다. 그는 남북 협상을 위한 특명을 받고 파견되었으며, 외세의 간섭 없이 통일 논의를 진행하자는 등의 내용을 전달했다. 하지만 그는 곧 체포되었고, 간첩으로 발표되었다. 김민하와 권상능도 간첩에 편의를 제공한 혐의로 체포되었다. 황태성은 체포 뒤 그 존재를 알아차린 미국의 집요한 요구에 따라 CIA의 심문 조사도 받았다. 그 뒤 황태성

<hr>

■ 《한국 현대사 이야기 주머니 2》(한국정치연구회 지음, 녹두, 1993) 174쪽; 강준만, 앞의 책, 213쪽.

과 관련해 온갖 설이 난무했으나, 결국 재판에서 남파 간첩으로 사형
선고를 받고 형장의 이슬로 사라졌다. 이 사건 이후 남북 관계의 기
본 구도는 대결로 정립되었다.

황태성의 운명은 결정되어 있었다 •

박정희와 김종필이 황태성을 어떻게 바라보았는지는 알 수가 없다.
북한의 밀사로 생각하고 이 문제를 진지하게 고민했을까, 단순한 간
첩으로 인식했을까? 그들의 행동반경이 제한될 수밖에 없었다는 점
은 분명하다. 미국이 두 사람의 과거 경력에 의구심을 품고 감시의
눈길을 보내는 상황에서 황태성을 밀사로 대접하여 남북 관계의 진
전을 위한 대화를 모색한다는 것은 위험천만한 일이었다.

이후 그들의 행적을 두고 볼 때 지극히 현실적으로 판단했을 가능
성이 높다. '목숨 걸고 감행한 군사혁명'을 성공하기 위해서, 그토록
원하던 권력을 쥐기 위해서 황태성이란 존재는 걸림돌일 뿐이었다.
박정희는 종종 혁명이나 민족, 대의, 민주주의, 자유 같은 가치에 대
해 언급하지만 진정성을 느끼기 어렵다. 오히려 권력이나 성공, 효
율, 발전 같은 말에서 그의 진면목과 힘이 느껴진다. 왜 그럴까?

박정희에게 가치란 자기 욕구를 실현하기 위한 포장에 불과하다.
그에게 의미 있는 것은 세상을 움직일 수 있는 힘과 대세였다. 그래

■ 한국정치연구회, 앞의 책, 180쪽; 강준만, 앞의 책, 214~217쪽.

서 일제강점기 소학교 선생보다 칼 찬 황국의 군인이 되기를 원했고, 그걸 얻기 위해 황국 신민이 되었다. 일제강점기는 군인이 지배한 시대였다.

해방 정국은 혼돈의 시대였다. 이념의 시대고, 자칫 공산주의가 대세로 보일 수 있는 시대였다. 그래서 박정희는 해방 정국에서 약간의 고민(혹시 과거 자신의 행적에 대한 성찰?), 존경하는 형 박상희와 관계(현실적으로도 해방 정국에서 친일파의 득세와 지주의 횡포, 농민의 고통을 생각하면 박상희의 활동에 동조하는 부분이 있었을 것이다), 세상을 흔드는 공산주의라는 힘(어쩌면 잠시나마 그것을 '시대적 대세'로 인식했을지도 모른다) 등을 고려하여 남로당에 가담했을 것이다.

하지만 박정희에게 이념이란 목숨 걸고 지켜야 할 정도로 가치 있는 것이 아니었다. 그는 이념이나 동지보다 자기 목숨이 훨씬 중요하고, 현실이 더 의미 있었다. 박정희가 남로당에 입당한 것이 과연 이념적 선택이었으며, 그 후의 행동이 이념의 전향이었는지는 쉽게 가늠되지 않지만 여러 가지를 종합할 때 실용적인 선택의 결과로 추정된다. 약간의 차이는 있을 수 있지만, 김종필이라고 근본적으로 박정희와 다르지 않았을 것이다. 그런 점에서 박정희와 김종필이 황태성을 어떻게 처리할 것인가는 결론이 나 있었다고 봐야 한다.

■ 최상천은 이것이 내세 추종적 기회주의에서 비롯되었다고 판단한다. "박정희는 내세를 절대 놓치지 않는 사람이다. 그는 일생을 통해 한 번도 '정의로운 소수'에 참여하거나 동조한 적이 없다. ……조선국방경비대까지 좌익이 주도권을 장악하고 있었다. 박정희 눈에는 사회주의의 승리가 요지부동의 대세로 보였다." 《알몸 박정희》(최상천 지음, 사람나라, 2004) 157~158쪽.

남북의 실력대결에서 승리한다는 전략 •

황태성 사건이라는 암초에 걸려 고민하던 박정희와 김종필은 그를 처형함으로써 일차적인 위기를 넘겼지만, 남북 관계는 대결 외에 달리 선택할 수 있는 길이 없어졌다. 박정희는 실력대결에서 승리한다는 전략을 선택했다. 북한을 능가하는 경제력을 갖추고, 경제를 바탕으로 군사력을 강화하여 승리하겠다는 것이다. 이를 위해 반공법을 제정하고, 중앙정보부를 조직하고, 반공 교육에 치중했다.

1960년대 초반 남한은 전후 복구와 경제 건설, 군사와 국방, 정치적 안정 등 북한에 비해 여러 가지 면에서 뒤지고 있었다. 북한은 한국전쟁이 끝나고 대규모 권력투쟁이 벌어져 남로당계, 소련파, 연안파가 차례로 몰락했다. 1950년대 후반부터 김일성에게 도전할 권력자가 사라졌고, 1960년대에는 김일성 유일사상 체계가 확립되기 시작했다. 이런 과정을 거쳐 북한은 정치적으로 매우 안정된 상태를 유지했다.•

박정희가 북한에게 승리하기 위해서는 경제 발전이 급선무였다. 후진국의 경제개발 전략은 미국의 반공 전략에서 가장 기본이 되는 방침이기도 했다. 미국의 전략적 이해관계와 맞아떨어져 박정희 정권은 본격적인 경제개발을 진행할 수 있었다. 한일 국교를 정상화하여 경제개발에 필요한 자금을 일본에서 조달하고, 아시아의 반공 동

■ 북한의 김일성 유일 체제 구축 과정은 《북한 50년사 2》(임영태 지음, 들녘, 1999) 18~34쪽을 참고할 수 있다.

맹을 강화한다는 것이었다. 1960년대 경제 건설과 안보 협력을 연계한 정책은 미국의 요구이자 한국이 추구한 정책 방향이다.

경제 발전과 안보 강화를 동시에 추구하는 이중 정책은 베트남전 참전에서 구체화되었다. 베트남전쟁을 통해 자유세계의 공산 침략 저지 활동에 참여하고, 한국군의 실전 경험과 경제적 실리를 확보한다는 계획이었다. 하지만 첨예한 냉전 체제와 남북 대결 상황에서 한국이 베트남전쟁에 전투부대를 파견함으로써 남북의 긴장 관계는 더욱 고조되었다.

베트남전쟁은 휴전선과 연계된 2전선 •

박정희와 군부, 그 시대를 이끈 지배자들은 모두 냉전적 사고에 젖어 있었다. 냉전적 사고란 공산주의와는 타협하지 않고, 전쟁도 불사하며, 반드시 싸워서 이겨야 한다는 것이다. 북한 지도부 또한 이런 사고를 할 것이 분명하다. 남한이 베트남 파병을 휴전선과 연계된 2전선으로 인식한다면, 북한도 이에 대응하는 조치를 취하리라고 보는 것이 타당하다.

남한이 베트남 파병을 국제 공산주의와 투쟁하는 자유세계의 연대로 인식한다면, 북한은 제국주의 침략 전쟁에 반대하는˙˙ 사회주의

■ 이 책의 〈한일회담—돈 때문에 본질을 놓치다〉 〈베트남 파병— '피의 대가'로 경제성장의 밑천을 마련하다〉 부분을 참고할 수 있다.
■ ■ 임영태, 앞의 책, 47~54쪽.

세계의 국제적 연대 투쟁을 자신들의 임무로 인식했을 것이다. 북한은 한반도에서 군사적 분쟁을 확대함으로써 미국의 관심과 군사력을 분산하고, 남한의 침략적 군사 활동을 견제할 수 있다고 보았다.

박정희 정권에서 남북 관계는 긴장의 연속이었다. 1960년대 초반의 쿠바 미사일 위기를 거쳐 중반 이후 베트남전쟁이 격화되면서 동서 냉전과 한반도의 군사적 긴장 상태도 고조되었다. 남한의 한일 국교 정상화와 한·미·일 군사동맹 강화, 베트남 파병과 군 장비의 현대화에 대응하여 북한은 4대 군사노선 확립과 국방경제 병진 건설, 남조선 해방 전략 등으로 대결 자세를 강화했다. 1960년대 초반부터 고조되기 시작한 남북의 긴장 상태가 1960년대 후반 절정에 이르러, 곧 줄이 끊어질 듯 팽팽한 위기 상황이 되었다.

1·21 청와대 기습 사건과 한미의 대응 •

1968년 1월 21일 밤 10시경 서울 시내로 진입하는 세검정 고갯길에서 청와대를 습격하기 위해 남파된 북한 무장 특수부대원 31명과 긴급 출동한 한국 군경 사이에 치열한 전투가 벌어졌다. 이 교전에서 25명이 사살되고, 1명은 자폭하고, 1명(부조장 김신조)이 생포되었다. 살벌한 소탕 작전 와중에도 4명은 북으로 탈주한 것으로 알려졌다. 1·21 청와대 습격 사건(흔히 '1·21 사태'로 불린다)은 북한의 124군 특수부대원들이 박정희 대통령을 직접 겨냥하고 남한에 침투해서 일어났다. 북한 대남총국 정찰국장 김정태가 지휘한 것으로 알려진 이 사건으로 남북 관계는 최악의 위기 상황에 빠졌다.

박정희는 북한의 무장 부대가 자신의 목을 겨냥하고 달려들었다는 소리를 듣고 전쟁도 불사하겠다는 태도를 보였다. 박정희는 미국에게 공동 보복해줄 것을 요구하며, 이를 거절하면 한국군 단독으로 작전행동을 개시하겠다고 나섰다. 그러나 미국은 결코 무력 행동을 취하지 않을 것이라고 답변했다. 윌리엄 포터 대사에게서 미국의 입장을 들은 박정희는 최규하 외무장관에게 "한국이 북진할 때 미국이 즉각 개입하는 것을 보장하기 위해 한미 방위조약을 보완하든지, 작전권을 돌려주든지 하라고" 요구하도록 지시했다. 그리고 브라운 각서 중에서 미국의 대한국 장비 증강을 보장한다는 내용은 어떻게 된 것이냐고 따지게 했다.**

미국은 무작정 한국 정부의 요구를 들어줄 수 없는 형편이었다. 한국에서 다시 전쟁이 난다면 베트남과 한국 두 전선을 감당해야 하는데, 그러기에는 미국의 부담이 너무 컸다. 박정희를 달래야 했다. 2월 12일 대통령 특사 사이러스 밴스Cyrus Roberts Vance가 방한하여 문제를 해결했다. 2월 15일 미국의 군사원조 증강, 한국 예비군 무장, 정례적인 방위 회담 개최, 북한의 남침 시 즉각 개입 등을 내용으로 하는 공동성명이 발표되었다.

■ 김정태는 북한 정권의 개국공신 중 한 명인 김책의 큰아들로 알려졌다. 현재 북한 노동당 선전비서 김기남이 그의 친동생이다.
■ ■ 《박정권 18년 : 그 권력의 내막》(이상우 지음, 동아일보사, 1986) 85쪽; 《한국 현대사 산책―1960년대편 3 : 4·19혁명에서 3선 개헌까지》(강준만 지음, 인물과사상사, 2004) 209쪽.

푸에블로호피랍사건으로 전쟁 위기가 고조되다 •

미국이 1·21 사태에 강경 입장을 견지하지 못한 것은 이틀 뒤인 1월 23일에 일어난 푸에블로호피랍사건과 관계가 있다. 푸에블로호는 초고성능 전파탐지 장비를 장착한 미국 해군의 최신 첩보함으로, 일본 모항에 기지를 두고 북한 해안에 바짝 붙어 항해하면서 북한의 군사·행정 통신을 도청하고 있었다. 그런데 이 첩보함이 원산 앞바다에서 북한의 해군과 공군기의 협공을 받아 피랍된 것이다. 미국이 북한에게 한 방 먹은 꼴이었다.

푸에블로호피랍사건이 나자 세계의 이목이 또다시 한반도에 집중되었다. 처음에는 미국도 초강경 자세를 취했고, '제2의 한국전쟁'이 공공연히 거론되었다. 한반도에서 긴장이 고조되는 가운데 1월 30일 베트남에서는 NLF의 테트_têt : 구정_ 공세가 있었다. 이 사건으로 베트남에서 미국의 위신이 크게 추락했고, 패배 분위기가 확산되었다. 베트남의 테트 공세와 북한의 푸에블로호피랍사건은 자유의 십자군 연대에 대항하는 사회주의국가들의 반제국주의 국제 연대처럼 보였다.

베트남이나 한반도 가운데 한곳에 힘을 집중해야 하는 미국은 한반도에서 협상을 선택하지 않을 수 없었다. 미국은 북한과 비밀 협상을 계속 진행했고, 지루한 과정을 거쳐 해결의 실마리를 풀었다. 1968년 12월 23일 푸에블로호 함장 푸커 소령이 미국 정부를 대신해 북한 영해를 침범한 사실을 확인하는 사과 문서에 서명한 뒤(그는 석방 후 즉각 그 사실을 부인했다), 시체 1구를 포함한 피랍 선원 83명 전원이 석방되어 푸에블로호피랍사건이 해결되었다.˙ 이로써 한반도에 결정적 위기가 닥친 1968년을 무사히 넘겼다.

자국의 이익을 중심으로 움직이는 미국 •

한국 정부는 푸에블로호피랍사건에서 미국이 보인 태도가 여간 실망스럽지 않았다. 1·21 사태 후 푸에블로호피랍사건이 일어나자, 한국과 미국에서 강경 여론이 득세했다. 미국 정부도 초강경 태도를 취하면서 북한에 대한 위협을 강화했다. 미국은 세계 최대의 핵항공모함 엔터프라이즈호를 동해안에 파견했으며, 주한 미8군은 물론이고 극동 지역에 주둔하는 미5군에도 전투태세를 갖추라는 비상령을 내렸다. 미국은 비밀리에 소련을 통해 북한에 압력을 행사하려고도 했지만, 북한은 꿈쩍도 하지 않았다.˙˙

미국은 최신 첩보함을 기어이 돌려받으려고 했다. 함정이 아까워서라기보다 자존심 문제였다. 함정을 빼앗긴 것도 문제지만, 미국의 군사정보 암호 체계가 송두리째 북한에 넘어갔다는 것이 심각한 문제였다. 막대한 경비와 인원을 동원해서 하루빨리 새로운 암호 체계를 개발해야 했다.

한국 입장에서 보면 미국의 태도가 이해되지 않았다. 함정 한 척이

■ 이 과정은 리영희, 〈북·미 핵 협상에서 한국이 배워야 할 것〉, 《월간 말》 1994년 2월호, 28~33쪽; 임영태, 앞의 책, 68~71쪽 참고.
■■ 리영희, 위의 글, 28~33쪽; 임영태, 앞의 책, 68~71쪽.

뭐 그리 중요한가 말이다. 아무리 별 볼 일 없다고 해도 한 나라의 대통령 목숨을 노리고 무장 공비가 침투한 사건은 본 척 만 척, 자국의 함정과 승무원을 구출하는 데 여념이 없으니 말이다. 그러나 미국 입장에서는 한국 대통령이 공격 대상이 되었다는 사실보다 자국의 최첨단 첩보함과 승무원이 중요했다. 미국 중심주의, 대국주의의 전형이라 할 수 있다. 이 사건은 미국이 철저히 자국의 이익을 위해 움직이는 나라임을 여실히 증명해주었다.

남북한에서 군사적 동원 체제가 구축되다 •

1968년과 1969년은 남북 관계에서 위기의 해였다. 1968년에는 1·21 사태, 푸에블로호피랍사건, 8·24 통일혁명당 사건이 발생했으며, 10월부터는 대규모 무장 공비 남파 사건이 일어났다. 10월 30일 울진과 삼척 등지에 무장 공비 130여 명이 침투했으며, 군경과 전투한 끝에 100여 명이 사살되고 7명이 생포되는 등 국지전 상황이 전개되었다. 1969년에도 주문진 무장 공비 침투 사건, 흑산도 간첩 침투 사건 등 북한의 무장 게릴라 남파가 계속되었다. 북한군은 남한 사회를 무력으로 뒤흔들겠다는 심산으로 움직였다.

당시 북한의 대남 전략은 이효순의 뒤를 이어 등장한 김창봉, 허봉학, 김정태 등 군부 강경파가 이끌었다. 처음 북한의 계획은 통일혁명당 같은 지하 전위당을 구축하고, 결정적인 시기에 민중 봉기를 일으키는 것이었다. 하지만 남한에 구축하려던 지하당 조직 사업이 실패로 돌아가고, 김창봉과 허봉학 등 군부 강경파가 대남 사업을 책임지면서 무장 게릴라에 의한 남한 사회 전복이라는 '군사적 모험주의'가 득세했다. 이들은 나중에 노동당 검열 과정에서 과오가 드러나 모두 숙청되었다.

군사적 긴장 상태가 계속되자 그 피해는 고스란히 남북한 민중에게 돌아갔다. 북한에서는 김일성 유일 체제와 우상화가 완성을 향해 나아갔고, 4대 군사노선을 비롯한 군사 부문에 지나치게 투자한 결과 인민경제가 침체되기 시작했다. 남한 또한 군사적 동원 체제가 준비되면서 병영국가를 향해 나아갔다. 1968년 4월 1일 향토예비군이 창설되고, 국토통일원이 설치되었다.

5월 10일에는 주민등록법이 1차로 개정되었고, 11월 21일부터 18세 이상 국민에게 주민등록증이 발급되었다. 주민등록증 제도로 모든 한국인이 1년 365일 감시받는 처지에 놓였다. 조지 오웰George Orwell 의 《1984년》이 따로 없었다. 이는 통제 국가의 가장 완벽하고 모범적인 제도 정비라 할 수 있을 것이다. 12월 5일에는 국민교육헌장이 선포되었다. 일제강점기 천황 칙어를 연상케 하는 이것은 '유신 체제의 정신적 전주곡'이라 할 수 있다. 박정희는 1969년을 '싸우면서 건설하는 해'로 선포했고, 남북에서 '전쟁과 건설'을 향한 군사적 동원 체제가 가동되었다.

■ 임영태, 앞의 책, 56~57쪽.

14

1971년 대선

한국 민주주의의 운명이 결정되다

세대교체의 바람이 거세게 몰아치다 •

한국 정치사에서 대통령 선거가 여러 차례 있었지만, 1971년 대선은 중요한 의미가 있다. 무엇보다 그 이후 유신 체제가 성립되어 오랫동안 선거다운 선거를 할 수 없었다. 1971년 대선 이후 다시 대통령을 직접 선거로 선출하는 것은 1987년이니까 사실상 16년이나 헌정이 중단된 셈이었다.

1971년 선거가 우리 기억에 강하게 남은 것은 야당의 대통령 후보 선출 과정이 흥미진진했기 때문이다. 많은 사람들이 김영삼이 승리할 것이라고 여겼지만, 의외로 김대중이 역전승을 거두어 파란을 연출했다. 야당의 후보 선출 과정은 복잡한 당내 사정을 그대로 반영했다. 야당에서는 전통적인 서열이 중요하게 취급되어 노장 세력이 당권과 당 운영의 주도권을 장악하고 있었다. 그런데 유진오 총재의 와병과 40대 기수론이 야당에 새로운 질서를 가져왔다.

유진산으로 대표되는 노장 세력에는 대통령 후보로 나설 사람이 없었지만, 이를 수용하려 하지 않았다. 그러면 자신들의 위상이 추락할 것이기 때문이다. 당을 지배하던 노장과 기득권 세력은 대선의 승리보다 이후 당권에 관심이 있었다. 야당의 후보 선출 과정에서 일반인이 예상하지 못한 이변과 파란을 연출한 것도 이런 정치적 이해관계가 작동했기 때문이다.[■]

1969년 11월 8일 김영삼이 세대교체를 선언하며 대통령 후보 경선에 나서겠다는 의사를 표명하자, 당내의 반발이 만만치 않았다. 가장 크게 반발한 것은 당내 최대 계파의 수장 유진산이다. 유진오가 없는 신민당에서 그가 당권을 쥐는 것은 불 보듯 뻔했지만, 그는 대통령 후보로서 너무나 큰 결격사유가 있었다. 그렇다고 대통령 후보를 40대 새파란 젊은이(그는 '구상유취'라고 표현했다)에게 넘겨줬다가는 당권이 위협받을 것이다. 대통령 선거에서 야당이 이기면 자신이 몰락할 테고, 지더라도 당권이 '젖비린내 나는 아이들'에게 넘어가는 것은 시간문제였다.

김영삼의 대통령 후보 경선 출마 선언에 따른 파고는 생각보다 컸다. 국민들은 재력 있고 나이 든 계파의 보스들이 작당해서 좌지우지하는 야당의 행태에 신물이 났고, 당원들도 절망한 상황이었다. 이들은 젊은 피가 새바람을 일으켜 당을 혁신하고 조직을 정비하며, 여세를 몰아 대선에서 박정희의 삼선을 저지하기 바랐다.[■■]

<hr>

■ 이영석, 앞의 책, 269쪽; 임영태, 앞의 책, 337쪽.
■ ■ 임영태, 앞의 책, 336쪽.

유진산 당수, 후보 지명권을 요구하다 •

1970년 1월 7일 유진오 총재가 최종 사퇴를 발표했다. 신민당은 1월 중에 당수를 선출하고, 9월에 대통령 후보 지명대회를 개최하기로 결정했다. 신민당은 당세를 확장하기 위해 1월 22일 이철승, 신도환, 김준섭 등 구 정치인 20여 명과 최형우, 박희부, 신태현, 박동인 등 4·19와 6·3 관련 인사들, 윤길중, 권대복, 최병권, 박왕식 등 혁신계 출신 인사들을 영입했다.˙

1월 26일 총재를 선출하기 위한 전당대회가 개최되었다. 총재 선출은 주류의 유진산, 비주류의 정일형, 주류에서 비주류로 옮긴 이재형의 삼파전이었다. 1차 투표에서는 유진산 286표, 이재형 192표, 정일형 125표가 나왔다. 2차에서 유진산이 327표를 얻어 276표를 얻은 이재형을 제치고 승리했다.

당권을 장악한 유진산은 자신이 대통령 후보에 나서지 않는 대신 경선 출마를 선언한 세 사람에 대한 후보 지명권을 요구했다. 이에 이철승은 곧바로 수락했고, 김영삼도 결국 동의했다. 김대중은 조건을 내걸어서 사실상 거부했다. 6인 회의에서 합의할 수 없을 것이 명백했기 때문이다. 유진산은 처음에 오랫동안 세교가 있는 이철승을 지명할 듯한 태도를 취했지만, 결국 김영삼을 지명했다.˙˙ 이철승이 이에 반발하면서 경선 결과는 파란이 연출되었다.

■ 《대한민국사 1945~2008》(임영태 지음, 들녘, 2008) 336쪽.
■ 《야당, 한 시대의 종말》(이영석 지음, 성정출판사, 1990) 46쪽.

후보 경선에서 이변이 연출되다 •

누가 봐도 대세는 김영삼에게 기울었다. 당내 최대 계파의 수장이며 당수인 유진산이 김영삼을 지명한데다, 김영삼의 표 자체가 김대중보다 훨씬 많았다. 그러나 김대중은 차기를 위해서라도 표 대결을 포기하는 것은 바람직하지 않다고 보았다. 또 그에게는 '선거의 귀재'라는 엄창록이 있었다.˙ 후보 지명에 반발하는 이철승의 표를 흡수하면 승산이 전혀 없는 것이 아니었다. 김대중 측의 계획은 결과적으로 성공했다.

후보 지명 선거전에서 김영삼에게는 불리한 사건이 잇따랐다. 김영삼을 후보로 지명한 유진산 당수도 전적으로 밀어주지 않고, 오히려 그가 후보로 선출되었을 때의 영향을 계산하며 견제했다. 여러모로 김영삼이 유리했지만, 그런 견제가 적지 않은 부담이었다. 반면에 김대중에게는 이런 점들이 행운이었다. 비주류의 수장 정일형은 물론, 이재형계도 그를 전적으로 밀어주었다.

1970년 9월 29일 서울시민회관에서 열린 신민당의 대통령 후보 선출대회에서는 의외의 결과가 나왔다. 1차 투표에서 김영삼이 과반을 얻어 승리할 거라는 예상과 달리 과반수 득표자가 나오지 않았다. 총 885표 중 김영삼 421표, 김대중 382표, 백지 78표, 기타 4표였다. 백지 78표는 이철승을 지지하는 표다.

2차 투표를 앞두고 김대중과 이철승이 연합했다. 김대중은 "이철

■《정치공작사령부 남산의 부장들 1》(김충식 지음, 동아일보사, 1992) 26~264쪽.

승을 당수로 밀겠다"고 약속했고, 이철승은 김대중을 밀기로 결정했다. 결국 2차 투표에서 김대중이 승리했다. 총 884표 중 김대중 458표, 김영삼 410표, 무효 16표로 김대중이 과반수를 넘어섰다. 이철승의 백지 78표 가운데 76표가 김대중에게 가세한 것으로 나타났다.[*] 파란과 이변이었다.

김대중, 파격적인 선거공약을 제시하다 •

대통령 후보 선출 후 신민당은 선거대책본부 구성에 나섰으나 계파 간의 갈등으로 선대본을 구성하는 데 4개월이나 걸렸고, 거당적인 선거 체제 구축에도 실패했다.[**] 그러나 당을 정비하는 데 많은 정력을 소진한 것에 비해 선거전에서는 선전했다. 무엇보다 김대중 후보의 신선한 선거공약이 반향을 불러일으켰다.

김대중 후보는 1970년 10월 16일 기자회견에서 '향토예비군 폐지,

■ 이영석, 앞의 책, 52쪽.

■■ 1971년 1월 7일 정일형이 본부장으로 결정되면서 선대본이 모습을 드러냈지만 문제가 있었다. 언론과 세간에서는 본부장으로 김영삼이 유력하게 거론되었고, 당내에도 그런 의견이 강했다. 그러나 유진산 당수와 김대중 후보는 김영삼을 본부장에 지명할 의사가 없었다. 대통령 후보 경선 전 김영삼과 김대중, 이철승은 후보가 결정되면 힘을 모아주기로 약속했고, 김영삼은 마지막까지 유력한 대선 후보 경쟁자였다. 당의 단합과 득표 전략, 세 사람의 약속 등을 고려하면 본부장에는 김영삼이 적절했지만, 선거 이후 당권 경쟁을 염두에 둘 때 두 사람에게 김영삼은 견제 대상이었기에 아예 배제되었다. 이 때문에 일각에서는 선거대책본부 구성이 대선 승리보다 선거 패배 후 당권을 염두에 두고 있다는 비판이 제기되기에 이르렀다. 계파 갈등은 결국 1971년 대선에서 신민당의 거당적인 선거 체제 구축을 가로막았다. 결정적 요인이 아니라 해도 1971년 대선에서 야당이 패배한 작은 요인이 된 것은 부인할 수 없을 것이다. 이영석, 앞의 책, 59~62쪽 참고.

대통령 삼선 조항 폐지와 환원 개헌, 대중 경제의 구현, 미·일·중·소 4대국에 의한 한반도 안전보장' 등 참신한 선거공약을 제시했다. 또 '정보 정치 지양과 중앙정보부 개편, 사회보장제도와 의료보험 제도 실시, 노사공동위원회 설치, 정치 보복 금지, 지방자치제 실시, 남북의 단계적인 비정치적 접촉 시도, 동유럽 국가들과 통상 관계 시도, 권력에서 언론인·지식인·문화인 해방, 부의 균등 분배에 입각한 대중 경제의 실현, 군의 정치적 중립과 정예화, 군의 처우 개선' 등 당시로서는 파격적인 정책 대안을 잇달아 내놓았다.

김대중의 선거팀에는 당 바깥에서도 참신한 참모들이 참가했다. 대표적인 인물로 박현채를 들 수 있다. 박현채는 나중에 《민족경제론》으로 유명해졌는데, 김대중의 경제정책을 정리한 《대중경제론》을 집필한 것으로 알려진다. 재야와 지식인, 학생운동권에서도 김대중 후보를 적극 지원했다.[*] 재야에서는 민주수호국민협의회와 민주수호청년협의회가 결성되었으며, '민주 수호 선언문'을 발표했다. 학생운동권은 민주수호전국청년학생연맹을 결성하고 학원 병영화를 반대하며 교련 철폐 운동과 공명선거 캠페인을 적극 전개했다.[**]

야당은 바람, 여당은 조직이라는 말이 있다. 야당은 새로운 정책 대안을 조기에 제시함으로써 선거 열기를 불러일으키고자 했다. 자금과 조직 면에서 절대 열세인 야당으로서는 당연한 선거 전략이다. 이에 반해 공화당은 투표일을 40일 앞둔 1971년 3월 17일에야 후보

■ 《대한민국 선거 이야기 : 1948 제헌 선거에서 2007 대선까지》(서중석 지음, 역사비평사, 2008) 159쪽.
■■ 서중석, 위의 책, 160쪽.

를 지명하는 등 가급적 선거 열기를 잠재우려고 노력했다. 후보는 삼선 개헌부터 박정희로 결정된 상태였고, 자금과 관권, 조직을 동원한 선거를 치르는 마당에 굳이 바람을 일으키려는 야당의 전략에 말려들 필요가 없었기 때문이다.

야당 후보, 바람을 일으키다 •

김대중의 개혁적인 공약이 반향을 불러일으키자 공화당은 당황했다. 박정희도 10개 분야에 걸쳐 56개 정책을 제시하는 한편, 김대중의 정책 가운데 국민들의 불안 심리를 자극할 수 있는 내용을 물고 늘어졌다. 박정희 후보와 김대중 후보 사이에 공약을 둘러싸고 치열한 공방이 벌어졌다. 쟁점은 주로 안보를 둘러싼 문제, 통일 문제와 남북 교류, 장기 집권 문제, 부정부패 척결, 예비군과 교련 폐지 문제, 경제정책과 부의 균등 분배, 특혜 문제 등이었다.

특히 정책 논쟁 과정에서 정부 여당은 예비군 폐지와 안보를 둘러싼 논쟁으로 정국에 긴장감을 조성했다. 이를 위해 공화당은 KBS를 비롯한 관영 매체를 집중 동원했다. "향토예비군을 폐지하면 북한이 1968년 청와대를 기습하러 내려온 124군 같은 특수부대를 또 내려보낸다" "도대체 동유럽 공산국가와 통상을 한다는 것이 말이 되는가?" "4대국 안전보장은 사대주의 발상이다. 소련과 중국이 어떻게 우리나라의 안전을 보장한단 말인가?" 등 야당 후보를 비판하는 내용이 방송을 탔다. 공안 분위기를 조성하면서 이념 공세를 펴자 김대중은 향토예비군 폐지에서 한 발 물러섰고, 안보 공약 또한 주춤했다.

선거전이 본격적으로 전개되면서 바람이 불었다. 투표일을 17일 앞둔 4월 10일부터 대도시 유세에 청중이 모여들었다. 그날 박정희는 대전에서 5만 명을 모았고, 김대중은 부산에서 16만 명을 불러 모았다. 국민들이 흥분하기 시작했고, 선거 정국이 달아올랐다. 김대중은 "10년 세도 썩은 정치 못 살겠다 갈아보자"면서 정권 교체를 호소했다. 1956년 민주당의 선거 구호가 다시 등장한 것이다. 김대중은 이를 "논도 갈고 밭도 갈고 대통령도 갈아보자"고 변형함으로써 더 많은 호응을 받았다.

4월 18일 김대중의 서울 장충단 유세에는 30만 명이 넘는 시민들이 모였다. 그때까지 선거 역사에서 가장 많은 사람이 모인 것이다. 1956년 선거 당시 한강 백사장의 신익희 유세보다 많았다. 그때보다 서울 시민의 수가 배 이상 증가한 상태였기 때문에 단순 비교할 수는 없지만, 정권 교체를 바라는 국민의 염원을 보는 듯했다. 김대중은 이날 "지금 어느 나라에 가서 총통제를 연구 중이다. 이번에 정권 교체를 못 하면 영구 집권의 총통제가 실시되어 선거도 없을 것이라는 확실한 증거가 있다"고 주장했다. 그는 "나는 기필코 승리할 것입니다. 그리고 여러분은 나와 함께 승리할 것입니다. 오는 7월 1일 새로운 대통령 취임식에 청와대에서 만납시다"라며 연설을 끝냈다.

■ 서중석, 앞의 책, 160쪽.

박정희, 지역감정의 힘으로 대통령이 되다 •

야당 바람이 불어오자, 정부 여당은 관권과 금권을 총동원하고 지역감정을 불러일으키는 공작에 나섰다. 이효상은 "신라 천 년 만에 다시 나타난 박정희 후보를 뽑아서 경상도 정권을 세우자" "영남 지도자를 뽑지 않으면 우리 영남은 개밥에 도토리 신세가 된다"고 떠들면서 노골적으로 지역감정을 부추겼다. 대구에서는 호남향우회 명의로 '호남인이여 단결하라!'는 구호가 붙은 유인물이 대량 살포되었다. 이런 유인물은 경상도 전역에 뿌려졌다. 경상도 사람들의 지역감정을 부추기기 위한 중정의 흑색선전 공작이었다.

박정희도 4월 25일 장충단에서 유세를 했다. 김대중보다 적은 숫자가 모여서는 안 되기에 전국에서 버스로 사람들을 동원했다. 가마니를 깔고 자리도 마련했다. 〈동아일보〉에서는 김대중 때와 비슷하거나 그보다 약간 많다고 보도했을 정도다. 이날 박정희는 "한 번 더 뽑아주면 부정을 일소하겠다. 마지막이다. 나에게 한 번만 더 기회를 달라"고 호소했다. 박정희는 선거 전날(4월 26일) MBC 저녁 방송에서도 이 말을 했다. "정말 마지막 선거입니다. 나에게 마지막이 될 이번 선거에서 다시 한 번 신임해준다면 유능한 후계 인물을 육성하겠습니다." 결국 이 선거는 국민이 직접 선출하는 '마지막 대통령 선거'가 되었다."

■ 이영석, 앞의 책, 69쪽.
■ ■ 김충식, 앞의 책, 305~306쪽.

1971년 4월 27일 뚜껑을 열어보니 박정희가 634만 2828표(총 투표의 51.2퍼센트)를 얻어 539만 5900표(43.6퍼센트)를 획득한 김대중을 94만 6928표 차로 누르고 대통령에 당선되었다. 이는 표 자체로는 적지 않지만, 여러 가지 사정을 감안할 때 김대중이 대단히 선전한 것을 의미한다.

선거 결과 나타난 특징 가운데 가장 중요한 것은 심각한 지방색 노출과 표의 동서 편중 현상이다. 김대중은 전남과 전북에서 각각 58.4퍼센트와 58.8퍼센트를 얻은 반면, 박정희는 경남과 경북에서 각각 68.6퍼센트와 70.8퍼센트를 얻었다. 박정희는 경상도에서 158만 표를, 김대중은 전라도에서 62만 표를 더 얻었다. 경상도와 전라도에서 박정희와 김대중의 표 차는 95만 표가 넘었다. 서울에서는 김대중이 6대 4로 39만 표를 더 받았다. 망국적인 지역감정이 선거 결과를 결정지은 것이다.

돈과 중정의 힘으로 대통령이 되다 ●

여당의 선거 전략은 지역감정 조장, 관권과 금권을 조직적으로 동원하는 것이었다. 선거에서는 공공연히 금품이 살포되었다. 김충식의 《정치공작사령부 남산의 부장들 1》에 보면 김종필은 1971년 선거에서 600억 원을, 강창성은 700억 원을 썼다고 밝혔다고 한다. 1971년

■ 임영태, 앞의 책, 339-340쪽.

국가 예산이 5242억 원이었으니 국가 예산의 10퍼센트 이상을 선거 자금으로 썼다는 이야기다. 단순 비교하면 현재 우리나라 예산이 300조 규모(2013년 342조)이니 10퍼센트면 30조가 된다. 이는 상상할 수 없는 금액이다. 그때와 지금은 국가의 경제나 예산 규모가 차원이 다르고, 정치 또한 전혀 다른 방식으로 작동하기 때문에 단순 비교할 수 없지만 참고할 수는 있을 것이다. 그렇다면 600억, 700억이라는 어마어마한 돈은 어디에서 끌어모았을까?

엄청난 금품 살포와 관권 개입에도 서울에서는 김대중이 58퍼센트를 얻어 박정희(39퍼센트)를 압도했다. 박정희는 농촌 지역에서 58퍼센트를 얻어 1963년 50.8퍼센트, 1967년 52.2퍼센트에 비해 더욱 증가했다. 농촌 지역의 지지와 광범위하고 조직적인 관권 개입, 금권 살포에 힘입어 대통령에 당선된 것이다.

이 모든 과정을 총괄 지휘한 것은 중정부장 이후락이다. 박정희는 대통령 선거에 대비하기 위해 1970년 12월 21일 주일 대사로 있던 이후락을 중정부장으로 임명했다. 제갈조조로 불리며 박정희 시대의 실세 가운데 한 명으로 맹위를 떨친 인물이지만, 특히 1971년 대선에서 그 진가를 유감없이 발휘했다.

■ "바로 그해 공화당의 명목상 재산이 2억 8000만 원, 신민당이 4000만 원, 전경련의 정치자금 기탁액이 3000만 원(공화당 1600만 원, 신민당 1400만 원)뿐인 점을 감안하면 엄청난 자금 살포다." "당시 중정국장을 지낸 B씨의 얘기가 실감 난다. '언탄 1상 20원, 커피 50원, 정부미 80킬로그램 한 가마가 7000원, 입석 버스 요금이 15원 하던 시절에 600억 원을 썼다는 건 과연 문제다. 하지만 '집권 전쟁'에서 질 수 없다는 집권 세력이 있는 한 1971년이나 1987년이나 무제한 자금 살포전이 되는 건 정해진 이치다. 나라고 뭐고 눈이 뒤집혀 정권만 얻자는 식인데…….'" 김충식, 앞의 책, 296쪽.

박정희는 1971년 '중정과 지역감정의 힘'으로 대통령에 당선되었다고 할 수 있다. 이런 상황이니 박정희가 정상적으로 대통령직을 수행할 수 없었을 것이다. 뭔가 다른 대책이 필요했다. 그것이 '유신'이라는 영구 집권 체제임을 곧 알 수 있다. 1971년 대선은 한국 민주주의가 죽느냐 사느냐 하는 운명의 기로를 결정하는 선거였다. 박정희의 대선 승리 이후 한국 민주주의는 장송곡을 울리고 만다. 그것이 유신 체제다.

15

전태일 분신 사건

자신을 불살라
노동 운동의
진로를 밝히다

평범하게 태어났으나 역사의 인물이 되다 •

어떻게 살아야 제대로 사는 것일까? 사람은 누구나 이런 고민을 한다. 개인적으로 잘 먹고 잘 살면 그만일까, 아니면 역사에 이름을 남긴 사람들처럼 사회적이고 역사적으로 살아야 할까? 평범한 사람들은 대개 안온한 삶을 꿈꾸지만, 대부분 그렇게 살지 못한다. 평생 먹고사는 일조차 힘들어서 허덕이다가 끝나는 것이 보통 사람의 삶이다. 이런 사람들에게 사회적인 삶이나 역사적인 삶은 남의 나라 이야기처럼 들릴 수도 있다.

하지만 엄밀히 따져보면 처음부터 비범하게 살 운명을 타고난 사람은 많지 않다. 역사적 인물들도 충실히, 최선을 다해 살다 보니까 그런 사람이 된 경우가 대부분이다. 타고난 비범함이란 지극히 적은 부분에 지나지 않는다는 이야기다.

돈이 가장 큰 위력을 발휘하는 자본주의사회에서 부는 대물림된다. 특히 우리나라는 경영권마저 혈통에 따라 후계자에게 상속되기 때문에 당대 최고의 경제 권력을 행사하는 사람이라도 비범한 능력이 있다고 볼 수 없는 경우가 많다. 정치 분야는 상대적으로 능력에 따른 경쟁이 가능한 편이다.

그러나 엄밀히 말하면 정치권력도 대물림되는 것이 오늘날 현실이다. 권력 세습의 극명한 사례인 북한은 비교 대상이 될 수도 없으니 제외하더라도, 현재 세계 곳곳에서 이런 일이 일어나고 있다. 일본이나 중국은 우리보다 정치권력의 대물림 현상이 심하다. 우리나라도 이제는 이런 현상이 일반화되는 느낌이 든다. 박근혜 대통령을 비롯하여 많은 2세, 3세 정치인과 고위 관료들이 선대의 후광을 등에 업고 권력의 대를 이어가고 있다. 마치 조선 명문가의 권력 대물림 현상을 보는 느낌이다.

사람들이 자기 삶을 권력자에게 의존하면 사회적 발전은 오히려 왜곡될 수 있다. 아무리 뛰어난 사람도 권력자가 되는 순간 오만해지고, 초심을 잃어버리고 권력에 중독될 수 있다. 그래서 건전한 사회는 항상 권력자들을 감시하고 견제하는 대중의 힘이 필요하다. 그 힘은 '대중의 깨어 있는 의식'에서 나오는데, 대중의 깨어 있는 의식은 그냥 생기지 않는다. 때로는 선각자들이 필요하다. 광야에서 외치는 세례 요한이 필요한 경우도 있다. 우리는 이제 그런 선각자를 만나려 한다. 전태일이다. 그는 평범하게 태어났으나 비범하게 살다 간 인물이다. 전태일은 어떤 정치가나 경제 권력가보다 한국 사회에 큰 영향을 미쳤다.

"우리는 기계가 아니다" •

1970년 11월 13일 오후 1시 40분경, 청계천 평화시장 앞에서 한 노동자의 몸이 불길에 휩싸였다. 그는 불타는 몸으로 사람들이 서성거리는 국민은행 앞길로 뛰어나가서 외쳤다.

"근로기준법을 준수하라! 우리는 기계가 아니다! 일요일은 쉬게 하라!"

그는 몇 마디 구호를 짐승 소리처럼 외치다가 이내 자리에 쓰러졌다. 그의 마지막 말은 알아들을 수 없는 비명으로 바뀌었다. 그때 옆에 있던 동료 노동자가 《근로기준법》 책을 불길 속에 던졌다. 이렇게 해서 그들이 하고자 한 근로기준법 화형식이 끝났다.

사람들이 당황하여 우왕좌왕하는 사이 그의 쓰러진 몸 위로 불길이 약 3분간 타올랐고, 한 친구가 뛰어와 점퍼로 불을 껐을 때는 참혹한 모습이 되었다. 인간의 모습이 아니었다. 그런데도 그는 무어라고 외쳐댔다.

"내 죽음을 헛되이 하지 마라!"

주변에 있던 기자가 뛰어와 취재를 시작했으나, 그가 무슨 말을 하는지 알아들을 수 없었다. 잠시 후 그는 기절했다. 뒤이어 앰뷸런스가 왔고, 분신 노동자는 병원으로 실려 갔다. 이 소식을 들은 재단사와 노동자들이 몰려왔다. 2시 30분경, 그들은 미친 듯이 울부짖으며 시위를 벌였으나 곧 진압되었다. 경찰의 곤봉에 머리가 깨지고 구둣발에 짓밟혔으며, 개처럼 경찰서로 끌려갔다.

병원으로 옮겨진 분신 노동자는 위중했다. 그는 정신없이 달려온 어머니를 위로했다.

"어머니 담대하세요. 마음을 굳게 가지세요. 어머니, 우리 어머니는 나를 이해할 수 있지요? 나는 만인을 위해 죽습니다. 이 세상의 어두운 곳에서 버림 받은 목숨들, 불쌍한 근로자들을 위해 죽어가는 나에게 반드시 하나님의 은총이 있을 것입니다. 어머니, 걱정하지 마세요. 조금도 슬퍼하지 마세요. 두고두고 더 깊이 생각해보시면 어머니도 이 불효자식을 원망하지 않을 것입니다."

그는 근처 병원에서 응급처치를 받고 명동의 성모병원으로 옮겨졌으나, 밤 10시가 조금 지난 시각 끝내 운명하고 말았다.

15시간 노동과 열악한 근로조건 •

분신 노동자의 이름은 전태일. 스물두 살 재단사였다. 그는 왜 꽃다운 청춘을 불사르며 이 세상에서 사라져야 했을까?

전태일의 분신 사건을 알기 위해서는 당시 그가 일하던 청계천 5~6가의 평화시장(평화시장·동화시장·통일상가 건물로 구성되었으나 여기에서는 '평화시장'으로 통칭한다)의 근로조건을 이해해야 한다. 1970년 10월 7일 〈경향신문〉 사회면 톱으로 보도된 기사를 통해 살펴보자. '골방서 하루 16시간 노동'이라는 표제와 '소녀 등 2만여 명 혹사'

■ 《전태일 평전》(조영래 지음, 돌베개, 1995) 28~292쪽. 이하 전태일의 행적과 관련된 내용은 주로 이 책을 참고하여 정리했다.

‘거의 직업병…… 노동청 뒤늦게 고발키로’ ‘근로조건 영점…… 평화시장 피복 공장’ 이라는 부제 아래 실린 기사의 주요 내용은 다음과 같다.

나어린 여자들이 좁은 방에서 하루 최고 16시간 동안이나 고된 일을 하며 보잘것없는 보수를 받고 직업병까지 얻어 근로기준법을 무색케 하고 있다. 이들은 서울 시내 청계천 5~6가에 있는 평화시장 내 각종 기성복 가공업 공장에서 일하는 재봉사, 재단사, 조수 등 2만 7000여 명으로 노동청은 7일 실태 조사에 나서 근로기준법을 위반한 업체는 전부 고발키로 했다.

……평화시장 내의 피복 가공 공장은 400여 개나 되는데, 이들 작업장은 대부분 건평 2평에 재봉틀 등 기계와 함께 15명씩 한데 넣고 작업을 해 움직일 틈이 없을 정도로 비좁다. 더구나 작업장은 1층을 아래위 둘로 나눠 천장의 높이가 겨우 1.6미터밖에 안 돼 허리를 펼 수 없을 정도인데, 이와 같이 좁고 낮은 방에 작업을 위해 너무 밝은 조명(작업장은 전체적으로 어두침침하지만 바로 눈앞에 백열등을 켜는 직접조명을 했음)을 해 이들은 대부분 밝은 햇빛 아래서는 눈을 똑바로 뜰 수 없다고 노동청에 진정까지 해왔다.

이들에 따르면 이런 환경 속에 하루 13~16시간 고된 근무를 하고 있으며, 첫째·셋째 일요일을 제외하고는 휴일에도 작업장에 나와 일을 하고, 여성들이 받을 수 있는 생리휴가 등 특별 휴가는 생각조차 못 할 형편이라는 것이다. 특히 13세 정도의 어린 소녀들이 대부분인 조수는 4~5년 전부터 받던 월급 3000원을 현재까지 그대로 받고 있다. 이밖에도 이

들은 옷감에서 나는 먼지가 가득 찬 방 안에서 하루 종일 일해 폐결핵,
신경성 위장병까지 앓고 있어 성장기 소녀들의 건강이 크게 위협받는 실
정이다.˙

참혹한 노동 지옥의 현장, 동대문 평화시장 •

주5일 근무제(주당 40시간, 일부 44시간)가 정착된 지금은 이런 근로조
건을 이해하기 힘들 것이다. 주당 90시간 이상 일했으니 지금의 2배
가 넘는 장시간 노동이다. 게다가 연장 근로나 야간근로에 따른 특근
수당은 물론, 생리휴가와 주·월차, 18세 미만 아동노동에 대한 보
호 조치도 없었다. 이곳에서 일하는 재봉사 보조나 수습공은 13~14
세 소녀가 대부분이었다. 열악한 근로조건은 어린 여공들에게만 해
당되는 이야기가 아니었다.˙˙

작업장 조건은 신문에서 말한 것 외에도 심각한 내용이 많았다. 먼
지투성이 좁은 작업장에서 모여 있다 보니 2~3시간만 일해도 머리가
하얘지고, 점심시간에 도시락을 열고 한입만 먹어도 밥에 먼지가 뽀
얗게 앉는 것이 보일 지경이다. 좁은 작업장 구석에 쌓인 원단 더미
에서는 포르말린 냄새가 코를 찌른다. 온종일 몸 한 번 마음대로 움
직이지 못하고 장시간 노동에 시달리다 보면 틈날 때마다 잠잘 생각

■ 조영래, 앞의 책, 252~253쪽에서 재인용.
■■ 조영래, 앞의 책, 106쪽.

밖에 없고, 몇 달 동안 목욕 한 번 제대로 하지 못하다 보니 각종 피부병을 앓게 마련이다. 작업장 건물은 환기 시설이 없고, 통풍과 채광이 잘 안 되는 구조였다. 대다수 작업장은 삼면이 벽으로 막혔고, 출입구가 있는 한쪽만 복도와 통한다. 작업 환경이 가장 나쁜 다락방은 허리조차 제대로 펼 수 없는 상태였다.˙

1960년대 한국 경제는 저임금·장시간 노동을 기반으로 한 수출 산업 덕분에 기대 이상의 성과를 거두었다. 그 성과 이면에는 처참한 노동 현장이 있었다. 당시 평화시장의 노동환경은 산업혁명기 영국이나 프랑스, 독일과도 유사하다.˙˙

이런 실정이니 이곳에서 일하는 노동자의 건강 상태는 불 보듯 뻔했다. 전태일이 1970년 조사한 바에 따르면, 재단사 전원이 신경성 소화불량, 만성 위장병, 신경통 환자였고, 재봉사 90퍼센트가 신경통, 위장병, 신경성 소화불량, 폐병 2기 환자였다. "평화시장 종업원 중 경력 5년 이상 된 사람은 전부 환자로, 그들이 앓는 병은 신경성 위장병과 신경통, 류머티즘이 대부분"이다 보니 "평화시장 여공은 데려가도(결혼) 한 3년밖에 못 써먹는다"는 말이 유행했을 정도다.˙˙˙

■ 작업장에는 화장실과 세면대도 제대로 갖춰지지 않았다. 공중변소는 남녀 공동으로 사용했는데, 2000명이 넘는 인원이 변소 3개를 함께 사용했을 정도다. 작업장이 400여 개 있는 평화시장은 상수도가 3개뿐일 정도로 시설이 부족하고, 그나마 제한 급수를 해서 목욕이나 세면은 물론 물 마시기조차 힘든 때가 많았다. 조영래, 앞의 책, 109쪽.
■ ■ 1970년대 초반 한국의 모든 노동 현장이 평화시장 같지는 않았지만, 대부분 근로조건이 열악했다.
■ ■ ■ 조영래, 앞의 책, 110~111쪽.

평범한 삶을 꿈꾼 젊은이의 고뇌 •

전태일이 평화시장에 첫발을 디딘 것은 열여섯 살 때인 1964년 봄이
다. 두 차례 가출 경험을 비롯해 어린 나이에도 적지 않은 풍상을 겪
은 전태일은 보조로 평화시장에 발을 들였다. 처음에는 구두닦이나
우산 장사 따위를 병행하다가 1965년 가을 무렵 본격적으로 평화시
장 노동자가 되었다. 그는 보조로 시작해 재봉사가 되었고, 다시 재
단사가 되었다.˙

 전태일도 다른 사람들처럼 실력 있는 재단사가 되어 고생하는 어
머니(고 이소선 여사)를 편안하게 모시고, 동생들을 잘 보살피는 것이
목표였다. 하지만 평화시장의 참혹한 근로조건은 그를 고통과 번민
속으로 몰아넣었다. 인간에 대한 애정이 강한 그는 13~14세 여공들
이 처참한 노동환경에서 시들어가는 것을 보며 안타깝고 가슴 아팠
다. 그는 차비로 풀빵을 사서 배고픔에 시달리는 여공들에게 나눠주
고 세 시간씩 걸어서 퇴근했으며, 몸이 아파 힘들어하는 보조를 먼저
보내고 혼자서 일하다가 주인에게 밉보여 해고되기도 했다.

 전태일은 왜 이런 모순된 현실이 존재하는지 고민했지만, 답은 쉽
게 나오지 않았다. 그러던 중 해방 직후 전평˙˙ 노동자들의 파업 현장

■ 그의 눈물겹고 극적인 어린 시절의 행적은 조영래, 앞의 책, 33~87쪽 참고.
■■ 조선노동조합전국평의회의 약칭. 전평은 좌익계 노동자 조직으로, 해방 정국에서 노동
운동을 대표했다. 미군정 경찰의 탄압과 우익 반공 단체인 대한노총(대한노동조합총연합회)
의 공작, 지나친 정치 파업 중심의 투쟁 등으로 조직이 와해되기 시작했으며, 대한민국 정부
수립과 함께 좌익 불법 단체로 몰려 해체되고 말았다.

을 목격한 적이 있는 아버지와 대화하다가 '근로기준법'이라는 것이 존재한다는 사실을 알았다. 당시 근로기준법에는 하루 8시간, 주 48시간(주6일 근무) 노동이 보장되었고, 아동노동에 대한 보호 의무, 특근수당, 생리휴가와 주·월차 수당도 규정되었다. 그는 아버지와 대화하면서 노동자의 단결된 힘이 필요하며, 노동자의 조직인 노동조합이 법적으로 인정된다는 것도 알았다.

그러나 현실은 근로기준법과 달랐다. 전태일은 이런 법 규정이 있는데, 왜 이토록 힘들게 살아야 하는지 평화시장 노동자들이 바보 같았다. '바보회'는 전태일이 노동자의 조직을 생각하며 처음 만든 모임이다. 하지만 바보회는 그렇게 성공적이지 못했다. 현실의 벽은 여전히 높았다. 동료 노동자들의 의식은 발전이 없었고, 사업주와 주변 사람들은 그를 '이상한 인간' 취급했다.

전태일은 현실에 굴하지 않고 새로운 해법을 찾기 위해 부단히 노력했다. 거금 3000원을 주고 《축조 근로기준법 해설》(심태식 지음)을 사서 읽고 또 읽었다. 초등학교 4년 정규교육과 고등공민학교 1년밖에 배우지 못한 그에게는 인내와 끈기가 필요한 일이었다. 자신이 무엇을 어떻게 할지 과정도 계속되었다. 1969년 가을부터 1970년 봄 사이에 조영래가 '전태일 사상'으로 이름 짓고 싶어 한 내용들이 형성되기 시작했다. 그것은 '노동하고 사랑하고 투쟁하는 한 젊은이의 참으로 주체적이고 현실적이며 인간적인 사상'이다.

■ 조영래, 앞의 책, 191~198쪽.

220

삼동회를 조직하다 •

전태일은 1969년 10월경 평화시장을 떠나 한동안 막노동판과 수도원을 떠돌았다. 그사이 그는 세상을 바라보는 눈과 노동운동에 대한 생각을 확고히 정리했다. 1970년 9월, 전태일은 평화시장으로 돌아와 유명무실해진 바보회 대신 삼동회三棟會를 조직했다.

　삼동회는 먼저 평화시장 노동자들의 근로조건을 객관적으로 조사했다. 전태일과 삼동회는 설문지를 돌려서 모두 126매를 성공적으로 회수했다. 설문지를 바탕으로 노동자들의 요구 사항과 평화시장의 노동환경을 정리할 수 있었다. 그들은 이를 바탕으로 노동청에 낼 진정서를 작성하고, 10월 6일 노동청장 앞으로 '평화시장 피복 제품상 종업원 근로 개선 진정서'를 제출했다. 다음 날 서울 시내 각 석간신문에 평화시장의 열악한 노동환경을 보도하는 기사가 실렸다. 앞의 〈경향신문〉 보도 내용은 이렇게 해서 나온 것이다.

　신문 기사가 보도된 다음 날(10월 8일) 전태일을 비롯한 세 명은 삼동회를 대표하여 건의 사항 8개 항을 정리하여 평화시장주식회사 사무실에 갔다. 그러나 회사는 "진정 내용은 잘 알겠지만 지금 실정으로는 어렵다. 조금만 참고 기다려달라"고 했다. 당시는 1971년 대선을 7개월 정도 앞둔 상태에서 신민당의 김대중 후보가 박 정권의 국

■ '삼동'은 평화시장·동화시장·통일상가 건물을 가리킨다. 삼동회는 "연소 근로자를 보호하기 위한 대책을 강구하고, 근로조건 개선을 위해 공동으로 행동"하는 것을 목표로 했다. 바보회에서 한 단계 발전한 것이다. 삼동회는 바보회와 같은 '진정 단체'가 아니라 '투쟁 조직'이었다.

정 전반에 비판의 목소리를 높이던 시기다. 박정희 정권으로서는 여론에 신경 쓰지 않을 수 없었다.

평화시장의 열악한 노동환경이 신문에 보도되는 등 사회문제로 비화될 조짐이 보이자, 당국에서는 노동자 회유에 나섰다. 노동청 근로기준국장 임정삼은 삼동회 회원들에게 "너희가 직업도 없이 깡패처럼 돌아다녀서 진정 사항을 들어줄 수 없다. 그러니 취직을 하면 일주일 내로 다 개선해주겠다"고 했다. 이에 회원들은 모두 취직을 했다. 전태일은 재단사지만 한 급 아래인 보조로 취직하면서까지 그의 요구를 들어주었다. 그러나 근로감독관은 "진정 내용을 실현하기 위해 노력했으나 현실적으로 도저히 불가능하다"며 발뺌했다.

인간 선언과 함께 불꽃 속에서 산화하다 •

전태일은 "말로 해서는 해결이 안 되니 노동청의 국정감사가 예정된 10월 20일 노동청 앞에서 데모를 하자"고 제의했고, 회원들도 동의했다. 이를 안 근로감독관이 전태일을 찾아왔고, 그는 "내 권한을 최대한 발휘하여 다 해결해줄 테니 며칠만 기다려달라"고 애원했다. 전태일과 삼동회는 10·20 데모를 보류했으나, 근로감독관은 국정감사가 끝나자 "그 요구 조건은 애당초 도저히 실현이 불가능하니까 그만 포기하라"고 종용했다.

■ 조영래, 앞의 책, 260쪽.

전태일과 삼동회는 다시 10월 24일 오후 1시 평화시장 국민은행 앞길에서 데모하기로 결정했으나, 경찰과 업주들의 방해로 무산되었다. 전태일은 심각한 결심을 한다. 그는 자신을 희생해서라도 이 부조리한 현실을 알려야겠다고 마음먹었다.

1970년 11월 13일, 예정된 시간을 앞두고 시위 현장인 국민은행 사거리 앞에는 경찰과 근로감독관, 회사 경비가 총동원되어 삼엄하게 감시했다. 1시 30분경 동료들을 먼저 보낸 전태일은 자기 몸에 석유를 끼얹었다. 10분 뒤 시위 현장으로 온 전태일의 몸에 불이 붙었다. 그는 죽어가면서 "근로기준법을 지켜라! 우리는 기계가 아니다!"라고 외쳤다. 정말이지 처절한 인간 선언이 아닐 수 없다. 그는 '노동자도 인간이다'라는 선언과 함께 불꽃 속에서 산화했다.

전태일의 죽음은 한국 현대사에 큰 사회적 충격을 던진 사건 가운데 하나다. 그의 죽음은 1970년대 민주 노동운동의 새 출발점이 되었다. 1970년대 한국 노동운동은 전태일의 죽음으로 시작해서 김경숙의 죽음으로 마무리될 만큼 처절했다. 그의 죽음은 척박한 한국 노동운동에 새싹을 틔우는 밀알이 되었다. 한국 노동운동은 그의 죽음으로 새로운 역사의 지평을 열었다.

전태일의 죽음은 빈민 운동, 농민운동, 학생운동, 재야 운동 등 민중·민주 운동의 발전에도 큰 영향을 미쳤다. 그의 죽음은 지식인과 재야인사들에게 각성의 계기를 제공했다. 그가 죽은 뒤 많은 종교인과 지식인, 학생들이 노동운동을 비롯한 민중운동에 관심을 기울였

■ 임영태, 앞의 책, 372쪽.

으며, 이는 민주화 운동의 폭이 넓어지고 깊어지는 계기가 되었다.

1960년대 경제 발전 과정에서 노동자는 생산의 주역이었으나, 그에 걸맞은 대접을 받지 못하고 하인처럼 취급되었다. 전태일의 투쟁과 죽음은 노동자 자신이 이 세상의 주인으로 대접받을 권리가 있다는 인간 선언이자, 노동자가 역사의 주인으로 당당히 나서고자 하는 주체적 인간 선언이었다.

'다르지만 같은' 삶, 조영래와 전태일 •

전태일의 삶이 널리 알려진 데는 조영래의 역할이 컸다. 그는 서울대 법대 재학 중 한일회담 반대, 삼성 재벌 밀수 규탄, 6·8 부정선거 규탄, 삼선 개헌 반대, 공명선거 쟁취 투쟁 등 학생운동을 주도했다. 조영래는 1971년 서울대 내란 음모 사건으로 구속되어 1년 6개월 실형을 선고받았으며, 민청학련 사건으로 1974년부터 6년간 수배 상태에 있었다. 1971년 사법시험에 합격했으나 1983년에야 변호사가 된 것도 이 때문이다.

수배자 조영래는 1970년대 지하 골방에서 숨죽이며 대학 노트에 깨알 같은 글씨로 전태일의 삶을 복원했다. 그가 쓴 전태일의 삶과 투쟁은 복사물 상태로 청계피복노조를 비롯한 민주 노조 운동가들이

■ 조영래에 대해서는 《진실을 영원히 감옥에 가두어둘 수는 없습니다》(조영래 변호사 추모를 위한 모임 엮음, 창작과비평사, 1991); 《조영래 평전》(안경환 지음, 강, 2006)을 참고할 수 있다.

돌려서 읽다가, 1983년 돌베개에서 '전태일기념관건립위원회 엮음'으로 《어느 청년 노동자의 삶과 죽음》을 출간하며 세상에 알려졌다. 이 책은 5공 정권에 의해 곧바로 판금 조치되었지만, 1980년대 내내 학생과 노동자 등 수많은 사람들에게 읽히는 베스트셀러가 되었다. 1991년 조영래의 이름이 찍힌 개정판 《전태일 평전》이 출간되었지만, 그는 이 세상 사람이 아니었다.

1980년대 망원동 수재 사건, 부천서 성고문 사건 등을 맡아 한국 인권 변호의 새 장을 열며 사회 개혁가로서, 인권 변호사로서 맹활약하던 그는 1990년 12월 폐암으로 사망했다. 조영래는 마흔셋 젊은 나이에 떠났지만, 그가 사회에 남긴 영향은 전태일 못지않다.

《전태일 평전》은 청년 전태일의 삶과 투쟁을 사실적으로 기록·정리한 연대기이자, 불꽃 같은 삶과 죽음을 통해 '인간답게 산다는 것이 무엇인지 보여주는 영감의 기록'이다. 전태일의 사상을 조영래의 사상과 감정으로 녹여낸 감동의 드라마이기도 하다. 조영래는 전태일과 하나가 되기 위해 부단히 고민하고 노력했으며, 결국 그렇게 되었다.˙ 조

■ 전태일과 조영래의 삶은 영화로도 만들어졌다. 박광수 감독이 1995년 제작한 〈아름다운 청년 전태일〉은 배우 홍경인이 전태일로, 문성근이 법대 졸업생 김영수(조영래가 모델)로 나온다. 김영수는 수배를 받는 운동권 인물이다. 그는 청계천 평화시장의 노동자 전태일이 분신자살한 사건 이후 그의 삶에 관심을 기울인다. 전태일의 어머니를 찾아가 그의 일기장을 받고, 주변 사람들의 증언을 취재하며 불꽃같이 짧은 삶과 죽음을 되살리려고 애쓴다. 그 작업은 암울한 시대 상황에서 김영수에게 삶의 의미를 주는 유일한 일이다. 김영수는 한 노동자의 투쟁이 역사와 가까워질수록 죽음이라는 결단을 요구받은 것처럼 자신의 삶도 자기희생의 통과제의를 거쳐야 한다는 사실을 깨닫는다. 그는 고통 속에서 작업을 완수하고 비로소 '아름다운 청년 전태일'과 하나가 됨을 느낀다. 영화는 세월이 흘러 사람들이 합법적으로 출판된 《전태일 평전》을 자유롭게 들고 다니면서 읽는 것으로 막을 내린다. 전태일은 영화를 통해 '아름다운 청년'으로 다시 태어났다.

영래의 노력이 있었기에 전태일의 삶과 투쟁, 그 속에 담긴 아름다운 사상이 우리에게 고스란히 전해질 수 있었다. 그것은 민주 노동운동과 인권의 불꽃을 피우는 불씨가 되었다.

많은 사람들이 조영래의 글을 넘어서는 《전태일 평전》은 나오기 쉽지 않을 것이라고 말한다. 전태일이 산 기간이 짧고 그 기록이 부족하기도 하지만, 조영래의 글이 절박한 시대 상황의 칼날 아래 쓰였으면서도 인간에 대한 원초적 사랑의 감정을 절절히 녹여냈기 때문이 아닐까 싶다. 조영래의 글에서는 살아 있는 인간미가 느껴진다. 그런 점에서 전태일의 삶과 투쟁, 인간에 대한 사랑을 널리 알리는 일은 평전이나 전기보다 드라마나 문학작품이 훨씬 호소력 있게 다가올 수 있을 것이다. 전태일의 삶과 투쟁에는 극적인 요소와 인간의 감정을 자극하는 요소가 많다.

16

남과 북,
통일의 원칙을 찾아내다

전후 미국의 세계 전략은 공산권 봉쇄정책 •

2차 세계대전 이후 세계 질서를 한마디로 표현할 수 있는 냉전 체제는 한반도와 깊은 관계가 있다. 전후 미국과 소련이 대립함에 따라 냉전 체제가 구축되면서 한반도의 분단은 기정사실로 굳어졌고, 마침내 전쟁으로 비화·발전했다. 한국전쟁은 국제 냉전 체제를 확고하게 만들었다. 전후 미국의 세계 전략은 공산권 봉쇄정책으로 나타났다. 미국은 한반도의 분할 점령과 독립을 위해 협의하는 과정에서 소련과 끊임없이 대립했고, 소련 봉쇄정책이 확실하게 구축되었다. 아시아에서 미국의 봉쇄정책은 1949년 중국의 공산화와 이듬해 발발한 한국전쟁으로 더욱 공고해졌다.

미국의 봉쇄정책은 기본적으로 두 가지 전제 아래 진행되었다. 첫째, 세계 도처에서 자유 진영을 위협하는 공산주의 운동은 소련이 팽창주의적 대외 정책을 편 결과이며, 소련과 중국으로 대표되는 사회주의 · 공산주의 진영은 군사동맹에 기초한 블록을 형성한다는 것이다. 둘째, 어느 지역의 한 국가가 공산화된다면 주변의 다른 나라도 연속적으로 공산화된다는 '도미노이론'에 기초한 것이다.[*]

미국은 이런 가정 아래 소련과 중국이라는 양대 공산 세력을 포위하기 위한 세계적 동맹 체제를 구축하고, 공산권 봉쇄정책을 폈다. 이를 위해 미국은 북대서양조약기구NATO, 중앙조약기구CENTO, 동남아시아조약기구SEATO 같은 집단방위 조약 기구를 창설하고 한국, 일본, 대만(타이완), 필리핀 등 동아시아 국가들과 개별적으로 상호 공동 방위조약을 체결했다. 미국은 이들 국가에 막대한 군사 · 경제적 원조를 제공했다.

1950년대와 1960년대 인도네시아와 미얀마를 제외한 동아시아 지역 비공산권 국가들의 안전보장은 미국의 경제적 지원과 강력한 안보 공약에 거의 전적으로 의존하고 있었다고 해도 과언이 아니다. 미국이 국내의 격렬한 반전운동과 심각한 국론 분열에도 베트남전쟁에 대규모 군사 개입을 감행한 이유는 이 지역과 세계의 모든 동맹국에게 안보 공약에 대한 신뢰성을 보여주기 위해서다. 그런 점에서 베트남을 비롯한 인도차이나전쟁은 미국의 공산권 봉쇄정책이 성공할 수 있는지 가늠하는 시험장이나 마찬가지였다.[**]

■ 배긍찬, 〈1970년대 전반기의 국제 환경 변화와 남북 관계〉,《1970년대 전반기의 정치사회 변동 : 한국 현대사의 재인식 12》(한국정신문화연구원 엮음, 백산서당, 1999) 13쪽.
■■ 배긍찬, 위의 글, 13쪽.

미국, '닉슨독트린'을 발표하다 •

그러나 1960년대 말 닉슨독트린Nixon Doctrine이 발표되면서 미국의 세계 전략에 중대한 변화가 일어난다. 닉슨Richard Milhous Nixon 대통령은 1969년 7월 25일 괌에서 새로운 외교정책을 발표하고, 1970년 2월 국회에 보낸 외교교서를 통해 닉슨독트린을 세계에 공식 선포했다. 닉슨독트린은 괌Guam에서 처음 발표되어 '괌독트린'이라고도 하는데, 주된 내용은 다음과 같다.

첫째, 미국은 모든 안보 공약을 준수할 것이다.

둘째, 미국은 동맹국이나 미국의 안보에 극히 중요한 국가가 핵 위협을 받을 경우, 이들을 핵 위협에서 보호할 것이다.

셋째, 미국은 핵 위협 이외의 외부 공격에 대하여 동맹국이 요청하면 안보 공약에 의거해 그들에게 군사·경제적 원조를 제공할 것이나, 동맹국은 자국의 방위에 일차적 책임을 져야 한다.

닉슨독트린은 전후 미국의 세계 전략에 일대 전환을 시도한 것이며, 미국의 군사·안보적 보호 아래 있던 동맹국들에게도 사고 전환을 촉구했다. 닉슨독트린이 발표된 배경에는 인도차이나전쟁 개입에 대한 미국 내의 격렬한 반대 여론과 베트남전쟁에서 명백해진 군사적 패배가 있다. 보다 근본적으로는 강대국을 중심으로 한 국제정치

■ 《한국 현대사 강의》(김인걸 외 편저, 돌베개, 1998) 311~313쪽.

의 세력 관계에 구조적 변화가 일어나면서 미소 양극적 냉전 체제가 다극 체제로 전환하고 있었다는 점이다.[*]

세계 질서를 다극 체제로 이끈 요인은 먼저 사회주의권 내부에서 발생했다. 1950년대 말부터 시작된 중소 분쟁은 1960년대 후반 국경 무력 충돌로 발전했고, 소련과 중국으로 대표되는 사회주의권이 심각한 분열 양상을 띠었다. 이 시점에서 중국이 소련을 주적으로 간주함에 따라, 적의 적인 미국과 제한된 수준이나마 전략적 화해를 추구했다.

다음으로는 소련이 1960년대 말경부터 전략핵무기 수준에서 미국과 거의 대등해짐으로써 심리적 열등감을 극복했다. 마지막으로는 전후 급속한 경제성장을 바탕으로 일본과 독일의 경제력이 커지면서 엔화와 마르크화가 강세를 띠었다. 반면 미국의 경제력이 상대적으로 약해져 달러화의 약세가 드러나고, 기축통화의 지위가 흔들렸다.

이는 미국의 세계 패권이 흔들리는 상황을 의미했다. 미국은 상황 변화에 대응하기 위해 새로운 전략을 시도한다. 닉슨독트린이 겨냥한 것은 아시아, 특히 중국이다. 미국은 중소국경분쟁을 이용하여 중국과 긴장을 완화하는 동시에 소련을 봉쇄하고, 군사적 승리를 장담하기 힘든 베트남전쟁에서 발을 뺄 수 있는 외교적 전환을 모색한 것이다.[**] 그렇게 해서 나온 것이 닉슨독트린이다.

■ 이상우, 앞의 책, 226~228쪽.
■ ■ 배긍찬, 앞의 글, 15쪽.

아시아 각국의 위기의식 •

닉슨독트린에는 미국이 중국과 긴장 완화를 추구함에 따라 아시아 각국은 자국의 방위를 책임져야 한다는 내용도 포함되었다. 이는 베트남에서 군대를 철수하고 아시아 각국에 미국이 개입하는 수준을 낮춤으로써 미국의 책임을 줄여가겠다는 의미다. 물론 미국이 공산권 봉쇄정책과 이 지역 우방국에 대한 안보 공약을 포기하겠다는 것은 아니다. 일본은 경제력을 기반으로 자체 방위 능력을 높이도록 하며, 다른 아시아 국가들은 전면적인 안보 공약을 제한적인 안보 공약으로 바꿔가려 한 것이 미국의 의도다.˙ 그러나 동아시아 각국에는 미국이 아시아 전체를 포기하고 떠날 것이라는 위기감이 고조되었다. 미국 내 일부가 우려한 것처럼 베트남 미군 철수를 이 지역 전체에서 미군 전면 철수의 전조로 받아들이기 시작했다.˙˙

미국과 중국은 닉슨독트린 발표와 더불어 국교 수립을 향해 나아갔다. 이런 일들은 '핑퐁외교'로 불리는 민간 교류와 함께 닉슨이 중국을 방문하면서 현실로 나타났다. 이는 과거 냉전 질서에서는 상상할 수 없는 일이었다.˙˙˙ 동시에 아시아 여러 약소국들은 이 지역의 장래가 미국과 중국의 이해관계에 따라 결정되지 않을까 의구심이

■ 배긍찬, 앞의 글, 15쪽.
■ ■ 배긍찬, 앞의 글, 24쪽.
■ ■ ■ 《한국 현대사 산책—1970년대편 1 : 평화시장에서 궁정동까지》(강준만 지음, 인물과사상사, 2002) 208쪽. 〈워싱턴포스트〉는 1970년 7월 16일 중공이 닉슨을 초청한 사실을 발표한 것을 보고 다음과 같이 표현했다. "닉슨 대통령이 달나라에 가겠다고 발표했다 한들, 키신저

들었다.

미군 원조의 감축과 더불어 베트남전쟁 양상이 날로 악화되자, 아시아 국가들의 위기의식은 심각한 수준에 이르렀다. 이런 위기의식을 바탕으로 아시아 각국에서는 군부의 정치 개입이 나타나고, 권위주의적 독재 정권이 들어서기 시작했다. 1970년 캄보디아 론놀Lón Nol 군사정권의 쿠데타와 권력 장악, 1971년 11월 태국 군사정권의 쿠데타와 계엄령 선포, 같은 시기 남베트남 응우옌반티에우Nguyen van Thieu 정권의 사회통제 강화, 같은 해 인도네시아 수하르토Suharto 정권의 권력 기반 강화, 1972년 9월 필리핀 마르코스 정권의 친위 쿠데타, 같은 해 10월 한국 박정희 정권의 유신 쿠데타 등이 일어났다.••••

남북 정권의 이해관계가 일치하다 •

닉슨독트린이 아시아 각국에 준 충격은 생각보다 컸다. 정치 지도자들은 이 상황을 이용하여 장기 독재의 길로 나아갔다. 이들의 반응이 과도하기는 했지만, 근거가 없는 것은 아니었다. 그만큼 미국이 감당해온 역할이 막대했기 때문이다. 특히 전쟁과 분단이라는 극단적인

(Henry Alfred Kissinger)가 중공을 극비리에 방문하여 닉슨 대통령의 중공 방문을 주선했다는 발표만큼 전 세계를 놀라게 하지 못했으리라. 미국인들에게는 개인적으로나 정치적으로나 가장 발을 들여놓기 어렵던 중국 대륙이 미국 탁구 선수들뿐만 아니라, 이제 열렬한 반공주의자인 미국 대통령에게까지 문호를 열었다는 점에서 실로 엄청난 뉴스였다."
■■■■ 배긍찬, 앞의 글, 17쪽.

조건에 있는 한국의 위기의식은 다른 나라보다 컸다.

닉슨독트린은 주한 미군을 포함한 아시아 각국에 주둔하던 미군을 감축함으로써 직접적인 군사 개입을 자제하겠다는 것이었다. 베트남과 한국 등이 군사력을 증대함으로써 자국의 방위를 스스로 책임지고, 미군은 철수하거나 감축한다는 의사를 표명한 것이다. 미국은 베트남에서 지상군을 철수하고, 한국에서 주한 미군을 감축하기로 결정했다. 닉슨독트린에 따라 1971년 3월 7사단이 철군했고, 주한 미군 병력은 1969년 5만 2580명에서 3만 3250명으로 줄었다.

국방과 안보를 미국의 군사적 지원과 주한 미군에 전적으로 의존하다시피 하던 한국에 닉슨독트린이 준 충격은 엄청났다. 한국은 미국의 새로운 아시아 정책이 강대국의 이해관계에 따라 약소국을 내팽개친 것이라고 이해했다. 한국 정부는 주한 미군 감축 결정과 실행에 강한 우려를 표명했지만, 되돌릴 방안은 없었다.

박정희 정권은 이에 대처하기 위해 군사력 증강과 자주국방 노선을 추구하는 한편, 남북 관계 개선과 남북대화를 추진했다. 이 과정에서 7·4남북공동성명이 나왔다. 7·4남북공동성명은 닉슨독트린, 미국과 중국, 중국과 일본의 관계 개선이라는 국제적 여건 변화가 남북 관계에 직접적으로 영향을 미친 결과라고 할 수 있다.

미국과 중국의 수교는 김일성 정권에게도 충격적인 일이었다. 한국전쟁에서 순망치한의 북한을 지원하기 위해 파병, 미국과 국운을 걸고 일전을 벌인 중국이 철천지원수 미 제국주의와 하루아침에 손

■ 배긍찬, 앞의 글, 22쪽

잡는 것을 보면서 김일성 또한 심각한 위기의식이 들 수밖에 없었다.

　급격한 국제 관계 변화 속에 남북 정권의 이해관계가 맞아떨어지면서 남북대화가 시작되었고, 7·4남북공동성명이라는 결실로 이어졌다. 7·4남북공동성명은 국제 정세의 변화를 수용하는 과정에서 수동적으로 시작된 남북대화가 진전을 보여 민족문제 해결을 위한 기본 원칙 합의를 도출했다는 점에서 의미 있는 사건이었다.

"실은 평양에 다녀왔습니다" •

1972년 7월 4일 오전 10시, 이후락 중앙정보부장이 내외신 기자회견을 열었다. 그는 이 자리에서 "실은 평양에 다녀왔다"고 운을 뗀 다음, 남북대화의 진전과 함께 공동성명을 발표했다. 공동성명은 서울과 평양에서 동시에 발표되었다. 7·4남북공동성명이 나오기 위해서는 사전 작업이 필요했다. 이후락 중정부장은 1972년 5월 2일부터 5일간 평양을 방문, 김영주 노동당 조직지도부장과 회담하고 김일성과 면담했다. 또 김영주 노동당 조직지도부장을 대리해 박성철 부수상이 5월 29일부터 6월 1일까지 서울을 방문, 이후락 부장과 두 차례 회담하고 박정희 대통령과도 면담했다. 그 결과를 바탕으로 남북은 다음 사항에 합의했다.

■ 《북한 50년사》(김학준 지음, 동아일보사, 1995) 390~391쪽; 강준만, 앞의 책, 225쪽.

1. 남과 북은 첫째 외세 의존과 간섭을 배제하고 자주적으로 해결하며, 둘째 통일은 무력이 아닌 평화적 방법으로 하며, 셋째 사상과 이념, 제도의 차이를 넘어 하나의 민족으로 민족 대단결을 도모한다.

2. 남과 북은 상호 비방을 중지하며, 군사적 충돌을 방지하기 위해 적극적 조치를 취한다.

3. 남과 북은 다방면에 걸친 제반 교류를 실시한다.

4. 남과 북은 남북적십자회담 성사를 위해 적극 협조한다.

5. 남과 북은 남북의 문제를 처리하기 위해 서울과 평양에 상설 직통전화를 가설한다.

6. 남과 북은 이후락 부장과 김영주 부장을 공동위원장으로 하는 남북조절위원회를 구성한다.

7. 남과 북은 이 합의 사항을 성실히 이행할 것을 민족 앞에 엄숙히 약속한다.

공동성명을 위한 남북의 막후 비밀 접촉 •

7 · 4남북공동성명을 낳은 남북한의 막후 접촉은 1971년에 시작되었다. 남한이 제의하고 북한이 이를 수용함으로써 8월 20일부터 남북적십자 예비회담이 열렸는데, 적십자사 실무 대표들이 이후락 중정부장과 김영주 조직지도부장의 신임장을 가지고 비밀리에 접촉했다.

■ 배긍찬, 앞의 글, 34쪽.

1971년 11월 20일 한국적십자사 정홍진 대표와 북한적십자사 김덕현이 대화를 시작했고, 이듬해 3월 22일까지 11회에 걸쳐 논의를 계속했다. 양측은 실무 접촉을 통해 정치적 대화를 위한 이후락과 김영주의 회담에 합의했다.˙

7·4남북공동성명은 남북한이 정부 수립 이후 처음 공식적인(비밀리에 진행되기는 했지만) 대화를 시작했다는 점에서 획기적인 사건이었다. 비록 대화가 시작된 것은 국제 정세 변화라는 외부적 요인의 영향이 컸지만, 대화를 진행한 것은 내부적 힘이었다. 7·4남북공동성명은 남북이 대화 진행 과정에서 민족 내부의 의견을 모아 통일의 기본 원칙에 합의했다는 점에서 더욱 중요한 의미가 있다.

그러나 남북 정권은 대화를 시작한 이유와 목적이 달랐기 때문에 성과를 내기 어려웠고, 대화는 오래가지 못했다. 남한은 변하는 국제 정세 속에서 남한의 정치적 안정을 도모하기 위해 남북대화가 필요했고, 북한은 자주와 평화, 민족 대단결이라는 원칙을 바탕으로 미군 철수 등을 요구할 수 있다고 판단했다.

■ 배긍찬, 앞의 글, 36쪽. 박정희 대통령에게서 남북 정치적 대화를 추진하도록 임무를 부여받은 이후락 중정부장은 김일성의 친동생이며 북한의 정치 실세인 노동당 조직지도부장을 대화 상대로 지목했고, 북한 측도 동의하면서 대화의 문이 열렸다. 처음 남한은 이후락과 김영주의 양자 대화 장소로 제네바(Geneva)나 파리(Paris) 등 제삼국을 제안했으나, 북한은 이후락 부장이 평양을 방문해주기 바랐다. 결국 남북은 서울과 평양을 교환 방문하되, 이후락 부장이 먼저 평양을 방문하기로 합의했다. 이후락과 김영주의 교환 방문에 앞서 정홍진이 1972년 3월 28~31일 평양을, 김덕현이 4월 19~21일 서울을 비밀리에 방문하여 준비를 끝냈다. 남북은 이·김 교환 방문 시 서울과 평양의 통신 연락을 위해 이후락 중정부장실과 김영주 조직지도부장실을 연결하는 직통전화를 가설·운영하기로 하고, 4월 29일 직통전화를 개설했다. 그 뒤 이후락 중정부장의 평양 방문과 김영주 조직지도부장을 대신한 박성철 부수상(김영주는 건강이 좋지 않아 그 뒤에도 활동하지 못함)의 서울 방문이 있었다.

7·4남북공동성명이 발표되자 바로 문제가 불거졌다. 당장 남쪽에서 3대 원칙 가운데 자주를 문제 삼았다. 북한은 성명 발표 뒤 주한 미군을 외세로 규정하면서 "우리 민족이 신념에 따라 민족 내부 문제를 해결하는 이상 미국은 우리나라 내정에 간섭하지 말고 물러가야 한다"고 주장한 반면, 서울에서 회견한 이후락 부장은 기자의 질문에 "유엔은 외세가 아니므로 유엔 감시 아래 남북한 토착 인구 비례에 따른 총선거라는 대한민국의 기본적 통일 방안에 변화를 가져오는 것은 아니다"라고 주장했다.

적대적 의존관계로 유지된 남북 관계 •

7·4남북공동성명에서 천명한 3대 원칙은 김일성이 제시한 것인데, 이후락이 서울과 상의하지 않고 받아들여 두고두고 논란이 되었다. 외무장관을 지낸 이동원의 증언에 따르면 박정희는 "이북이 얘기하는 '자주'는 미국한테 나가라는 소리 아닌가. 아무래도 이후락이 이북에 가서 놀림 당하고 온 것 같아"라며 이후락이 북한의 주장을 그대로 받아들인 것을 불쾌하게 생각했다고 한다.

그럼에도 박정희는 이를 승인했고, 공식 발표하기에 이르렀다. 거기에는 정치적 이유와 계산이 있었다. 7·4남북공동성명이 발표되

■ 〈7·4남북공동성명〉, 《한국 현대사 이야기 주머니 2》(한국정치연구회 지음, 녹두, 1993) 284쪽.

자 미 국무성은 30분 후 즉각 환영 성명을 발표했다. 미국은 중국과
화해 무드가 조성되는 상황에서 남과 북에 말썽이 나지 않고 부드러
운 관계가 유지되기를 바랐다. 남북대화는 미국의 제의 때문에 박정
희가 먼저 제의했다는 주장도 있다.[*] 다음으로 박정희 입장에서는 북
한 김일성의 유일사상을 보면서 남한에서도 그에 버금가는 정치체제
를 구축할 필요성을 느꼈다. 그런 점에서 남북대화는 유신 쿠데타를
감행하는 한 가지 이유가 될 수 있었다. 박정희는 10월 17일 유신을
선포하는 특별 선언에서 국제 정세 변화와 남북대화를 주요 이유로
든다.

> 역사적 사명에 충실하기 위해 부득이 정상적 방법이 아닌 비상조치로 남
> 북대화의 적극적인 전개와 주변 정세의 급변하는 사태에 대처하기 위한
> 우리 실정에 가장 걸맞은 체제 개혁을 단행해야겠다.

박정희는 남북대화를 추진하는 시점에 유신 체제를 준비하고 있었
다. 이후락이 평양을 방문한 1972년 5월, 중정이 유신 체제를 위한
구체적인 작업을 진행했다. 그렇다면 북한은 이 시점에서 남한의 움
직임을 몰랐을까, 알고도 묵인했을까? 그 답은 정확히 말할 수 없지
만, 북한이 이 사실을 전혀 몰랐다고 보기는 어려울 것이다. 무엇보
다도 남한에서 유신 체제가 성립된 직후 북한 역시 사회주의 신헌법

■ 신준영, 〈김일성은 10월 유신을 알고 있었다〉, 《월간 말》(1997년 7월호) 101~104쪽; 강준만,
앞의 책, 214쪽.

을 제정·선포했는데, 이는 김일성 주체사상과 유일 체제를 헌법적
으로 뒷받침하는 것이었다.

북한의 유일 체제와 남한의 유신 체제는 여러 가지 면에서 닮은 점
이 있다. 김일성과 박정희라는 절대 권력자의 1인 지배 체제를 헌법
이라는 최고의 법체계로 뒷받침한다는 점이 가장 유사하다. 분단 상
황에서 남북한 정권은 '적대적 의존관계'라고 할 수 있다. 남북은 휴
전선 너머에 적대적인 정권이 존재하기 때문에 각자 정권을 유지하
는 데 도움이 되었다. 정치적 반대 세력을 탄압하고 정권 안보를 지
키는 데 마주 보는 적대 세력만큼 좋은 무기는 없다. 이것이 한국 현
대사 비극의 출발점이다. 우리는 7·4남북공동성명과 남한의 유신
체제, 북한의 사회주의 헌법에서도 이 사실을 확인할 수 있다.

■ 임영태, 앞의 책, 462쪽.

17

유신 체제

민주주의의
장송곡이 울려 퍼지다

유신 체제, 대선 이전부터 준비되다 •

박정희는 유신 체제를 언제부터 구상했는가? 김대중은 1971년 4월 18일 장충단 유세에서 "지금 어느 나라에 가서 총통제를 연구 중이다. 이번에 정권 교체를 못 하면 총통제가 실시되어 선거가 없을 것이라는 확실한 증거가 있다"고 말했다. 그 일주일 전쯤인 4월 12일 서울대 법대 학장과 총장을 지낸 형법학자 유기천은 '형법총론' 강의실에서 학생들에게 "얼마 전 자유중국(타이완)에 갔다가 자유중국 고위층에게 한국에서 자유중국의 총통제를 연구하러 온 사람이 있다는 말을 듣고 경악했다"고 이야기했다.˙˙

성공회대 한홍구 교수는 국정원 진실위 활동 시절 자신이 찾아낸

■ 서중석, 앞의 책, 162쪽.
■ ■ 한홍구, 〈한홍구의 유신과 오늘―③ 공작명 '풍년사업'〉(http://blog.daum.net/gangseo/17966505)

보고서에 따르면, 일반적으로 알려진 1972년 5월보다 훨씬 빠른 1971년 4월 '풍년사업'이 진행 중인 증거를 보았다고 말한다. 풍년사업의 전모를 보여주지는 않지만, 사업의 일환으로 일본에서 재일 교포를 대상으로 한 공작 내용이 담겨 있었다는 것이다.[*] 결국 박정희가 유신 체제를 구상한 것은 대만(타이완)의 총통제 연구를 위해 대학 교수를 대만으로 파견한 데서 시작되었는데, 그 시점은 최소한 7대 대선 기간인 1971년 4월이나 그전이라는 이야기다.

풍년사업, 밀실 작업 6개월 만에 빛을 보다 •

유신헌법의 골격을 짜기 위한 구체적인 작업이 진행되는 것은 국가비상사태 선포가 있고 5개월 뒤다. 1972년 5월 중정부장 이후락의 지시에 따라 판단기획국 부국장을 팀장으로 하는 비밀공작팀 다섯 명(한 명은 필경사)이 중정 궁정동 안가에 자리를 잡았다. 공작팀은 입법·사법·행정 삼권을 박정희 1인에게 집중시키는 유신헌법 초안을 마련하는 한편, 개헌 방법과 발표 시기, 발표 방법 등 유신 마스터플랜을 마련했다. 여기에는 김정렴 비서실장과 이후락 중정부장을 비롯하여 청와대 홍성철·유혁인·김성진 비서관, 신직수 법무장관, 헌법학자 한태연과 갈봉근 등이 참여했다.[**]

■ 한홍구, 앞의 글.
■ ■ 임영태, 앞의 책, 405쪽.

작업 결과는 매주 박정희 대통령과 이후락 중정부장, 김정렴 비서
실장이 참가하는 3인 회의에 보고되었다. 회의에서 제기된 새 아이
디어와 보완점은 다시 궁정동으로 전달되었고, 재차 손질을 거쳐 청
와대로 전해졌다. 1972년 8월경에는 마스터플랜이 마무리되었다. 그
때부터 신직수 법무장관, 김치열 중정차장 등이 새 헌법의 구체적인
골격을 짰다.

실무 작업에는 6공화국 노태우 정부에서 검찰총장과 법무장관을
지낸 김기춘 검사를 비롯해 10여 명이 참여했다. 김기춘은 김지태의
부일장악회를 탈취해서 만든 5·16장학회(정수장학회의 전신)의 첫 수
혜자이기도 하다. 그는 나중에 "나는 평검사로서 잔심부름이나 했을
뿐"이라고 했지만, 그가 법무부 인권과장으로 승진했을 때 언론에서
는 "유신 체제 법령 입법·개정의 공로와 실력이 높이 평가되어 유
례없이 발탁"되었다고 언급했다.

그렇게 해서 암호명 '풍년사업'으로 불린 유신 준비 작업은 밀실에
서 6개월 동안 치밀하고 조직적으로 진행되어 10월 17일 햇빛을 본

■ 한태연 교수는 계엄 선포 후 청와대에서 불러 가보니 "헌법은 김기춘 검사가 주도해 초안
을 완성해놓은 상태였고, 법무부가 골격을 절대 손대지 말라고 해서 자구 수정만 해주었다"고
자신의 역할을 축소해서 말했다. 다른 몇몇 자료도 김기춘이 법무부 법무과장으로 있으면서
유신헌법 작성에 핵심적 역할을 했다고 지목했다. 이에 대해 김기춘은 "나는 평검사로서 상
부에서 시키는 잔심부름 외에는 한 것이 없다"고 해명했다. 김기춘이 이때 평검사로 일한 것
은 맞는데, 그가 법무부 인권옹호(!)과장으로 승진했을 때 신문에서는 "유신 체제의 법령 입
법·개정의 공로와 실력이 높이 평가되어 유례없이 발탁"되었다는 기사가 나왔다. 이 글을
쓰기 위해 포털 사이트에서 '김기춘 유신'으로 검색해보니 대다수 기사에 접근이 금지되었
다. 유신으로 출세한 자들이 유신헌법을 자기 손으로 만든 사실을 감추는 것을 보니 유신이
창피한 일이긴 한가 보다. 〈한홍구의 유신과 오늘-③ 공작명 '풍년사업'〉, 〈한겨레〉, 2012
년 2월 24일자.

다. 한국 민주주의의 사망진단서나 다름없는 유신 체제는 이처럼 중
정과 청와대 극소수 인사들이 박정희의 지휘를 받아 철저히 어둠 속
에서 계획하고 준비했다. 유신은 '어둠의 자식'이다.

유신, 드디어 모습을 드러내다 •

1972년 10월 17일 저녁 7시, 박정희는 '대통령 특별 선언'을 발표했
다. 그가 '중대한 결심'이라고 한 선언의 요지는 다음과 같다.

> 급변하는 국제 정세와 남북 관계, 국내 정치 상황에 효과적이고 능동적으
> 로 대처하기 위해서는 일대 개혁이 필요하다. 한국적 민주주의를 토착화
> 할 그 개혁의 내용은 정상적인 방법으로는 오히려 혼란만 부추길 뿐이다.
> 따라서 부득이하게 '약 2개월간 헌법 일부의 효력을 중지시키는 비상조
> 치'를 취하지 않을 수 없다. 국회를 해산하고, 정당과 정치 활동을 금지한
> 다. 그동안 비상 국무회의가 정지된 헌법의 기능을 담당할 것이다.

박정희가 친위 쿠데타를 일으킨 것이다. 박정희가 비상대권을 쥐
고 모든 것을 장악했다. 비상계엄이 선포되고, 탱크가 중앙청 앞에
등장했다. 국회가 해산되고, 국무회의가 국회의 기능을 대신했다. 모
든 집회가 금지되고, 대학은 문을 닫았다. 언론과 출판, 방송은 사전

■ 임영태, 앞의 책, 404쪽.

검열을 받아야 하고 유언비어는 엄단되었다. '김유신과 같은 유신'이
선포된 것이다.

그리고 11월 21일 유신헌법이 국민투표에 부쳐졌다. 살벌한 분위
기에서 계도 요원들의 지도 아래 찬양 홍보만 난무하는 가운데 치러
진 국민투표는 투표율 91.9퍼센트에 찬성 91퍼센트를 기록했다. 그
러나 투표율과 찬성률이 얼마나 허황된 것인지 모르는 사람은 아무
도 없었다.

12월 23일 장충체육관에서 박정희를 임기 6년의 8대 대통령으로
선출하기 위한 통일주체국민회의가 개최되었다. 그리고 12월 27일
대통령 취임식이 치러졌다. 박정희 유신 체제가 정식으로 출범한 것
이다.

국가 폭력이 난무하다 •

유신을 위한 비상사태 선포와 함께 평소 박정희에게 밉보인 '악질'
국회의원 15명의 명단이 보안사령관 강창성의 손에 넘어갔다. 박정
희가 악질로 분류한 의원들은 중정과 보안사 요원들에게 연행되어
발가벗긴 채 인간 이하의 만행을 당했다. 무자비한 구타와 폭력, 물
고문, 통닭구이 고문 등이 행해졌다. 실미도 사건을 폭로한 이세규
의원은 발가벗긴 채 물고문을 당하자 자살을 기도했다.

■ 임영태, 앞의 책, 404쪽.

80여 일 전 국회 본회의에서 김종필 총리에게 질의하는 형식으로 유신 음모를 폭로한 최형우 의원은 영등포 군부대에 끌려가 혹독한 고문을 당했다. 그는 "인간으로서, 동족으로서 차마 이럴 수 있는가. 일제강점기 왜놈들도 이런 고문은 하지 않았을 것이다. 어쩌면 저들은 인간에 대한 믿음 자체를 말살하려고 하는지도 몰랐다"고 증언했다.

그밖에도 조윤형, 조연하, 이종남, 강근호, 박종률, 김한수, 김녹영, 김경인, 나석호, 홍영기 등이 구속되었다. 이들은 대부분 김대중계 인사고, 최형우는 유신 체제를 폭로한 원죄가 있었다. 박 정권의 폭력이 어디를 향하는지 여실히 보여준다. 악질 이외 나머지 정치인들은 군인들에 의해 가택 연금되었다. 유진산의 집 앞에는 감시하는 군인이 없었는데, 그가 "날 진짜 왕사쿠라 만들 거요? 정치를 그리 몰라? 왜 우리 집만 보초가 없느냐 말야"라고 항의해서 뒤늦게 군인이 파견되었다.

그러나 진짜 '사쿠라'가 되지 않고는 살아남을 수 없는 세상이 되었다. 중정은 야당 의원들에게 유신을 인정하고 지지하며 '관제 야당' 노릇을 하겠다는 각서를 받아냈다. 거의 대부분 각서에 도장을 찍었다. 대신 박 정권의 정치자금이 야당 의원들에게도 건네졌다. 야당도, 국회의원도, 국회도 아무 의미가 없는 세상이 되었다.

■ 김충식, 앞의 책, 385쪽.
■■ 김충식, 앞의 책, 393~394쪽.

유신의 경제적 배경 •

박정희는 삼선 개헌까지 해서 대통령이 되었는데, 왜 임기가 절반 이상 남은 상황에 유신 쿠데타라는 극약 처방을 들고 나왔을까? 가장 중요한 요인은 국내 정치와 경제 상황의 악화라고 해야 할 것이다. 박정희는 5·16으로 정권을 장악한 뒤 1960년대 경제개발의 성과를 바탕으로 지지 기반을 상당히 확충했다. 그러나 1970년대 들어 약발이 떨어지기 시작했다. 국민들은 박정희의 삼선 연임에 부정적이었고, 경제 상황 또한 그다지 좋지 않았다.

우선 경제문제를 살펴보자. 박정희의 최대 업적으로 선전되던 경제에 어려움이 닥쳐오는 것은 박정희 정권에 치명적이었다. 1970년대가 시작되며 세계가 불황에 접어들자, 미국은 경제 침체에서 벗어나기 위해 수입부가세 10퍼센트를 부과했는데, 이는 한국과 같은 개발도상국의 수출에 커다란 타격을 주었다. 그 여파로 수출이 둔화되고, 기업의 채산성이 악화되면서 부실기업이 속출하고, 부도나는 기업이 급증했다.

물가는 뛰고 경제성장률은 1969년 13.8퍼센트에서 1970년 7.6퍼센트, 1971년 8.8퍼센트, 1972년 5.2퍼센트로 하락했다. 지금 보면 이 또한 엄청난 고성장이지만, 그때는 10퍼센트 이상 고성장을 지속해야 일자리와 기업의 성장이 가능한 상황이었으므로 이런 지표 하락은 한국 경제에 심각한 위기가 닥쳐오고 있음을 의미했다. 특히 외자 도입에 열을 올린 차관 기업들과 사채시장에 의존한 부실기업들이 심각한 부도 위기에 내몰렸다. 당시 기업들은 자금을 사채시장에서

30퍼센트 정도 조달했는데, 금리가 연 30퍼센트 이상이었다. 경기가 침체되면서 부실기업들의 사채 의존율이 높아졌고, 금융 부담 증가에 따른 부도 위기가 심화되었다.

정치·사회적 위기와 정권의 기반 약화 •

경제 침체와 더불어 박정희의 정치적 기반도 흔들렸다. 대선에서 김대중을 이겼지만, 박정희가 "자칫하면 정권을 탈취당할 뻔했다"고 했을 정도로 고전했다. 중정과 관권 총동원, 금권 선거, 지역감정 조장, 야당에 대한 정치 공작, 국민을 향한 협박과 흑색선전 등으로 '도둑맞을 뻔'한 정권을 겨우 지켰다. 그러나 대선에 이어 치러진 총선에서는 야당에게 패배하고 말았다. 이는 박정희의 정치적 패배다.

게다가 공화당에서조차 박정희의 권위가 위력을 잃어갔다. 10·2 항명 파동이 그 증거다. 비록 사태 발생 후 주모자를 중정에 데려다 완전히 박살냄으로써 분풀이 겸 당내 분위기를 완전히 바꾸는 데 성공했으나, 당내 주류 4인방이 항명하는 사태가 일어났다는 것은 박정희의 권위에 대한 도전이다. 이는 중정과 군부라는 최종적인 수단이 아니면 통하지 않는 상황이 초래되고 있음을 의미한다.

사회적 불안감도 팽배했다. 전태일의 분신에 이어 노동자들의 생

■ 《경제 못 살리면 감방 간대이 : 한국의 경제부총리 그 인물과 정책》(주태산 지음, 중앙 M&B, 1998) 93~94쪽.

존권 요구 투쟁이 급증했으며, 그 양상 또한 상당히 폭발적이었다. 1971년 발생한 노동쟁의는 1656건이나 되는데, 이는 전년 165건의 10배가 넘는다. 그 가운데서도 한진상사 파월 노동자들의 대한항공 빌딩 옥상 방화 농성 사건은 사회적 파장이 엄청났다. 이와 함께 도시 빈민들의 철거 반대 투쟁과 생존권 요구 투쟁도 점차 확산되었다. 8월 10~12일 벌어진 광주 대단지 사건은 빈민의 요구가 폭발적으로 분출한 대표적인 사건이다.

이밖에도 실미도 사건, 사법 파동, 정인숙 사건 등이 터지면서 정권의 정당성과 도덕성에 타격을 주었고, 군부에 대한 반감을 증폭했다. 그러니까 1970년대로 들어서면서 1960년대를 통해 내재되고 잠복된 정치·사회적 모순들이 분출하기 시작했고, 이런 사건들이 맞물리면서 한국 사회는 총체적인 위기 국면에 접어들었다. 박정희 정권은 적절한 해결 방안을 제시하지 못할 경우 정치적 위기에 처할 가능성이 있었다.

불리하게 돌아가는 국제 정세 •

국제 정세 또한 급변했다.·· 전후 세계 질서를 지탱해온 냉전 체제에 해빙 무드가 조성되면서 한반도 정세도 크게 요동쳤다. 냉전 체제의

■ 임영태, 앞의 책, 408쪽.
■ ■ 국제 정세에 대해서는 이 책 〈7·4남북공동성명―남과 북, 통일의 원칙을 찾아내다〉 부분 참고.

두 축인 미국과 소련에 일본과 유럽, 중국이 새로운 도전장을 내밀면서 다극화 현상이 나타나기 시작했다.

2차 세계대전 후 미국은 달러의 압도적인 힘과 군사력을 바탕으로 서방세계의 맹주로 군림했다. 하지만 1960년대 말부터 급속한 경제 발전 성과를 바탕으로 일본의 엔화와 독일의 마르크화가 강세를 보이면서 달러의 지위가 흔들리기 시작했다. 미국은 명분 없는 베트남 전쟁에 개입하여 패전의 늪에서 허우적거리며 체면을 구겼고, 반전 운동과 국론 분열에 따른 정치적 불안정에 시달렸다.

핵실험 성공과 원자탄 개발, 중소이념분쟁 등으로 사회주의권에서 중국이 부상했고, 중소이념분쟁이 격화하면서 소련은 미국을 제치고 중국의 주적이 되었다. 중국도, 미국도 새로운 세계 전략이 필요했다. 미국은 동북아에서 중국 포위 전략을 포기하고, 중국과 관계를 개선하는 방향으로 전략을 수정한다.

미국의 동북아 전략 변화는 남북 관계에도 변화를 가져왔다. 미국은 긴장 완화 상황을 이유로 주한 미군의 대량 감축을 통보했으며, 북한과 대화할 것을 강력히 종용했다. 박정희는 남북적십자회담 개최, 7·4남북공동성명 발표 등으로 그 흐름을 수용할 수밖에 없었다. 국제 정세는 한국 사회의 변화를 요구했다.

박정희가 유신을 선택한 배경에는 이런 국제 정세가 있었다. 그러나 미국은 10월 유신 발표 직전, 닉슨이 중국을 방문한 이야기를 빼달라고 요구했다. 일본 또한 중국과 수교, 다나카田中角榮 수상이 중국을 방문하는 문제를 빼달라고 요구했다. 그렇게 차 떼고 포 떼니 '10월 유신' 발표 내용이 엉망이 되었다는 주장이 관련자들 사이에

서 나오기도 했다. 발표문을 보면 이와 관련된 부분의 앞뒤 맥락이
잘 맞지 않는다는 사실을 금방 알 수 있다.

유신 체제는 최악의 선택 •

박정희는 급변하는 국내외 정세에 대처하기 위한 "일대 개혁의 불가
피성" 때문에 "새로운 체제로 유신적 개혁이 있어야" 한다고 주장했
다. "정상적인 방법"으로는 오히려 "혼란만 더욱 심해질" 것이며, "남
북 대화를 뒷받침하고 급변하는 주변 정세에 대응하는 데 아무런 도
움이 될 것 없다"고 주장하면서 "부득이 정상적인 방법이 아닌 비상
조치"를 취하게 되었다고 했다. 박정희의 주장처럼 급변하는 국내외
정세는 '일대 개혁'을 요구했다.

그러나 그 개혁은 유신과 같은 1인 영구 독재의 암흑 정치체제가
아니었다. 오히려 그 방향은 지금까지 군사작전을 전개하듯 밀어붙
이던 권위주의적 방식에서 벗어나 자유와 다양성, 개인의 창의성과
개성이 존중되는 열린 사회로 나아가는 것이었다. 남북대화 또한 정
략적 차원이 아니라 남북이 진정한 민족 화해와 협력 방안을 찾기 위
해 노력해야 했다. 하지만 박정희는 남북대화를 유신의 구실로 이용
했을 뿐, 남북 화해와 평화를 실현할 의사는 없었다. 남북은 정권의
안위를 위해 형식적인 남북대화가 필요했다. 이는 남과 북에서 앞서

■ 김충식, 앞의 책, 391~392쪽.

거니 뒤서거니 유신헌법과 사회주의 헌법을 제정하고, 박정희 1인 독재 체제와 김일성 유일사상을 법제화한 데서 확인할 수 있다. '적대적 공존 관계'다.[•]

유신 체제는 박정희가 선택할 수 있는 방안 가운데 최악의 길이었다.[••] 유신 체제는 박정희 1인 독재 체제를 법제화한 것이지만, 그 바탕에는 반공 이념에 찌든 극우적 보수 기득권 세력의 이해관계가 종합적으로 깔려 있었다. 국내외 정세는 유신과 같은 반동적 파시즘 체제가 아니라 진정한 민주적 정치체제로 개혁할 것을 요구했다. 하지만 박정희를 우두머리로 한 극우 냉전 세력, 보수 기득권 세력은 양보와 고통을 수반하는 개혁을 받아들일 수 없었다. 유신 체제는 반공 세력의 기득권을 지키기 위한 최후의 선택이었다.

박정희와 친위 세력의 독과점 권력 체제 •

유신 체제의 가장 중요한 특징은 박정희를 절대 권력자의 위치에 놓았다는 점이다. 박정희는 삼권 위에 군림하는 '위대한 영도자'였다. 형식적 절차를 통해 대통령에 선출하지만, 그것은 아무 의미가 없었다. 통일주체국민회의 대의원은 박정희의 대통령 선출을 위한 거수기에 불과했다. 박정희에게는 국회해산권과 국회의원 3분의 1 지명

■ 임영태, 앞의 책, 463쪽.
■ ■ 임영태, 앞의 책, 409쪽.

권, 법관 임명권, 긴급조치를 발동할 수 있는 비상대권이 있었다. 대통령 임기는 6년이지만, 중임 제한이 철폐되었다. 6년마다 통일주체국민회의 대의원들이 모여 손을 한 번씩 들어주면 그만이다. 대통령 선거비용도, 정책 공약이나 후보 경쟁도, 유세도 필요 없었다.

유신 체제는 선거에 따른 경쟁 체제를 없애 박정희의 영구 집권을 가능하게 만들었다. 대의제도가 근본적으로 부정되었으며, 삼권분립과 균형·견제의 원칙이 유명무실해졌다. '한국적 민주주의의 제도화'를 통해 국민의 자유와 권리가 유보되고, 정권에 대한 비판이 원천 봉쇄되었다.

유신 체제는 박정희 1인 지배 체제이자, 박정희를 정점으로 한 소수 친위 그룹이 권력을 독점한 체제다. 재미 정치학자 길영환 교수는 이를 로마의 집정관 제도에 비유하여 '프리토리안 권력 체제'라고 불렀다. 군부와 중정부장, 청와대 비서실과 경호실, 고위 행정 관료 등이 권력을 멋대로 주무른다는 의미다.

군부, 중정, 경호실과 비서실 그리고 관료와 경제 권력 •

군부는 박정희 권력의 시작이자 끝이었다. 박정희는 군부 쿠데타로 권력을 잡았고, 권력을 유지하는 데 필요할 때마다 군대를 동원했다. 말하자면 군대는 박정희 권력의 최후 보루이자 유신 체제를 지탱하

■ 김충식, 앞의 책, 292쪽.

는 핵심 무력이었다. 박정희는 쿠데타로 권력을 잡은 뒤 반혁명 사건을 수없이 거치면서 군부 통제권을 확고히 했다. 그러나 군부는 박정희에게도 무서운 존재였다. 언제 그의 등에 칼을 꽂을지 모르기 때문이다. 박정희는 중정과 보안사를 통해 항상 군부의 실력자를 점검하고, 실권자들의 충성 경쟁으로 통제력을 확보했다.

또 영남 세력을 군부의 요직에 기용함으로써 군부를 장악하는 교두보로 활용했다. 박정희의 총애를 받아 요직을 독식한 전두환의 '하나회'는 박정희 사후 12·12를 통해 군권을 장악하고, 5·18광주민주화운동을 피로 진압한 뒤 정권까지 장악한다. 전두환의 신군부 정권은 박정희라는 유신의 아들이다. 그런 점에서 전두환이 권력을 장악하는 과정은 5·16의 재판이며, 한국 현대사의 비극이 재현된 것이다.

중정은 김종필·김형욱 부장 시절부터 정권 보위 기관으로서 역할을 충실히 담당했지만, 이후락 부장 시절에는 유신 체제를 수호하는 최전선 보루가 되었다. 대공 정보 수집, 야당에 대한 정치 공작과 정적 테러, 학생과 노동자, 재야인사 등 민주화 세력에 대한 사찰과 공작에 이르기까지 중정의 손길이 미치지 않는 곳이 없었다.

청와대 경호실과 비서실은 중정과 군부에 비해 무게가 떨어지지만, 이들도 권력의 친위 그룹으로서 권력을 행사했다. 유신 시대 행정 관료들은 경제정책 집행 과정에서 막강한 영향력을 행사했다. 유신 시대는 정치뿐만 아니라 경제 또한 박정희의 의사에 전적으로 좌우되었다. 청와대 비서실과 경제기획원, 재무부를 중심으로 한 행정·경제 관료들, 재계의 친위 세력이라 할 몇몇 재벌도 박정희 유신 권력의 한 축을 담당했다.

유신 체제는 박정희를 정점으로 소수 친위 인사들이 권력을 거의 독점한 권력 체제다. 그들은 군부와 중정부장, 청와대 비서실과 경호실, 내각의 핵심 경제 관료 등 행정 집행 권력에 포진했고, 몇몇 재벌이 여기에 참여했다. 그리고 유신정우회(유정회)와 공화당 의원, 일부 야당 인사가 권력 핵심의 외곽에 자리 잡았다. 유신 권력의 핵심 인사들은 박정희 유신 체제의 종말과 함께 권력을 잃었지만, 경제 관료들과 경제계 인사, 일부 의원들은 그 후에도 오랫동안 권력의 정점에 접근해 있었다.

■ 임영태, 앞의 책, 411~412쪽.

18

김대중 납치 사건

권력,
벌거벗은 속살을
드러내다

모든 사람을 영원히 속일 수는 없다 ·

유신 체제는 제도화된 폭력에 바탕을 둔 억압적 정치체제로 강고한 듯 보이지만, 정보기관의 정치 공작과 테러로 지탱된 허약하기 그지없는 체제다. 중앙정보부는 체제를 유지하기 위한 첨병으로, 정치 공작의 일선에 있었다. 중정에게 정치 공작은 숙명과도 같았다. 유신 체제가 등장함에 따라 중정의 역할은 막중해졌다. 어떻게 보면 유신 체제는 전적으로 중정의 사찰·공작 능력에 의존한 체제다. 따라서 중정이 제대로 작동하면 체제의 안위가 유지되지만, 그렇지 않을 때는 정권이 위기에 빠질 위험성이 있었다. 그런 점에서 유신 체제는 하루아침에 무너질 수 있는 위험성을 떠안고 있다고 봐야 한다.

유신 시대 야당과 재야, 언론과 종교인, 학생과 노동자, 경제계와 문화계 등 한국 사회 곳곳에 중정의 촉수가 뻗쳤지만, 그 가운데서도 야당 정치 지도자와 재야인사들을 집중적으로 감시했다. 김대중, 장

준하 등 박정희의 주요 정적과 김영삼, 윤보선 등 야당과 재야 지도
자들의 동향은 중정부장을 거쳐 박정희에게 직접 보고되었다. 그들
은 집중적으로 감시·탄압해야 할 대상이며, 그 주변 인사들 또한 정
치 공작 대상이었다.

　정치 공작은 은밀하게 진행되기 때문에 그 전모를 파악하기 쉽지
않다. 그러나 아무리 은밀한 공작도 흔적은 남는다. 당시에는 전혀
드러나지 않았다 해도 세월이 흐르면 내막이 밝혀질 가능성이 높다.
공작을 실행에 옮긴 사람을 비롯해 목격자가 반드시 존재하기 때문
이다. "어떤 사람을 일시적으로 속일 수는 있어도 모든 사람을 영원
히 속일 수는 없다"는 말처럼, 역사에서는 모든 것이 드러나게 마련
이다. 유신 시대 정치 테러의 대표적인 사례라 할 수 있는 김대중 납
치 사건은 오랫동안 공개되지 않은 채 추측과 의혹의 형태로 떠돌았
다. 하지만 세월이 흐르면서 진실에 접근할 수 있는 기회가 마련되었
다. 그동안 의혹으로 떠돌던 내용은 대부분 사실이었다.

김대중 납치 사건이 발생하다 •

1973년 8월 8일, 도쿄의 한 호텔에서 김대중이 괴한들에게 납치되었
다. 한동안 행방이 묘연하던 김대중은 8월 13일 서울 동교동 자택 부

■ 중정은 대통령 직속으로, 대통령만 바라본다. 모든 중요 정보 또한 정기적으로 대통령에게
직접 보고한다. 중정의 주요 업무 가운데 하나가 국내 정치 사찰이며, 그 핵심은 거물 정치인
의 동향을 파악하고 통제하는 일이다.

근에서 풀려났다. 김대중 납치 사건이다. 김대중이 기자회견에서 밝힌 납치부터 생환까지 과정을 정리하면 다음과 같다.[■]

김대중이 괴한들에게 처음 납치된 것은 8월 8일 오후 1시경 도쿄의 그랜드팔레스호텔에서다. 김대중은 같은 호텔 2212호실에 투숙하는 통일당 양일동 당수를 만나 점심 식사를 마치고 복도로 나오는 중이었다. 김대중은 범인들에게 납치되어 2210호실로 끌려갔고, 괴한들은 "소리치면 죽인다"고 협박한 뒤 마취했다. 그는 의식이 있는 상태에서 엘리베이터에 태워져 지하 주차장으로 내려갔고, 자동차에 태워져 5~6시간 고속도로를 달려서 저녁 무렵 오사카大阪 부근 어느 건물에 도착했다. 범인들은 그곳에서 김대중의 얼굴을 코만 남긴 채 테이프로 감싸고 손발을 결박해서 다다미방에 가두었다가 다시 자동차에 태워 한 시간 이상 이동, 바닷가에 이르러 다른 팀에 인계했다.

김대중을 인계받은 팀은 얼굴에 보자기를 씌우고 모터보트로 한 시간쯤 더 가서 큰 선박(나중에 용금호로 밝혀짐)에 옮겨 실었다. 범인들은 항해 중 배 밑 쪽에서 김대중의 몸을 칠성판에 묶고 재갈을 물린 상태로 무거운 물체를 매달아 바다에 '수장하려' 했으나 마침 비행기가 나타나 중단되었다.[■■]

260

배는 8월 11일경 한국 연안에 도착했고, 모터모트로 상륙해 앰뷸런스에 태워 양옥집으로 옮긴 뒤 계속 감금했다. 8월 13일 밤 10시경 '구국동맹 행동대'를 자칭하는 괴한들에 의해 동교동 자택 앞에서 풀려났다.

중정의 치밀한 계획 아래 실행되다 •

사건의 파장은 컸다. 대통령 후보를 지낸 야당의 정치 지도자를 납치해서 죽이려 했으니 박정희에게 의혹의 눈길이 가지 않을 수 없었다. 김대중은 2년 전 야당의 대선 후보로, 야당을 대표하는 정치인이 되었다. 박정희가 유신을 선포할 때 김대중은 일본에 있었는데, 그 뒤 일본과 미국을 오가며 유신 반대 활동을 했다. 박정희가 사람을 보내 유신 반대 활동을 중단하고 국내로 들어올 것을 종용했으나 김대중은 거절했고, 박정희의 반감은 극에 달했다.

납치 사건은 국제적으로 심각한 파장을 일으켰고, 국내에서도 유신 반대 투쟁의 불길이 피어올랐다. 김대중과 야당, 국내외 언론은 일제히 납치 사건의 진상을 밝히라고 요구했다. 그들은 이 사건이 중정의 야당 지도자 살해 기도이며, 배후에는 박정희 대통령과 이후락 중정부장이 있다고 주장했다. 그러나 이후락은 자신과 중정은 전혀 관련이 없으며, 김대중이 벌인 자작극이라고 몰아갔다.

나중에 밝혀진 사건의 전모에 따르면 야당의 주장은 사실이었다. 이는 중정이 치밀하게 계획하고 국내 공작 요원을 동원하여 일으킨 사건이다. 이와 관련하여 일찍부터 여러 가지 이야기가 떠돌았지만,

구체적으로 확인된 것은 1998년 〈동아일보〉가 입수한 〈KT 공작 요원 실태 조사 보고〉라는 비밀 문건을 통해서다. 〈동아일보〉 보도에 따르면 그 사건의 최고 책임자는 이후락 중정부장이고, 이철희 차장보와 하태준 해외공작정치국장, 윤진원 8국공작단장, 김기완 주일 공사 등이 주요 지휘 간부다.

중정은 김대중 납치 사건 이후에도 이철희 차장과 해외공작국(8국)을 중심으로 특별 관리팀을 구성해 1980년까지 이 사건 가담자들을 특별 관리해왔다. 공작 가담자 46명의 동향을 정기적으로 파악해서 개인별 보고서를 만들어 부장에게 보고했으며, 그들의 입을 막기 위해 자체 예산으로 생계 보조금과 보상금 등을 지급했다. 이런 사실은 국정원 진실위 조사를 통해 보다 명확하고 구체적으로 확인되었다.

박정희 직접 지시 혹은 묵시적 승인 •

그러나 〈동아일보〉 보도에서도, 국정원 진실위 조사에서도 박정희 대통령의 지시 여부는 정확하게 확인되지 않았다. 〈국정원 사건 보고서〉에는 관련자들의 증언과 전문 내용 등을 통해 'KT 공작 계획안'이 작성된 사실은 확인했으나 관련 문건은 발견되지 않았으며, 1998년 2월 〈동아일보〉에 보도된 〈KT 공작 요원 실태 조사 보고〉 또

■ KT는 중정에서 부른 김대중의 약칭. 중정이 김대중을 KT로 약칭한 이유는 명확하지 않지만, CIA 보고서에서 김대중의 영문 이름을 'KIM TAE CHUNG'이라고 표기한 데서 연유한 것으로 추정됨. 국정원, 앞의 보고서, 445쪽.

한 작성 사실은 확인했으나 국정원에 자료는 보존되지 않았다고 밝혔다. 사건 발생 후 핵심 문서가 파기된 것이다. 지금까지 박정희의 지시 여부를 확인할 수 있는 문서나 직접적인 증언은 나오지 않았다.˙

그러나 대통령의 지시 없이 그런 엄청난 일을 벌였을까 하는 점은 예상할 수 있다. 이철희 차장보가 반대하자 이후락 부장이 "나는 하고 싶어서 하는 줄 알아?"라며 역정을 냈고, 김기완 공사가 "박 대통령의 결재를 확인하기 전에는 공작을 수행하지 않겠다"고 버티다가 곧 적극 협조했다는 정황 등을 볼 때 가능성은 충분하다.

더욱이 1979년 3월 10일 김재규 중정부장이 박정희에게 보고한 것으로 되어 있는 〈KT 공작 요원 실태 조사 보고〉 문건 하단에 '대통령 각하 보고 필'이라고 적혀 있어 최소한 박정희가 사건 발생 뒤에는 그 전모를 보고받았다는 점이 드러났다. 나아가 사건 발생 후 박정희는 사건 관련자들을 처벌하기는커녕 보호했고, 김종필 총리를 일본에 직접 파견하여 사건을 수습하도록 했다. 국정원 진실위는 이런 점을 종합할 때 "박 대통령의 직접 지시 가능성과 최소한 묵시적 승인은 있었다고 봐야 할 것"이라고 결론 내렸다.˙˙

■ 국정원, 앞의 보고서, 438쪽에는 "1998년 2월 〈동아일보〉에 보도된 〈KT 공작 요원 실태 조사 보고〉 등 관련자 사후 대책 문건은 중정 공작부에서 작성했다는 증언을 확보했으나, 현재 보존되지 않은 것으로 확인" 되었고, "〈동아일보〉에서 보도한 중정 문건(사본 추정)은 현재 보존되지 않은 사실로 보아 당시 유출자에 의해 파기된 것으로 보인다"고 한다.
■■ 국정원, 앞의 보고서, 520~522쪽. 이와 관련 NHK 서울지국 기자를 지낸 천학범이 쓴 《한 조각의 진실》에는 박정희 대통령이 이 사건 뒤에 이후락 중정부장과 자신을 불러 같이 식사하면서 칭찬했다는 당시 중정 아무개 국장의 증언이 있다. 《한 조각의 진실 : 30년 NHK 기자 천학범의 한국 현대사 증언》(천학범 · 구영식 지음, 책보세, 2013) 참조.

유신 체제의 벌거벗은 폭력성을 확인하다 •

박정희의 지시 여부와 관계없이 이 사건의 성격은 분명하다. 야당 정치 지도자, 특히 자신에게 가장 위협적인 정적에 대한 정치 테러 사건이라 할 수 있다. 하지만 김대중을 처음 납치할 때부터 살해할 계획이었는지 명확하지 않다. 이에 대해 김대중은 시종일관 자신을 살해하려는 의도로 계획·실행된 사건이나, 미국의 개입으로 중단되었다고 주장했다.

반면 관련자들은 애초 계획안에 살해 계획은 포함되지 않았다고 주장했다. 국정원 진실위 또한 "암살 계획이 하달되어 일정 단계까지 진행되다 목격자 출현 등 상황이 변해서 중지되었거나, 현지 공작관의 판단에 따라 살해 계획을 포기하고 단순 납치로 변경되었을 가능성도 배제할 수 없으나 실제 납치 과정에서는 토막 살해, 암매장, 수장 등을 위한 직접적인 행동은 없었다는 사실" 등 여러 정황을 종합해볼 때 "적어도 용금호가 오사카에 도착한 이후나 호텔에서 납치한 뒤에는 단순 납치 계획이 확정되어 그에 따라 실행된 것으로 판단"된다고 했다.▪

처음부터 살해 계획이 포함되었는지, 위협하고 풀어줄 계획이었는지, 계획이 변경되어 살해에는 이르지 못했는지 정확하게 판단하기 어렵다. 중요한 것은 박정희 유신 체제가 대통령 후보를 지낸 야당 지도자를 백주에 납치해 죽음 직전의 상태까지 몰아넣는 정치 테러

▪ 국정원, 앞의 보고서, 535쪽.

를 거리낌 없이 자행했다는 사실이다. 야당의 최고 정치 지도자를 이렇게 대하는데, 일개 야당 국회의원이나 재야인사, 학생이나 노동자는 어떻게 취급했겠는가.

박정희 정권의 야수적인 폭력성과 잔인한 정치 보복 행위는 삼선 개헌 과정에서 보았지만, 유신 체제의 그것과는 차원이 달랐다.* 김대중 납치 사건은 유신 체제의 상상을 초월하는 야수적 폭력성이 벌거벗은 채 그 전모를 드러낸 사건이다.

한일 정부, 밀실 협상으로 사건을 무마하다

김대중 납치 사건의 파장은 해외에서 더 컸다. 당장 일본에서 심각한 정치·사회 문제로 부각되었다. 백주에 한국 중앙정보부가 망명 상태에 있는 정치 지도자를 일본 땅에서 납치했으니 주권 침해 문제가 제기되지 않을 수 없었고, 세계 최고의 치안을 자랑하는 일본의 위신이 말이 아니었다. 일본 경찰이 요시찰인물에 해당하는 이웃 나라의 야당 정치 거물이 납치되는 것을 두 눈 멀쩡히 뜨고 지켜보았다는 사실도 믿기지 않았다. 일본의 양심 있는 지식인들이 문제를 제기하고,

<hr>

■ 유신 체제에서 박정희는 김대중이나 윤보선 같은 정치 거물을 비롯하여 모든 정치적 반대자에게 거침없는 폭력과 정치 보복을 자행했다. 그 과정에서 '재야의 대통령'으로 불리던 장준하는 의문의 죽음을 당했고, 그 진실은 아직도 풀리지 않고 있다. 인혁당 사건에서는 8명이 사형 판결을 받은 뒤 18시간 만에 처형되었다. 민청학련 사건으로 1024명이 체포되고 253명이 구속 기소되어 총 1650년 형이 선고되었으며, 긴급조치라는 초법적 비상수단이 발동되어 모든 국민의 눈과 귀와 입을 틀어막았다.

언론도 벌집을 쑤신 듯했다. 정계에서도 가만있지 않았다.

그런데 일본 경찰이 김대중 납치 사실을 알고도 방조했다는 의혹이 강력히 제기되어 일본 정부를 당혹스럽게 만들었다. 경시청이 초동수사 과정에서 주일 대사관 김동운 서기관의 지문을 채취하고도 즉각적인 조치를 취하지 않은 사실이 알려지면서, 의회가 이 점을 집중적으로 추궁했다.

사건을 은폐하려 한 것은 사건 발생 몇 시간 뒤 일본 정부가 해상봉쇄를 하지 않아 용금호가 공해상으로 유유히 빠져나가게 만든 데서도 드러났다. 일본은 사건 용의자로 지목된 행동 대원 6명을 포함해 관련자 16명에 대해서도 수사에 착수하기보다 서둘러 일본을 떠나도록 방조함으로써 증거를 인멸하고 사건의 핵심을 덮어두려고 했다. 일본 정부는 여론에 따라 주권 침해 문제를 말했지만, 속으로는 한국 정부와 한통속으로 움직였다.

이 사건의 해결은 한일 양국의 밀사가 동원된 가운데 "서로 좋은 게 좋지 않겠는가. 그러니 잘 풀어보자"는 식으로 진행되었다. 한국 측에서는 김종필 국무총리와 이병희 무임소장관이, 일본 측에서는 가나야마金山政英 전 주한 대사와 기시岸信介 전 수상이 물밑 교섭을 맡았으며, 양국의 경제인들까지 동원되었다. 교섭 결과 "김대중 납치 사건은 과거 사건에 불과하고, 한일 간의 밀월이 더 중요하다"는 합의에 도달했다.

한국 정부는 사건 발생 직후 이병희 무임소장관을 일본에 진사 사

■ 국정원, 앞의 보고서, 547쪽;《대한민국 50년사 2》(임영태 지음, 들녘, 1998) 43쪽.

절로 파견하고, 11월 2일에는 국무총리 김종필이 박정희의 친서를 가지고 일본을 방문했다. 박정희는 친서에서 '사과'와 '재발 방지'를 약속했고, 이로써 김대중 납치 사건은 파장 없이 정치적으로 종결되었다.

한일, 경제적 유착을 넘어 정치유착으로 발전하다 •

박정희 정권과 경제협력의 밀월 관계를 즐기던 자민당 정권은 이 사건의 전모가 밝혀졌을 때 일어날 파장을 고려해 덮어두는 것이 이득이라고 판단했다. 이런 일본의 입장은 1978년 외무차관 호겐法眼晋作의 발언에서 여실히 드러난다. 그는 〈마이니치每日 신문〉 인터뷰에서 다음과 같이 말했다.

> 한일 관계는 김대중 사건뿐만 아니다. 박 정권이 하는 일에 동의할 수 없는 일이 많아도 그것은 남북 관계의 산물이다. 우리는 인접국의 안정된 정권을 바란다. 박 정권을 무너뜨리면 우리가 곤란하다.˙

한국과 일본은 김대중 사건을 해결하는 과정에서 뒷거래를 통해 경제적인 유착 관계를 넘어 정치적인 유착 관계로 발전해갔다. 이와

■ 《한국 현대사 이야기 주머니 3》(한국정치연구회 지음, 녹두, 1993) 40쪽; 임영태, 앞의 책, 44쪽.

관련하여 김형욱 전 중정부장은 자신의 회고록에서 다음과 같이 주
장했다.[*]

　　김대중 사건을 둘러싼 한일 간의 뒷거래를 폭로하는 언론 기사도 적지 않
　　다. 재미 언론인 문명자는 일본의 시사 주간지 《주간포스트》 1977년 3월
　　11일자에 〈다나카, 오사노 겐지小佐野賢治, 조중훈의 히코네 회담에 의혹
　　있다〉, 3월 18일자에 〈김대중 사건 무마 공작 자금 3억과 밀약 내용을 폭
　　로한다〉는 기사를 기고했다. 일본의 《문예춘추》 2001년 2월호에는 "박정
　　희가 다나카에게 4억 엔이나 바쳤다"는 글이 게재되었는데, 그 필자는 다
　　나카의 핵심 측근 기무라 히로야스木村博保다.[**]

■ "김대중 납치 사건은 한일 간의 경제 유착은 물론, 정치 결착을 극대화한 불행한 한일 관계
의 역사를 표상하고 있다는 점을 지적하고자 한다. 엄밀히 말하면 그 사건은 유신 안보를 위
해 취한 음모다. 여기에는 일본의 팽창주의적 다국적기업과 한국의 특혜 독점재벌들도 직간
접으로 공모했다. 따라서 김대중 납치 사건이 명쾌히 척결되고 김대중이 원상회복되지 않는
한 한일 관계는 원만할 수 없다. 그러기 때문에 김대중은 바람직하지 못한 한일 정부의 국제
음모극의 희생자이자, 참된 호혜 평등의 한일 관계 정립을 위한 상징이기도 하다." 《김형욱
회고록 3 : 박정희 왕조의 비화》(김형욱 · 박사월 지음, 아침, 1985) 227쪽.
■■ 《내가 본 박정희와 김대중》(문명자 지음, 월간 말, 1999) 188쪽. 이와 관련해 강준만은 "그
내용이 너무 세밀해 믿지 않기도 어렵다"면서 다음과 같이 덧붙였다. "이 글의 내용 가운데 4
억 엔이라는 돈 못지않게 기가 막힌 건 중간에 다리를 놓은 다나카의 측근을 접대하기 위해
서울에서 기생 5명을 데려갔다는 것이다." 《한국 현대사 산책─1970년대편 2 : 평화시장에서
궁정동까지》(강준만 지음, 인물과사상사, 2002) 81쪽. 정말이지 기가 막힐 노릇이다. 밀실 협
상과 정치자금 제공, 거간꾼을 위한 육체의 향연…… 국제 관계라고 특별할 것은 없다. 한국
과 일본 사회에서 벌어지는 모든 일이, 아니 그보다 훨씬 지저분한 일이 한일 관계에서도 일
어났다는 사실을 구체적으로 확인할 수 있을 뿐이다.

박정희의 몰락이 시작되다 •

김대중 납치 사건은 1년 뒤 부메랑이 되어 돌아왔다. 1974년 8·15 광복 경축식장에서 재일 교포 문세광이 박정희를 저격하는 사건이 발생했고, 그 과정에서 부인 육영수가 사망했다. 김대중 납치 사건 이후 일본 사회에서는 재일 교포들이 심한 차별과 모멸감에 시달렸고, 박정희 정권에 대한 분노와 반발심이 대단했다.

문세광은 '김대중 구출대책위원회' 오사카위원회 사무차장으로 활동하는 등 박정희 정권 반대 활동에 앞장서온 인물이다. 그의 박정희에 대한 반감은 암살 기도로 나타났고, 그 과정에서 안타깝게도 육영수가 희생되고 말았다. 박정희조차 육영수의 장례식이 끝난 뒤 "납치 사건이 없었다면 이런 끔찍한 일은 일어나지 않았을 텐데"라면서 비통해했다고 한다.·

김대중 납치 사건은 박정희에게 적지 않은 정치적 타격을 주었다. 무엇보다 국제적 파장이 컸다. 한일 관계는 무마했지만, 미국을 비롯한 서방 관계는 간단히 해결될 문제가 아니었다. 김대중 납치 사건 이후 박 정권의 대외 신뢰도는 급격히 추락했고, 대미 관계도 악화 일로를 걸었다.

특히 1976년부터 박동선의 대미 로비 활동이 언론에 보도되면서 코리아게이트라는 대형 악재로 발전했고, 1977년 김형욱은 프레이저Donald MacKay Fraser 의원이 주도하는 하원 청문회에서 김대중 납치

■ 강준만, 앞의 책, 150쪽.

사건의 전모를 폭로하는 등 유신 정권에 치명타를 입혔다. 이 사건은 때마침 인권 정책을 표방한 카터Jimmy Carter 행정부의 출범과 맞물리면서 박정희의 유신 정권을 궁지에 빠뜨렸다.˙

　김대중 납치 사건은 국내에서 유신 반대 투쟁의 불길을 지피는 계기가 되었다. 학생들은 납치 사건 이후 '김대중 사건의 해명, 중앙정보부 해체, 파쇼 정치 중단, 대일 예속화 중지' 같은 구호를 내걸고 유신 체제에 도전장을 던지기 시작했다. 1973년 11월 20일 〈동아일보〉 기자들은 김대중 납치 사건과 학생 시위에 대한 보도 통제에 항의하며 '언론 수호 선언문'을 발표했다.˙˙ 12월 24에는 장준하를 비롯한 각계 재야인사들이 헌법개정청원운동본부를 결성하고, 100만인 서명운동에 돌입했다. 이는 박정희의 유신 체제에 정면으로 도전한 것이었다. 김대중 납치 사건을 계기로 재야와 학생, 야당 등 민주 세력이 유신 반대 투쟁의 봉화를 올린 셈이다.

<hr>

■ 이에 대해서는 이 책 〈코리아게이트─한미 관계 파탄의 출발점이 되다〉 부분을 참고.
■ ■ 강준만, 앞의 책, 92쪽.

19

민청학련 사건

학생운동에
'용공' 딱지를 붙이다

학생들, 4 · 3 동시다발 시위를 계획하다 •

1970년대를 대표하는 민주화 운동 세대로 '민청(학련) 세대'가 있다. 민청 세대는 1960년대 후반부터 1970년대 중반까지 대학을 다니며 민주화 운동에 관계한 사람들을 일컫는 말이다. 이 가운데 많은 사람들이 1974년에 일어난 민청학련(전국민주청년학생총연맹) 사건과 직간접적으로 연관이 있다. 이들은 민청학련 사건뿐만 아니라 1960년대 삼선 개헌 반대 투쟁, 1970년대 교련 반대 투쟁과 유신 반대 투쟁 등에서 주역으로 활동했다. 그럼에도 이들이 민청 세대라고 불리는 것은 민청학련 사건이 이들의 활동과 투쟁을 상징하는 사건이기 때문이다.

유신 반대 운동이 본격적으로 시작될 조짐이 보이자 박정희 정권은 긴급조치 1호를 발표하고, 헌법개정청원운동을 포함한 유신 반대 활동에 제동을 걸었다. 많은 사람들이 긴급조치 1호 위반으로 구속되었고, 학생운동에 대한 감시도 강화되었다. 민청학련 사건은 여기에서 시작된다. 민청학련 사건의 주모자 중 한 명인 유인태는 〈경향신문〉 인터뷰에서 학생운동을 보다 조직적으로 전개할 필요성이 제기되었다면서 다음과 같이 말했다.

> 긴급조치 1호는 학생들로 하여금 한층 비밀스럽게, 한층 조직적으로 활동하도록 부추겼을 뿐이다. 긴급조치 1호가 떨어진 이상 여기에 과감히 맞서 싸울 수 있는 세력은 학생밖에 없을 것 같았다. 그뿐 아니라 전국적으로 여러 대학이 한꺼번에 시위를 벌이지 않으면 효과가 없을 것이라는 판단이 들었다.
>
> 불철주야로 뛰어다닌 결과 2월 하순에 전국 대학 간 연결이 거의 완료됐다. 이철이 현장 전체를 책임지고, 정문화가 서울대 내 각 단과대학 연결을, 황인성이 지방대학과 이화여대의 연결을 맡았다. *

전국 대학이 동시에 시위를 벌이는 날은 4월 3일로 결정되었다. 그러나 정보가 경찰의 정보망에 걸려든 상태였다. 거사 계획이 발각된 것은 3월 하순 어느 날, 이화여대 학생 한 명이 치마 밑에 숨기고 가던 전단이 경찰에 발각되면서다. **

■ 《우리 강물이 되어─70 · 80 실록 민주화 운동 Ⅰ》(유시춘 외 지음, 경향신문사, 2005) 58쪽.
■ ■ 《정치공작사령부 남산의 부장들 2》(김충식 지음, 동아일보사, 1993) 94~95쪽; 강준만, 앞의 책, 128쪽.

긴급조치 4호가 발동되다 •

4·3 시위가 발생하자 박정희 정권은 곧바로 반격했다. 다음 날(4월 4일) 박정희는 특별 담화를 발표했다. 그는 "민청학련이라는 불법 단체가 불순 세력의 배후 조종 아래 그들과 결탁하여 '인민혁명'을 수행하기 위한 상투적 방편으로 합법을 가장, 정체를 위장하고 사회 각 계각층에 침투하여 암약하고 있다"면서, 불순 세력을 발본색원하여 "국가의 안전보장을 공고히" 하기 위해 "헌법 절차에 따라 긴급조치 4호를 선포한다"고 했다. •

긴급조치 4호는 민청학련과 관련된 모든 행위를 금한다는 내용인데, 그 처벌 규정이 5년 이상 유기징역에서 최고 사형까지 말만 들어도 입이 쩍 벌어질 정도다. 법원의 영장 없이 체포·구속·압수·수색하며 비상 군법회의에서 심판·처단한다는 내용도 포함되었다. ••

■ 국정원 진실위, 〈인혁당 및 민청학련 사건 진실 규명〉(이하 '국정원 사건 보고서'), 《과거와 대화, 미래의 성찰—주요 의혹 사건 상(Ⅱ)》(국가정보원, 2007) 154쪽. 주요 내용은 다음과 같다.
 1. 전국민주청년학생총연맹과 이에 관련되는 제 단체(이하 '단체'라 한다)를 조직하거나 이에 가입하거나, 그 구성원과 회합 또는 통신 기타 방법으로 연락하거나, 그 구성원의 잠복·회합·연락 그 밖의 활동을 위하여 장소·물건·금품 기타 편의를 제공하거나, 기타 방법으로 단체나 구성원의 활동에 직간접으로 관여하는 일체의 행위를 금한다.
 8. 1항이나 6항을 위반한 자, 7항에 의한 문교부장관의 처분에 위반한 자와 이 조치를 비방한 자는 사형이나 무기 또는 5년 이상 유기징역에 처한다. 유기징역에 처하는 경우에는 15년 이하 자격 정지를 병과할 수 있다. 1항이나 3항, 5항, 6항을 위반한 경우에는 미수에 그치거나 예비·음모한 자도 처벌한다.
 9. 이 조치를 위반한 자는 법관의 영장 없이 체포·구속·압수·수색하며, 비상 군법회의에서 심판·처단한다.
 12. 이 조치는 1974년 4월 3일 22시부터 시행한다.
■ ■ 국정원, 위의 보고서, 154~155쪽.

긴급조치 4호 발동과 함께 관련자 체포 작전이 시작되었고, 주모자에게는 어마어마한 현상금이 붙었다. 주모자의 수괴로 지목된 이철은 처음에 유인태, 강구철 등과 함께 현상금 50만 원이 붙었으나, 4월 13일 전국 지명수배가 내려지면서 200만 원으로 올랐고, 그가 잡힌 24일에는 300만 원으로 뛰었다. 간첩 신고 현상금이 30만 원이던 시절이니 상상도 못 할 금액이다. 엄청난 현상금과 국가 전복 음모라는 죄명으로 도피자들은 숨을 곳이 없었다.

사건의 배후로 인혁당재건위를 연계시키다 •

4월 25일 신직수 중정부장은 민청학련 사건 수사 결과를 발표했다. 핵심 내용은 "민청학련이 인민혁명당('인혁당재건위') 등 공산주의자의 배후 조종을 받아 국가를 전복하고 민주 연합 정부를 세우려 했다"는 것으로 요약될 수 있다. 유신 반대 투쟁을 벌이던 학생운동 세력이 졸지에 공산주의를 지향하는 혁명 세력이 되고 말았다. 5월 27일 비상 군법회의 검찰부는 민청학련과 인혁당 사건에 대해 추가로 발표했는데, 주요 내용은 다음과 같다.•

   1. 민청학련은 이철, 유인태 등 평소부터 공산주의 사상이 있던 몇몇 불
      순 학생이 핵심이 되어 작년 12월경부터 폭력으로 정부를 전복하기 위

■ 국정원, 앞의 보고서, 157~158쪽.

한 전국적 봉기를 획책했다.

2. 이는 서도원, 도예종 등을 중심으로 한 인혁당계 지하 공산 세력, 재일 조총련 계열, 과거 불순 학생으로 처벌받은 조영래 등 용공 불순 세력, 일부 종교인 등 반정부 세력과 결탁하여 연합전선을 형성, 유혈 폭력 혁명으로 정부를 전복해 공산 정권을 수립코자 한 국가 변론 기도 사건이다.

3. 비상 군법회의 검찰부는 민청학련 사건 관련자 32명에 대해 긴급조치 1·4호 위반, 국가보안법 위반, 반공법 위반, 내란 예비 음모 선동 혐의 등으로 기소했다.

이 역사적 사건으로 무려 1024명이 체포되고, 그 가운데 253명이 구속되었으며, 180명이 기소되어 재판을 받았다. 비상 군법회의 검찰부가 최종 기소한 32명 가운데 김지하, 여정남, 이철, 유인태, 김병곤 등 9명에게 사형이 선고되고, 나머지 사람들도 20년(12명) 내지 15년(6명)의 중형이 선고되었다. 윤보선 전 대통령과 박형규 목사, 지학순 주교 등 재야인사들도 자금을 지원하고 내란을 선동했다는 혐의로 징역 15년에서 집행유예까지 형을 선고받았다. 민청학련 사건과 직간접적으로 관련된 기소자들의 형량을 합하면 1650년이었다.˙ 하지만 박 정권은 사건 관련자를 대부분 1년 안에 석방함으로써 조작한 사실을 시인하고 말았다.

■ 《대한민국사 1945~2008》(임영태 지음, 들녘, 2008) 430쪽.

민청학련의 실체는 무엇인가? •

그렇다면 박정희 정권의 발표는 어디까지 사실일까? 이와 관련해서 국정원이 조사·발표한 보고서를 참고할 필요가 있다. 국정원 진실위는 과거 국정원(중앙정보부, 안기부 포함)이 관련된 7대 의혹 사건(부일장학회 헌납과 경향신문 매각 사건, 인혁당과 민청학련 사건, 동백림 사건, 김대중 납치 사건, 김형욱 실종 사건, KAL 858기 폭파 사건, 남한조선노동당 사건)에 대해 조사하고 그 결과를 발표했다. 여기에서는 국정원 보고서를 참고하여 민청학련의 실체에 대해 간략히 정리하겠다.

먼저 민청학련의 조직적 실체에 관한 문제다. 민청학련의 지도부로 분류된 이철, 유인태, 황인성, 이강철 등의 증언을 종합하면, 정부 당국이 발표한 민청학련이라는 명칭은 "대중적 설득력과 유인물의 신뢰도를 높이기 위해 사용된" 것으로 보인다. 그러나 민청학련이라는 명칭조차 유신 반대 전국 동시다발 시위를 진행하는 과정에서 '민족·민주·민중선언' 등 일부 유인물에서 사용했을 뿐이다. 이와 달리 독자적인 명칭을 사용한 경우도 적지 않다. 경북대는 '반독재구국독재투쟁위원회', 동국대와 성균관대는 '반독재투쟁위원회', 경희대는 '반독재자유수복투쟁위원회' 등의 명칭으로 유인물을 제작·배포했다.

여러 사정을 종합해볼 때 민청학련은 조직적 실체가 없었다. 민청학련은 이름은 그럴듯하지만 체계를 갖추고 움직인 조직이 아니라,

---

유신 체제를 반대하는 학생운동 주도 세력이 1974년 4·3 전국 동시다발 시위를 준비하는 과정에서 일시적이고 편의적으로, 경우에 따라서 임의적으로 사용한 명칭일 뿐이다. 그러니까 민청학련이란 유신 반대 투쟁을 효율적으로 수행하기 위한 '투쟁 기구적' 성격으로, 정부 전복을 수행할 만한 하부 체계나 조직의 규약, 강령 등이 전혀 없는 '허구적·가상적 조직'이라고 할 수 있다.

민청학련은 어떤 조직인가? •

다음은 조직의 성격에 관한 문제다. 박 정권은 민청학련을 '정부 전복을 기도한 반국가 단체'로 규정하고, 군법회의 또한 이를 인정했다. 하지만 민청학련 관련자들은 1974년 4월 3일 전후로 유신 반대 전국 동시다발 시위와 대학별 시위를 전개한 것 외에 다른 활동을 하지 않았다. 이들은 정부를 참칭한 일도 없고, 주동자들 또한 정권 탈취에 대한 적극적인 의사가 없었다. 그럼에도 중정은 처음부터 수사 방향을 용공성과 반국가 단체에 맞춤으로써 조직의 성격을 그쪽으로 몰아갔다.

이런 사실은 중정이 4월 21일 작성한 '수사 상황 보고—수사 초점 주요 내용'에서 그대로 드러난다. 중정은 수사 초점을 "1. 관련자(특히 주동자)는 공산주의 사상 보지자임을 입증 2. 이들이 작성·배포한 유인물의 작성 경위와 초안을 무엇을 보고 만들었는지 추궁하여 공산주의자임을 입증 3. 조직 체계 전모를 규명·발본색원할 것을 중심으로 수사" 등으로 잡고 있다.˙ 박 정권이 정한 방향에 따라 수사했음을 알 수 있다. 박 정권은 유신 체제에 도전하는 세력을 용공적인 반국가 집단으로 부각하려 한 것이다.

민청학련 관련자들이 작성한 각종 유인물 내용이나 조직 활동 등을 살펴보더라도 억압적인 1인 독재 체제인 유신헌법 철폐와 민주주의 쟁취, 노동 악법 철폐, 부정부패 해소, 구속 인사 석방 등 자유민주주의적 기본 질서에 지극히 부합하는 내용이라는 것을 금방 알 수 있다.˙˙ 민청학련이나 그 관련자들은 용공적인 반국가 세력과 거리가 먼 자유주의적 민주화 운동 세력이었다.

민청학련은 인혁당의 배후 조종을 받았나? •

그렇다면 민청학련은 인혁당재건위와 어떤 관계였을까? 중정에서 작성한 인혁당 사건 관련자들의 수사 기록에는 인혁당과 관련이 있는 것처럼 언급되지만, 이는 강압적 수사 결과로 임의성을 인정하기 어렵다. 설령 그런 증언을 받아들인다 해도 인혁당 관련자들의 일방

■ 국정원, 앞의 보고서, 171쪽. 거기에는 이런 내용도 포함되었다(앞의 보고서, 180쪽). "투쟁 방법과 목표를 북한의 대남 적화통일 전략 전술인 인민민주주의혁명 완수를 위해 민족통일전선술에 따라 우리 정부를 폭력으로 타도하고, 과도정부를 거쳐 종국에는 사회주의 정부를 수립하려는 내용 조사—배후 관계에 있어 간첩의 지령에 따른 것이다, 재일 조총련의 지령이다, 국내 혁신계의 조종 아래 움직이고 있다, 북괴 대남 방송을 청취하고 그대로 행동했다 하여 친북 용공으로 규정하기 위한 방향으로 수사."
■ ■ 국정원, 앞의 보고서, 166쪽.

적인 생각일 뿐, 민청학련 핵심 관련자들은 그 사실을 전혀 인정하지
않았다.

민청학련 관련자들은 인혁당재건위 사건 관련자들과 개인적으로
면식이 없고, 자신들이 운동을 책임진다는 의식이 강했다. 그들은
'학생들의 힘에 의한, 학생들의 책임으로'라는 사고로 활동했기 때문
에 배후 지도를 받아들일 생각이 없었다. 또 민청학련 사건의 핵심
멤버들은 '운동의 주도권은 서울, 서울대 그리고 서울대 문리대에 있
다'는 엘리트 의식이 강했기 때문에 서도원, 도예종 등에 따른 민청
학련 배후 조종을 전혀 인정하지 않는다. 당시에도 배후 따위는 염두
에 두지 않았다.*

수사기관이 발표한 바에 따르면 인혁당과 민청학련의 연결 고리는
여정남인데, 그는 인혁당재건위 관련자들과 함께 사형에 처해졌다.
민청학련 핵심 관련자인 이철, 유인태 등이 여정남과 교류하고 유신
반대 전국 동시다발 시위를 준비하는 과정에서 함께 논의한 것은 사
실이다. 그러나 그것만으로 인혁당재건위가 여정남을 통해 민청학련
을 배후 조종했다는 사실이 입증되지는 않는다. 민청학련 핵심 주모
자들은 일을 스스로 계획·준비·진행했고, 논의 과정에서 여정남이
이들을 지도할 위치에 있지도 않았다는 것이 여러 사람들의 증언을
통해 확인되었다.**

인혁당재건위 관련자 중 일부가 민청학련과 관계가 있었지만, 그

■ 국정원, 앞의 보고서, 179~185쪽.
■ ■ 국정원, 앞의 보고서, 185쪽.

들의 활동이 인혁당재건위 활동 내용과 정확히 어떻게 연관되는지 파악되지 않는다. 따라서 임의성이 확인되지 않는(강압에 따른 조작 가능성이 계속 제기되었고, 인혁당 관련자들이 심각한 고문을 받았다는 사실을 염두에 둘 때) 인혁당재건위 사건 관련자들의 일방적인 진술 조서만으로 그 배후나 연관 관계를 확인하기는 어렵다.

밥값 7500원이 공작금 7만 5000원으로 둔갑하다 ●

마지막으로 일본인이나 조총련과 민청학련의 관계 문제가 있다. 중정은 1974년 4월 25일 "일본 좌익계의 교내 자치회 부회장 등을 역임한 다치카와 마사키太刀川正樹는 조총련 비밀 조직원으로, 재일본대한민국민단(민단) 소속임을 자칭하는 곽동의의 원조 아래 한국을 수차례 드나들면서 1966년 이후 일본 공산당원으로 활동하던 하야카와 요시하루早川嘉春와 더불어 (이철, 유인태를 만나) 폭력 혁명을 선동하고 금품을 제공하는 등 활동을 했다"고 발표했다. 비상 고등군법회의 검찰부 또한 7월 9일 검찰관 진술에서 "1973년 12월 25~26일 접촉에서 이철과 유인태는 현 정부를 전복하고자 전국적인 학생 조직을 통해 투쟁한다고 했고, 일본인들은 이철과 유인태가 공산주의자로서 이들이 수립하고자 하는 국가가 공산주의 정권이라고 단정했다"고 기록했다. ●

■ 국정원, 앞의 보고서, 186쪽.

중정 발표와 검찰관 진술이 사실일까? 이와 관련하여 이철과 유인태는 회고록 등에서 "두 일본인은 파시즘에 반대하는 학생운동가들을 우호적으로 취재하는 외국인 기자로서, 신학기 학원가의 투쟁 계획에 대해 취재 요청을 해서 응한 것"인데, 이것이 중정 조사 과정에서 통역을 맡은 조아무개(그는 사건 종료 뒤 중정 직원으로 특채되었다)의 거짓 자백으로 "우리가 두 일본인에게서 폭력 혁명을 사주 받고 자금을 지원받은 것으로 각색되었다"고 주장했다.

유인태는 기자와 취재원으로서 대화한 것 외에 아무 말도 없었고, 다치카와의 질문에 답변하는 형식이었기 때문에 그의 사상이나 성향을 파악할 만한 분위기가 아니었다고 주장했다. 다치카와는 1993년 11월 3일 '민청학련 계승사업회' 결성식에서 "당시 유인태를 만나 4·3 프로그램을 취재했는데, 라면을 먹으며 고생한다는 얘기에 동정과 공감이 가서 7500원을 주었다. 그 돈이 나중에 7만 5000원으로 변했고, 그 성격도 공작금으로 변해 북과 연결되었다는 각본이 만들어졌다"고 주장했다. 굶는 학생운동가에게 준 밥값 7500원이 공작금 7만 5000원으로 둔갑한 것이다.

■ 국정원, 앞의 보고서, 192쪽. 박정희-전두환으로 이어지는 군부 정권 시절, 이런 일이 비일비재했다. 중정이나 보안사가 조작한 간첩단 사건은 대부분 이런 식으로 각색되었다.

일본인의 배후 조종 주장은 신빙성 없는 내용 •

국정원 진실위는 보고서에서 민청학련과 일본인의 관계에 대해 다음과 같이 기록했다.

> 일본인들이 유인태 등과 접촉하는 과정에서 '무장' 운운한 사실은 있지만, 조총련이나 일본공산당이 민청학련의 배후라고 중앙정보부가 발표한 것은 전혀 신뢰할 수 없으며, 근거가 조작된 것으로 판단되고, 이철의 변호인 황인철과 접견한 기록에 일본인과 관련한 외교적 문제가 있는데, 17일 공판할 때 검찰 범죄대로 진술한 뒤 나중에 사실대로 밝히자고 황인철 변호사가 말한 사실로 보아 당시에도 일본인과 관련한 부분은 정치적 고려를 한 것으로 보임. 곽동의의 지시에 따라 민청학련 관련자들과 다치카와가 폭력 선동을 했다는 구체적인 연결점을 파악하기 힘든 상황인데다, 공소장 내용이 모두 사실이라고 가정해도 기자와 취재원으로서 만나고 대화한 내용만으로 곽동의를 통해 조총련이 민청학련을 배후 조종했다고 지목하기에는 제반 증거나 정황상 무리가 있다고 판단됨.˙

그런데 중정이 두 일본인의 배후 조종자로 지목한 곽동의는 조총련과 관련된 인물이 아니라 민단 인사다. 곽동의는 김대중이 일본에서 조직한 재일한국민주회복통일촉진국민회의(한민통)에도 참가했고, '김대중 구출대책위원회' 사무국장으로 활동하면서 박정희 반대

■ 국정원, 앞의 보고서, 192~193쪽.

운동과 민주화 운동을 전개한 민단 반주류파 인물이다.

다치카와는 곽동의와 자신이 취재기자와 취재 협력자 관계 이상이 아니었다고 주장했다. 그는 곽동의와 관련된 신문에서 "민단 반주류파이기 때문에 박정희 정권에는 반대하고 있다고 생각한다. 지금까지 취재하는 동안 중정 해체와 민주 회복을 주장하지만, 그의 입에서 사회주의 용어를 들은 적은 없다. 개인적으로는 자민당 AA연구회의 우쓰노미야 도쿠마宇都宮德馬 의원 정도와 사상적으로 가깝다고 본다"고 진술했다. 이같이 명확한 진술에도 중정은 수사 발표에서 억지 주장을 폈고, 검찰이나 재판부는 중정의 주장을 받아 적어 사실을 조작하는 데 일조했다.

민주화 운동에 대한 용공 조작의 뿌리 •

곽동의는 민청학련 사건 당시 김대중 구출 운동의 핵심 인물이었기에 중정으로서는 눈엣가시 같은 존재였다. 따라서 중정은 그를 "조총련 비밀 조직원으로 지목"하면서 조총련과 연계된 사건처럼 조작한 것으로 보인다. 곽동의가 조총련의 비밀 조직원이라는 중정의 주장을 뒷받침할 근거는 없었다.··

■ 국정원, 앞의 보고서, 193쪽.
■ ■ 곽동의는 처음에 김대중 구출 운동과 한국의 민주화, 통일 운동을 적극적으로 폈다. 그는 1989년 한민통을 재일한국민주통일연합(한통련)으로 개편하고 활동을 계속했으나, 한통련은 한국 정보기관에 북한과 연계된 반국가 단체로 낙인찍혔다. 때문에 곽동의는 한동안 한국을 방문할 수 없었고, 심지어 자신이 열심히 구명 운동을 벌인 김대중이 대통령이 되고 나서도 한

　당시 일본에서는 민단계과 조총련계가 교류했다. 재일 동포들은 이념적으로 다른 조직에 있어도 같은 민족으로서 오랫동안 알고 지낸 처지라 자연스럽게 교류했다. 그러나 한국 정보기관은 조총련계 사람들과 접촉만 해도 북한 공작원 취급을 했고, 이는 1980년대까지 재일 교포 간첩단 조작 사건의 주요한 배경이 되었다. 전형적인 냉전 시대의 사고방식이며, 극단적인 반북 대결 의식의 산물이다. 민주화 운동에 대한 용공 조작의 뿌리 또한 이와 동일하다.

　중정이나 보안사 등 박정희 정권의 보위 기관이 유신 체제에서 반정부 활동을 반국가 활동으로 포장하는 일은 다반사였다. 민청학련 사건은 박정희가 유신 체제를 지키기 위해 감행한 대표적인 용공 조작 사건이다. 이 사건으로 수많은 사람들에게 사형을 비롯해 중형이 선고되었고, 사건의 배후로 지목된 인혁당재건위 주모자들은 사형에 처해지는 등 사회적으로 공포 분위기가 조성되어 일시적으로 유신

국 방문을 거절당했다. 그가 한국을 찾은 것은 노무현 정부 시절인 2004년 10월이다. 4·19혁명 이후 44년 만에 고국을 방문한 것이다.

한민통이 반국가 단체가 된 것은 1978년 '김정사 간첩 사건'의 배후로 지목되면서다. 그러나 김정사는 한민통 회원이 아니었고, 간첩죄로 10년 형을 선고받았지만 1년 만에 풀려나 한국과 일본을 자유로이 왕래하며 활동했다. 김정사 간첩 사건은 2009년 11월 17일 진실화해위원회 조사 결과 보안사의 고문에 의해 조작된 것으로 확인되었고, 2011년 9월 23일 재심에서 무죄 선고되었다. 이때 재판부는 한민통(한통련)에 대한 판단은 별도로 하지 않았지만, 이 판결로 한민통이 반국가 단체라는 근거 사유가 사라지고 말았다. 진실화해위원회에 따르면 사법부는 1978년 김정사 간첩 사건 판결에서 "처음으로 한민통을 반국가 단체로 판시하면서도 판결문에는 한민통이 반국가 단체인 이유나 근거에 대해 아무런 설시가 없"었다. 문제는 재판부가 "명백한 증거 없이 한민통을 반국가 단체로 판시한 뒤, 이를 내세워 김정사의 간첩 혐의를 인정하고 중형을 선고"한 점이다. 김정사의 간첩 혐의가 조작되었다는 것이 밝혀진 이상 한민통이 반국가 단체라는 근거 또한 사라졌다. 이에 대해서는 진실화해위원회, 〈재일 유학생 김정사 간첩 조작 의혹 사건〉, 《2009년 하반기 조사 보고서》(진실·화해를위한과거사정리위원회, 2010)를 참고할 수 있다.

반대 운동이 타격을 받았다.

하지만 아무리 강력한 억압 체제도 자유와 인권, 민주주의를 향한 대중의 저항 앞에서는 무력할 수밖에 없다. 민청학련 사건 이후 유신 체제를 무너뜨리기 위한 민주화 운동은 일시 정체되었으나, 결국 다시 일어나고야 말았다. 민청학련 사건은 유신 반대 투쟁에서 '이 보 전진을 위해 일 보 후퇴'하는 계기가 되었다고 할 수 있다.

20

인혁당 사건

고문 조작과 함께
사법 살인을 자행하다

국제법학자협회, 사법사상 '암흑의 날'로 선포하다 ·

민청학련 사건 관련자들은 어마어마한 형량을 선고받았으나 대부분 1년 안에 석방되었다. 박 정권 스스로 조작 사실을 시인한 꼴이다. 박정희로서는 강압 정책을 밀어붙이기에도 부담스러웠을 것이다. 강한 압박으로 정국 분위기를 다잡았으니 약간의 유화 조치가 효과적일 수 있다고 생각했는지도 모르겠다. 하지만 일은 박정희의 생각처럼 움직이지 않았다.

민청학련 사건 관련자들은 전혀 기가 죽지 않았고, 형량보다 빨리 석방된 것을 고마워하지도 않았다. 그 때문에 박정희는 형 집행정지로 풀려난 "그자들이 감옥을 나오면서 마치 개선장군이라도 된 양 만세를 부르고 난리였다"며 크게 화를 냈다고 한다. 박정희는 민청학련 사건으로 유신 반대 운동의 불길은 잡았다고 생각했으나, 상황은 그리 녹록지 않았다. 민청학련 사건이 발생한 지 1년 만에 긴급조치

7호와 9호를 내놓아야 할 정도로 민주화 운동의 불길이 금방 살아났기 때문이다.

민청학련 사건 관련자들과 달리 인혁당 사건 관련자들에게는 전혀 다른 운명이 기다리고 있었다. 1975년 4월 8일 대법원은 인혁당재건위 사건 관련자 중 서도원, 도예종 등 7명에게 사형, 8명은 무기징역, 6명은 징역 20년 형을 최종 선고했다. 그리고 대법원에서 형이 확정된 지 18시간 만에 민청학련 사건 관련자 여정남을 포함한 8명의 사형을 전격 집행했다. 박정희의 지시에 따라 준비했다가 바로 사형 집행을 감행한 것이다.[*]

너무나 충격적인 일이었다. 사형선고는 받았지만 고문을 통한 사건 조작 시비가 제기되었기 때문에 재심이 청구될 게 분명했다. 재심이 청구되면 법적 공방이 벌어질 가능성이 높고, 재심 청구가 기각되더라도 사형 집행까지는 몇 년이 걸리는 것이 관례다. 그런 관행을 무시하고 재심을 청구할 기회조차 박탈한 채 전격적으로 사형을 집행한 것이다.

이 사건은 해외에서도 큰 문제가 되었다. 제네바에 본부를 둔 국제법학자협회는 인혁당 사건 관련자의 사형이 집행된 4월 9일을 '사법 사상 암흑의 날'로 선포하고, 이 사건을 '사법 살인'으로 규정했다.[**] 법을 가장한 정치범 학살 행위로 본 것이다.

■ 강준만, 앞의 책, 227쪽; 국정원, 앞의 보고서, 261쪽.
■■ 임영태, 앞의 책, 430쪽.

인혁당 사건, 재심에서 무죄가 선고되다 •

2002년 9월 16일 의문사진상규명위원회(의문사위)는 인혁당재건위 사건 수사 과정에서 고문 등 가혹 행위, 수사 기록과 공판조서를 변조한 사실이 있으므로 정부는 이 사건을 재조사할 필요가 있다고 권고하는 내용의 조사 결과를 발표했다. 같은 해 12월 10일 인혁당 사건 사형수 8명의 유족들은 의문사위가 발표한 내용을 바탕으로 인혁당재건위 사건의 재심을 청구했다.

그리고 2005년 12월 7일 국정원 진실위는 인혁당 사건 수사 과정에서 고문 등 가혹 행위, 재판 과정에서 공판조서를 변조한 사실 등이 있다고 발표했다. 국정원 진실위는 〈인혁당 및 민청학련 사건 진실 규명〉이라는 보고서에서 정보기관들이 서클(동아리) 수준의 모임을 북한과 연계된 혁명 조직으로 확대·과장하여, 일부 반공법 등 실정법을 위반한 사실이 인정된다 해도 징역 1~2년 형에 그칠 사건이었으나, 대법원 확정 판결 18시간 만에 8명의 사형을 집행하여, 국내외에서 '사법 살인'이란 비판을 들은 '최악의 공안 사건'이라고 규정했다.•

2007년 1월 23일 법원은 인혁당재건위 사건 재심에서 관련자 8명 전원에게 무죄를 선고하고, 같은 해 8월 21일 서울지방법원은 인혁당 사건 희생자의 유족들이 국가를 상대로 한 손해배상 청구 소송에서 국가가 총 637억여 원을 배상해야 한다고 판결했다. 이로써 인혁

■ 국정원, 앞의 보고서, 289쪽.

당재건위 사건에 대한 법적 판단이 마무리되었다. 법원이 32년 만에 사건 관련자들에게 무죄를 선고하고, 국가의 위법행위에 따른 손해 배상 또한 인정했다.[*]

박근혜, 재심 판결을 인정하지 않다 •

이와 관련, 사건 당시 육영수가 사망한 상태에서 사실상 퍼스트레이디 역할을 수행한 박근혜는 다른 입장을 보임으로써 인혁당 유족들의 반발을 샀다. 2004년 8월 29일 박근혜 한나라당 대표는 인혁당 사건 관련 사과 요구에 "인혁당 사건은 법적으로 결론이 난 사건"이라며, 국정원 진실위 발표에도 "일고의 가치도 없고 모함이며 진실성이 없다"고 반박했다.[**] 그러나 무죄를 선고한 재심 결과에는 침묵으로 일관했다.[***]

18대 대선을 앞둔 2012년 9월 10일 새누리당의 대통령 후보 박근혜는 MBC 라디오 〈손석희의 시선집중〉에 출연, "인혁당 사건 유족들에게 사과할 의향이 있느냐"는 질문에 "그 부분에 대해서는 법원의 판결이 두 가지로 나왔다"면서 "그 부분에 대해서도 앞으로 판단에 맡겨야 하지 않겠냐고 답한 적이 있다"고 말했다.[****] 박근혜는 1975년

■ 〈한겨레〉, 2007년 8월 22일자.
■ ■ 〈한겨레〉, 2004년 8월 30일자.
■ ■ ■ 〈국민일보〉, 2005년 12월 8일자.
■ ■ ■ ■ 〈한겨레〉, 2012월 9월 11일자.

의 판결과 재심 판결을 '두 개의 다른 판결'로 인식하고 있었다. 이는 재심의 의미를 이해하지 못하거나 알면서도 무시하는 것이다. 어느 쪽이든 문제가 아닐 수 없다.

박근혜는 다음 날(9월 11일) 국회에 출석하면서 기자들에게 말했다. "같은 법원에서 상반된 판결도 있었지만, 한편으로는 그 조직에 몸담았던 분들이 최근에도 여러 증언을 하시기 때문에 그런 것까지 감안해서 역사의 판단에 맡겨야 하지 않겠는가."■

박근혜는 이 발언 당시 유력한 대통령 후보였고, 2013년 현재는 대한민국의 18대 대통령이다. 과거 국가의 심각한 인권침해 사건에 대통령이 되어서도 이런 사고와 인식 체계를 유지한다면 문제가 아닐 수 없다. 앞으로 박근혜 정부의 인권에 대한 태도를 지켜봐야 할 일이다.

진심 어린 사과와 후속 조치가 필요하다 •

여기에서 박근혜가 말하는 '그 조직에 몸담았던 분들'은 박범진 전 의원과 뉴라이트를 대표하는 안병직 서울대 교수 등을 말하는 것이 분명하다. 박범진은 1차 인혁당 사건에 연루되어 '그 조직에 몸담았던 분'이지만, 안병직은 그 조직에 몸담았던 박현채에게 '사상교양을 받은 사람'이라고 알려진다.

■ 위키백과, '인민혁명당 사건' 항목.

당시 서울대 학생으로서 인혁당 사건에 연루된 박범진은 "인혁당의 강령 내용은 민족 자주적인 정권을 수립해서 북한과 협상으로 통일을 시도한다는 것이었다"며, "위에서 아래로 관리하는 지하당"이었다고 주장했다. 국정원 진실위의 발표에 "지하당이 아닌 이념 서클이었다면 구성원을 비밀로 할 필요가 있었겠느냐"고 반문하기도 했다.■ 안병직은 《한국 민주주의의 기원과 미래 : 보수가 이끌다》에서 "인혁당의 조직 목적은 당시 활발하게 전개되던 학생운동을 지도하는 것이었는데 어느 정도 성공했다"며 "인혁당은 남한에서 자발적으로 생긴 공산혁명을 위한 조직이었다"고 주장했다.

이들이 말하는 것은 2차 인혁당(인혁당재건위)이 아니라 1차 인혁당이다. 이들의 주장은 주관적이지만,■■ 사건에 대한 하나의 입장으로 평가될 수는 있을 것이다. 그러나 박근혜의 주장은 전혀 사실에 부합하지 않는다. 이런 발언에 인혁당 관련자와 유족 등이 거세게 반발했고, 여론도 나빠지면서 지지도가 하락했다. 박근혜는 "유족들에게 죄송하고 위로의 말씀을 드린 바 있다"며 "그분들이 동의하면 뵙겠다"고 마지못해 사과했다. 유족들은 이 발언을 '진심 어린 사과'로 보지 않았기에 박근혜와 만남을 거부했다. 대통령 박근혜의 진심 어린 사과와 후속 조치가 필요한 상황이다.

■ 〈동아일보〉, 2010년 6월 30일자.
■■ 이들은 자신의 과거 신념 체계를 바꾼 사람들이기에 사건과 관련해서 편향된 시각을 보일 가능성도 얼마든지 있다는 점이 고려되어야 한다.

민청학련에서 사건이 시작되다 •

정보기관이 인혁당 사건을 문제 삼기 시작한 것은 민청학련 사건 수사 과정에서다. 박정희는 1974년 4월 4일 특별 담화에서 "반국가적 불순 세력의 배후 조종 아래 '인민혁명'을 수행하기 위한"이라며 민청학련의 배후를 언급했으나, 그 배후는 정확히 밝히지 않았다. 이때까지만 해도 정부가 반정부 세력과 관련된 사건을 터뜨릴 때 써먹는 통상적인 수법 정도로 생각할 수 있다. 중정은 처음부터 그 배후에 대해 정확한 정보가 없었던 듯 보인다.

그러나 민청학련 사건 수사 과정에서 검거된 여정남이 4월 17일 인혁당 관련자들에 대해 언급하면서 수사가 본격적으로 진행되었다. 여정남의 진술에서 이수병과 김용원 등이 언급되었고, 4월 18일 이수병이 검거되면서 도예종과 서도원 등이 배후로 등장했다. 4월 20일에는 하재완과 이재문 등이 여정남의 교양 지도원으로 지목되어 지명수배를 받았다. 그날 도예종이 검거되면서 '인혁당'이라는 조직이 문제로 등장했다.

국정원 진실위 보고서에 따르면, '인혁당 재건'이라는 용어가 처음 등장하는 것은 4월 22일 도예종의 진술서다. 도예종은 "1973년 10월 서도원·이수병과 함께 과거 혁신계 인사를 결속, 혁신정당을 구성하고 대학가 반정부 데모를 조직화하기로 협의했다"고 진술했다. 4월 25일 중정부장 신직수는 민청학련 사건 1차 수사 상황 발표에서 민청학련의 배후로 '인혁당계'를 지목했다. 4월 28일에는 지명수배 된 하재완이 검거되면서 전재권, 임구호, 조만호, 이태환, 나경일 등으

로 수배가 확대되었다. 5월 1일에는 혁신계 '비밀지하망조직재건준
비위원회' 관련자로 전창일을 비롯해 10명을 긴급 수배했다.[*]

조직의 명칭도 명확하지 않은 엉성한 수사 결과 •

중정은 4월 25일 수사 발표 이전에는 '인혁당재건위'라는 조직의 실
체를 파악하지 못했고, 인혁당재건위로 사건을 조작하려는 의도가
있었다고 보기도 어렵다. 중정은 여정남이 1차 인혁당 관련자들을
언급하자 흥분했다. 중정부장 신직수와 정치수사국(6국)장 이용택은
1차 인혁당 사건 당시 검찰총장과 5국 대공과장으로 '심증은 있지만
확실한 물증이 없어 풀어주었다'고 생각했기 때문이다. 이들은 인혁
당 사건 수사에 집착했을 것이다. 전후 사정을 고려하면 일종의 '복
수심 같은 것'이 작동할 소지도 충분한 상황이었다.

　이렇게 민청학련과 인혁당을 연결하고, 인혁당에 대한 그림을 그
리기 위한 수사가 본격적으로 진행되었다. 중정은 경찰과 보안사 등
의 지원을 받았고, 5월 8일부터 1차 수사기관인 중정에 검찰부 검찰
관들을 조기에 투입하여 강도 높은 수사를 진행했다. 하지만 구체적
인 물증을 확보하지 못한 채 고문과 가혹 행위로 사건을 무리하게 끼
워 맞추는 '임기응변적인 수사'가 되고 말았다.[**]

■ 국정원, 앞의 보고서, 214쪽.
■ ■ 국정원, 앞의 보고서, 217~218쪽.

사건이 고문을 통해 억지로 끼워 맞춰진 증거는 곳곳에서 드러난다. 무엇보다 사건 명칭이 '용공지하당재건준비위'였다가 '용공지하당재건위'로 바뀌었고, 5월 16일부터 '인혁당재건위'로 표기되기 시작했다는 점에서 쉽게 파악할 수 있다. 대법원에서는 '인혁당 재건 단체'로 표기된다. 이처럼 수사는 단체의 명칭마저 불확정적일 정도로 엉성했다. 명칭이 불확정적이라는 것은 조직의 실체가 없거나, 그 조직의 명칭이 무엇인지도 밝혀내지 못했다는 이야기다. 한마디로 수사 결과는 구체적 내용을 확보하지 못했다.

2차 인혁당(인혁당재건위) 사건이라는 비극의 뿌리는 1964년 발발한 1차 인혁당 사건이다. 인혁당재건위 사건의 핵심이 모두 1차 인혁당 사건 멤버들이며, 중정의 수사 주체 또한 1차 인혁당 사건 담당자다. 수사기관 책임자가 된 이들은 1차 사건에 의구심을 떨치지 못한 상태였고, 이 사건에 강한 선입관이 작용했다. 10년 전 중정에게 수사를 받았으나 대부분 증거 불충분으로 풀려난 인혁당 사건 관련자들이 10년 만에 다시 중정에 체포되자, 가혹한 고문으로 조작된 사건에 엮였다고 보는 것이 타당하다.

김형욱, 2차 인혁당 사건이 조작되었다고 주장하다 •

그렇다면 인혁당재건위 사건의 비극을 불러온 1차 인혁당 사건은 어떤 내용인가? 1964년 8월 14일 중정은 북한의 지령을 받고 국가 변란을 획책한 지하당을 조직한 혐의로 41명을 구속하고 16명을 수배

한다고 발표했다. 이들은 1962년 1월 북한 노동당의 지령을 받아 남한에 인민혁명당(인혁당)이라는 비밀 지하조직을 결성했고, 전 혁신계 정치인과 현직 언론인, 대학교수와 학생들로 구성된 인혁당이 6 · 3 사태를 배후 조종했다는 것이다. 하지만 중정의 발표와 달리 확실한 물증은 나오지 않았고, 그 때문에 심각한 사회적 파문을 불러일으켰다.

처음 이 사건을 담당한 이용훈 부장검사와 김병리 · 장원찬 검사는 "양심상 도저히 기소할 수 없다"고 사표를 제출하며 버텼다. 결국 이용훈 부장검사 대신 한옥신 차장검사로 사건 담당 검사가 교체되었고, 인혁당 사건의 기소를 거부한 여운상 · 이용훈 검사는 압력을 받아 사표를 제출했다. 사건을 맡은 한옥신 차장검사는 국가보안법 위반 혐의 대신 반국가 단체 찬양 · 고무죄를 적용하여 공소장을 변경하는 등 우여곡절 끝에 가까스로 기소했다.

그러나 중정과 검찰은 재판부에서도 완패하고 말았다. 재판부는 혁신계 인사들이 모임을 하고 서클을 조직한 사실은 인정되지만, 북한의 통일 방안에 동조하는 인혁당 강령을 심의한 사실은 확인할 수 없다고 판단했다. 그에 따라 도예종에게 3년, 양춘우에게 2년의 실형을 언도하고 나머지 11명은 무죄를 선고했다.

이 사건은 무리한 수사로 조작 시비가 일었고, 수사 과정에서 전기 고문 등 가혹 행위가 문제 되었다. 김형욱은 회고록에서 "심증은 뚜렷하나 물증이 없었"다면서 자신이 "정보부장으로 재직한 7년 동안

■ 《한국 현대사 이야기 주머니 2》(한국정치연구회 지음, 녹두, 1993) 210쪽.

가장 곤란하고 다루기 어려웠던 사건"이라고 고백했다. 그는 2차 인혁당 사건은 "조작된 것이 분명하다"면서 다음과 같이 주장했다.

> 박정희와 이후락의 지령을 받은 신직수와 그의 심복 이용택은 10년 전에 문제 됐다가 증거가 없어서 석방한 사람들을 다시 정부 전복 음모 혐의로 잡아넣었다. 중정이 발표한 혐의 사실로 보아서는 이용택이 새로운 혐의와 이를 뒷받침할 결정적인 증거를 확보하지 못한 것으로 판단되었다. 나는 단번에 그 사건이 조작된 것이라고 직감했다. 도예종, 김용원, 서도원, 송상진, 여정남, 우홍선, 이수병, 하재완 등 8명은 정부에 비판적이나 국제적인 연관 관계가 없었다. 박정희는 국제적 말썽이 일어날 가능성이 적다는 것을 계산하고, 이들을 본보기 삼아 처형함으로써 국민들이 반항하지 못하도록 하려는 속셈이었다.·

체제의 꼭두각시 노릇 한 법원도 책임이 있다 •

앞에서 언급했듯이 1차 인혁당 사건은 박범진이나 안병직처럼 조직적 실체가 있었다고 주장하는 사람들도 있다. 당시 수사 담당자들도 '강한 심증적 확신'을 피력해왔다. 하지만 검사들조차 물증이 불확실해서 기소하기 어렵다고 항명하며 옷까지 벗는 '사법 사태'가 벌어졌고, 법원도 혐의를 입증할 수 없다고 사실상 무죄를 선고한 사건이

■ 김형욱 · 박사월, 앞의 책, 257쪽.

다. 그렇다면 이 사건에 대한 판단은 끝난 것이라고 볼 수 있다.

　아무리 수사 관련자가 '강한 의구심과 심증'이 있다 해도 증거재판주의, 죄형법정주의의 기본 원칙에 따라 증거가 제시되지 않고 법원에서 그것을 인정하지 않으면 죄가 성립되지 않는다. 1차 인혁당 사건에서 수사기관의 주장이 인정되지 않은 것은 사법기관의 독립성이 살아 있었기 때문이다. 그러나 1970년대 박정희 독재 정권의 하수인이 된 법원은 인혁당재건위 사건에서 중정과 수사기관의 주장을 액면 그대로 인정하고, 검찰의 구형을 선고에 반영했다. 이른바 '정찰제 선고'다.■

　살벌한 시대 상황에도 양심을 지키기 위해서 눈물겹게 노력한 법관들은 대부분 불이익을 당했다. 그렇지만 강신옥 변호사가 민청학련 사건을 변호하다가 법정에서 구속되는 참혹한 사법 유린 상황에도 대다수 법관들은 침묵을 지켰다. 그들 중 적지 않은 인사들이 소극적 회피나 침묵을 넘어 적극적으로 유신 체제에 동조·아부하는 길을 선택해서 출세를 보장받았다.

　유신 체제를 수호하는 첨병이 된 정보기관과 검찰, 경찰뿐만 아니라 거기에 암묵적으로 동조·지원한 법원과 법관들 또한 시대적 책임을 면할 수 없다. 어떤 사람들은 '일상적 파시즘'을 꺼내들어 암울한 시대 상황에 침묵하고 암묵적으로 동조했다며 국민 대중에게도 문제를 제기하지만, 법조인 문제는 이와 차원이 다른 이야기다.

■ 강준만, 앞의 책, 134쪽.

21

장준하 의문사

진실은
아직도 숨어 있다

장준하 의문사하다 •

1975년에는 연초부터 충격적인 정치적 사건이 계속 일어났다. 유신
헌법 찬반 투표(2월 12일), 동아일보 기자 해고 사태(3월 8일~5월 1일),
조선일보 기자 해고 사태(3월 11일), 고려대 휴교령과 긴급조치 7호
발동(4월 8일), 인혁당 사건 관련자 8명 사형 집행(4월 9일), 서울대 농
대생 김상진 할복자살 사건(4월 11일), 긴급조치 9호 발동(5월 13일),
전국 고교와 대학에 학도호국단 결성 지시(5월 20일), 박정희 · 김영
삼 회담(5월 20일), 사회안전법과 민방위기본법, 방위세법, 교육관계
법 등 '4대 전시 입법' 제정(7월 9일), 중앙학도호국단 발단(9월 2일),
김옥선 파동(10월 8일) 등 사건이 잇따랐다.

　국제적으로도 캄보디아 적화(4월 17일)와 베트남 패망*(4월 30일) 등

■ 엄밀히 말하면 '베트남 재통일'이라고 해야 맞지만, 여기에서는 통상적인 표현대로 두었다.

충격적인 사건이 발생했다. 베트남과 캄보디아의 공산화는 예견되었지만, 막상 현실로 나타났을 때 분단국가 한국이 받은 충격은 컸다. 박정희 정권은 이런 사태를 국가 안보보다 정권의 안위에 이용했다. 박 정권은 베트남이 패망한 원인이 내부의 정치적 분열과 혼란이라면서 유신 반대 운동을 불순 세력의 준동으로 몰아갔다. 박 정권의 안보 공세에 정국은 얼어붙고, 국민과 야당은 위축되었다.

안보 공세로 정국의 주도권을 잡은 박정희 정권은 인혁당 사건 관련자 8명 사형 집행, 긴급조치 9호 발동 등 극단적인 강압 조치를 취했다. 나아가 정권은 학도호국단 발족, 사회안전법 제정 등 국가를 병영 체제로 만들었다. 이런 상황에서 8월 17일 박정희에게 눈엣가시 같던 장준하가 의문의 죽음을 당한다. 장준하의 죽음은 민주화 운동 세력에게 충격적인 일이었다.

재야에서 박정희를 괴롭힌 장준하 •

장준하는 박정희에게 껄끄러운 존재였다. 1970년대 정치권에서 김대중이 박정희의 최대 정적이라면, 장준하는 재야에서 박정희를 괴롭힌 인물이었다. 장준하는 박정희가 정권을 장악한 뒤 끊임없이 그에게 도전장을 내밀었다. 1960년대 내내 박 정권을 비판했을 뿐만 아니라, 박정희 개인에게도 비난을 퍼부었다. 장준하가 잠깐 동안 박 정권의 정책에 지지를 보낸 적이 있는데, 1970년대 초반 7·4남북공동성명이 발표되었을 때다. 열렬한 민족주의자 장준하는 7·4남북

공동성명이 남북의 통일에 획기적인 사변이라 생각하고, 정치적 입장과 상관없이 전적으로 지지를 보냈다.

장준하는 《씨올의 소리》에 발표한 〈민족주의자의 길〉에서 "모든 통일은 좋은가? 그렇다. 통일 이상의 지상명령은 없다. 통일이 갈라진 민족이 하나가 되는 것이라면, 그것이 민족사의 전진이라면 당연히 모든 가치 있는 것은 그 속에서 실현될 것이다"라며 7 · 4남북공동성명에 기대감을 나타냈다. 하지만 박정희가 국민의 바람을 외면한 채 남북대화를 정권 연장의 방편으로 이용하고 유신 체제를 들고 나오자, 장준하는 다시금 박정희 반대 투쟁의 선봉에 선다.

광복군 장준하와 일본군 박정희의 인연 ●

장준하와 박정희의 인연은 젊은 시절에 시작된다. 장준하는 목사가 되기 위해 니혼日本신학교에 유학하던 중 태평양전쟁이 발발하면서 학도병으로 끌려갔으나, 곧 탈출해 광복군이 되었다. 그는 해방 직전 광복군 대위로 미국 OSS전략 정보국, CIA 전신 교육을 받고 국내에 밀파되기 위해 대기하던 중 해방을 맞았다.

반면 박정희는 큰 칼을 찬 군인이 되고 싶어 소학교 교사를 그만두고 만주로 가서 신징新京군관학교와 일본 육사를 졸업한 뒤 관동군 장교가 되었다. 그는 일본군 중위가 되어 화베이華北 지방 전투에 투

■ 《민족주의자의 죽음 : 장준하》(김삼웅 외 지음, 학민사, 1993) 33쪽.

입되었으나, 일제의 패망과 함께 자신이 속한 8연대가 무장해제 되자 군복을 벗고 부대를 탈출한 뒤 광복군 3지대를 찾아갔다.

1945년 9월 중국 시안西安에서 장준하와 박정희가 만났다는 주장이 있지만, 이는 사실이 아닌 듯 보인다. 장준하의 측근 이철우가 증언한 바에 따르면 "장준하는 박정희를 질책했다"고 한다. 박정희가 일본식 군대 방침을 광복군에 적용하고 일본말을 쓰는 것을 보고 심한 모욕을 주었다는 것이다. 하지만 조갑제는 이 무렵 박정희와 장준하는 만난 적이 없다고 주장했다. 장준하의 아들 장호권 또한 〈프레시안〉 인터뷰에서 이때 장준하는 박정희를 몰랐다고 했다.

"장준하와 박정희는 전혀 모르는 사이이다. 장준하가 일본군에서 탈출할 때, '일본군 장교로 나라를 배신하고 광복군을 때려잡는 장교들이 있다'는 말을 들었다고 한다. ……장준하가 박정희라는 존재를 안 것은 남로당 사건 때다."[■]

김삼웅도 《장준하 평전》에서 두 사람의 만남을 언급하지 않았다. 이 무렵 장준하와 박정희가 만났을 가능성이 높지 않다고 보았기 때문일 것이다. 어느 주장이 사실이든 장준하에게 박정희는 일본군이 패배한 뒤에야 도망쳐서 살길을 도모한 기회주의자에 불과했고, 박정희에게 장준하는 친일 콤플렉스를 자극하는 눈엣가시 같은 존재일 수 있었다.[■■]

■ 〈프레시안〉, 2010년 10월 25일.
■■ 조갑제는 박정희가 콤플렉스 같은 게 없는 사람이라고 말하지만, 인간에게 콤플렉스가 없다는 말은 믿기 어렵다. 아무리 대단한 사람도 내면에는 인간의 모든 요소가 있다고 봐야 할 것이다. 조갑제의 주장은 박정희가 일반인과 다른 '혁명가'이며 '영웅'이라는 얘기다.

장준하, 《사상계》 발행인이 되다 •

장준하는 광복군, 정치인, 청년 운동가, 정부 관리, 언론인에서 다시 정치인으로, 마지막에는 재야 민주화 운동가로 살았다. 평안하고 안온하게 살 수도 있었지만, 그 길을 택하지 않았다. 그는 끊임없이 새로운 세계를 개척하고, 민족적·사회적 요구를 해결하기 위해 도전하며 살고자 했다. 그러다 보니 정치적 박해와 경제적 압박에서 자유롭지 못했고, 박정희 정권에서는 특히 심했다.˙

해방 직후 장준하는 광복군 장교로서 임시정부와 함께 귀국하여 김구의 비서가 되었다. 1947년 12월 이범석의 조선민족청년단(족청)에 가입해 중앙훈련소 교무처장을 지냈으나, 1949년 한신대학교에 편입했다. 1950~1952년 문교부 국민정신 계몽 담당관, 문교부 산하 국민사상연구원 기획과장과 사무국장 등을 역임했다. 그는 이 시기 대한민국 정부 수립의 불가피성을 인정하고, 사상적·이념적 정당성을 확보하는 길만이 북한 공산주의를 이기는 길이라 확신하여, 국민 계몽을 위한 칼럼을 쓰고 강연 활동 등을 열심히 했다.˙˙

장준하는 1953년 4월 월간 《사상계》를 창간하면서 언론인이 되었고, 경영난으로 발행인이 바뀌는 1968년 말까지 《사상계》 사장으로서 정론 직필의 선봉에 섰다. 장준하는 민족주의자였지만 이념적인 측면에서는 보수주의자였다. 기독교인이고 반공주의자였기에 이승

■ 그 때문에 자식들이 교육도 제대로 받지 못할 정도로 가족이 고생을 했다.
■■ 《장준하 평전》(김삼웅 지음, 시대의창, 2009) 312쪽.

만과 사상적으로 갈등할 이유는 없었지만, 민주주의자였기에 이승만의 영구 집권 기도에 비판적이었다. 이승만 정권 말기 '함석헌 필화 사건'이 있었고, 1959년 2월 국가보안법 파동과 부정선거에 비판적 입장을 견지했다.

1950년대 《사상계》는 이념적으로 진보적이지는 않았지만, 척박한 한국의 지성계에 새바람을 불어넣었다. 《사상계》는 세계의 사상과 문화의 흐름을 알 수 있는 글을 번역·소개하고, 젊은 지식인 필자를 발굴·육성함으로써 지식과 문화 기반을 확장하는 데 기여했다. 《사상계》는 새로운 작가를 발굴·육성하고, 동인문학상을 제정하는 등 한국문학 발전에도 적잖이 기여했다.

4·19혁명 이후 장면 정권 시기에 장준하는 국토건설본부 기획부장으로 근무하며 국토 개발과 경제 발전 사업의 일선에서 활동했다.

장준하, 5·16과 박정희 비판에 나서다 •

장준하는 처음에 5·16을 지지하는 입장을 보였다. 《사상계》 1961년 6월호 권두언 〈5·16혁명과 민족의 진로〉에서 "누란의 위기에서 민족적 활로를 타개하기 위하여 최후의 수단으로 일어난 것이 5·16군사혁명"이고, "4·19혁명이 입헌정치와 자유를 쟁취하기 위한 민주주의혁명이었다면, 5·16혁명은 부패와 무능과 무질서와 공산주의

■ 《사상계》 1958년 8월호에 함석헌이 쓴 〈생각하는 백성이라야 산다〉는 글이 문제가 되었다.

책동을 타파하고 국가의 진로를 바로잡으려는 민족주의적 군사혁명이다"라고 했다.

권두언은 보통 장준하가 직접 썼기 때문에 이 글 또한 장준하의 입장이라고 봐도 무방할 것이다. 군정의 검열 때문이었을까? 장면 정권에서 국토 건설 사업에 직접 참여한 사람으로서 합법적인 정부를 무너뜨린 군인들의 반란을 인정한 것이 선뜻 이해가 안 가지만, 우리가 볼 수 있는 자료에서는 그렇다. 이 시기 많은 지식인들이 5·16을 지지하는 입장을 보였다. 장면 정권에 대한 기대가 큰 실망감으로 바뀌었기 때문이다.

그러나 《사상계》는 한 달 뒤 7월호에서 박정희 비판의 물꼬를 텄다. 〈5·16을 어떻게 볼까?〉로 함석헌이 구속되고, 장준하는 불구속 입건되었다. 그럼에도 장준하는 한동안 군사 쿠데타의 불가피성을 인정했다. 5·16 직후 장준하는 '친미 반공의 종속적 자본주의 발전을 통한 근대화'라는 기본 노선에서 박정희와 큰 차이가 없었다. 그래서일까? 장준하는 5·16 세력을 위해 대미 관계의 가교 역할을 맡기도 했다.

《사상계》가 5·16과 박정희 정권 비판의 선봉에 선 것은 1964년부터다. 장준하는 1964년 5월호 권두언 〈유산된 혁명 3년〉에서 군사정권의 '구악보다 더한 신악'을 신랄하게 꼬집었다. "국민혁명을 구두선으로 외치던 5월 혁명이 세 돌을 경과하는 동안에 집권욕과 물욕

■ 《한국 현대사 산책—1960년대편 2 : 4·19혁명에서 3선 개헌까지》(강준만 지음, 인물과사상사, 2004) 50쪽.

만 두드러져서 점차 민심을 등지고 있다"며 "이 나라 장래를 위해 심히 슬프고 위태로운 사태"라고 개탄했다.[*]

국가원수모독죄로 두 차례 구속되다 •

장준하의 박정희 비판은 한일회담과 베트남 파병, 삼선 개헌을 통해 더욱 신랄해졌다. 그에 따라 장준하와 《사상계》에 대한 탄압 역시 강도를 더해갔다. 장준하는 박정희의 한일회담을 '매국적 행위'라며 비판했고, 베트남 파병을 두고 "박정희는 한국 청년의 피를 파는 매혈자"라며 비난했다. 1966년 10월 15일 대구 수성천 변에서 민중당이 주최한 삼성 사카린 밀수 사건 규탄 대회에 참석한 장준하는 "밀수 왕초는 바로 박정희"라며 공격했고, 이 일 때문에 국가원수모독죄로 구속되었다.[**]

《사상계》를 향한 박정희의 공격이 교묘하게 진행되었다. 중정을 동원한 《사상계》 탄압은 잡지를 반품해서 경영 상태를 곤란하게 만들고, 세무사찰을 하는 것이었다. 중정은 《사상계》가 출간되면 대량 주문하여 가수요를 창출한 다음, 석 달 뒤 구입한 서점을 거쳐 고스란히 반품으로 돌려보냈다. 반품은 폐지가 되어 재생 공장으로 실려 갔고, 경영 상태는 갈수록 어려워졌다. 장준하는 이런 어려움을 극복

■ 임영태, 앞의 책, 442쪽.
■■ 임영태, 앞의 책, 442~443쪽.

하기 위해 정기 구독자를 모집하는 방식으로 대응했다. 정기 구독자 모집은 처음에 상당한 성과를 거두었으나, 시간이 지나면서 한계에 이르렀다.

장준하는 한일회담 반대 투쟁을 통해 현실 정치에 대한 언론의 한계를 절감하고, 제도 정치에 직접 뛰어들기로 마음먹었다. 그는 1967년 야당 단일 후보를 위한 4자 회담을 성사시킨 뒤 신민당에 입당했다. 그해 4월, 대통령 선거 지원 유세에 나선 장준하는 "우리나라의 모든 사람이 대통령이 되어도 박정희는 대통령이 될 수 없다"고 주장하며 박정희의 친일 경력을 강력히 비판했다. 이 일로 장준하는 또다시 국가원수모독죄로 구속되었고, 두 달 뒤 총선에서 동대문 을구에 옥중 출마해 당선되었다.

최초로 유신 반대 투쟁의 깃발을 들다 •

국회의원이 된 장준하는 상임위로 국방위를 택했다. 그는 군 내부의 문제점과 더불어 사병들의 처우 개선에도 신경을 썼다. 그러나 그의 의정 활동은 '국회의원 장준하' '정치인 장준하'보다 《사상계》 장준하'로 활동했다고 하는 편이 옳을 것이다. 국회의원이 되면서 겸직금지 조항에 걸리자, 장준하는 《사상계》를 조선일보 주필이던 부완혁에게 넘겨주었다.

■ 임영태, 앞의 책, 442쪽.

그는 정치를 여전히 《사상계》 발행인 장준하처럼 했다. 1968년 1·21 무장 공비 침투 사건을 계기로 향토예비군법을 통과시키려 하자 이에 반대했고, 진정한 국가 안보를 위해서는 국민에게 자유와 민주주의를 보장하고 청년들이 보람과 긍지를 가지고 병역의무를 다할 수 있도록 해야 한다고 주장했다. 장준하는 국회의원에게 관례처럼 주어지던 모든 특권과 군부에서 국방위 소속 의원들에게 제공하는 촌지나 혜택도 거부했다. 그의 안보·국방에 대한 진정한 의지와 군에 대한 애정, 청렴한 의정 활동을 지켜보면서 당시 2군단장 김재규도 반했다고 한다. 김재규는 장준하가 죽은 다음에도 그 가족을 지원해준 것으로 알려진다.˙

1969년 장준하는 신민당과 재야가 연합해서 만든 '삼선개헌반대 범국민투쟁위원회'의 선전위원장을 맡아 박정희의 장기 집권을 막기 위해 정열을 다한다. 그러나 박정희의 삼선 기도를 막지 못했고, 1971년 대선에서도 정권 교체를 이루지 못함으로써 정국은 암울한 상황이 되었다. 장준하는 그해 4월 신민당을 탈당, 무소속 의원으로 활동하면서 신당 운동을 추진했으나 뜻대로 되지 않았다.˙˙ 제도권의 장벽은 높았고, 그는 5월 총선에서 낙선하고 말았다. 그리고 유신이 찾아왔다. 장준하의 활동은 정치인보다 재야 민주화 운동가로서 유신 반대 투쟁에서 빛을 발했다.

■ 임영태, 앞의 책, 443쪽
■■ 이 일로 장준하는 신민당 대통령 후보로 지명된 김대중과 가볍지 않은 앙금이 쌓인다. 하지만 두 사람은 나중에 민주화 운동이라는 대의에서 힘을 합친다.

불굴의 의지로 유신 반대 투쟁을 조직하다 •

1973년 12월 24일 장준하는 함석헌, 김재준, 이병린, 지학순, 김수환 등 재야인사들과 함께 '헌법개정청원국민운동본부'를 결성하고 본격적으로 유신 반대 투쟁에 나섰다. 유신이 선포된 지 1년 만에 침묵을 깨고 국내에서는 처음으로 재야가 결집하여 유신 반대 운동에 나선 것이다. 100만 인 서명 운동은 활동을 시작한 지 열흘 만에 30만 명의 서명을 받아내는 놀라운 성과를 거두었다. 그러자 박정희는 12월 29일 "개헌 서명운동을 즉각 중지하라"는 협박 성명서를 발표했다.

그럼에도 개헌 운동은 더욱 활발하게 전개되었다. 재야에서 종교계로, 다시 학생들로 유신 반대 운동이 확산되자, 박정희는 드디어 긴급조치라는 비수를 꺼냈다. 1974년 1월 8일 긴급조치 1호가 발동되었고, 첫 제물은 장준하와 백기완이었다. 장준하는 비상 보통군법회의에서 징역 15년 형을 선고받았다. 이 사건은 39년이 지난 2013년 1월 24일 재심에서 무죄가 선고되었다. 긴급조치 위반으로 세 번째 감옥살이를 하던 장준하는 협심증이 악화되어 그해 12월 형 집행정지로 풀려났다.

그는 다시 불굴의 의지로 유신 반대 투쟁에 나섰다. 1975년 1월 8일 〈박정희씨에게 보내는 공개서한〉을 통해 민주 헌정의 회복을 주장했고, 2월 21일에는 기자회견을 열고 유신 반대 투쟁 역량을 효과적으로 결집하기 위해 민주 세력의 단일화를 호소했다. 윤보선, 김대중, 김영삼, 양일동이 4자 회담을 통해 장준하의 제의를 조건 없이 받아

들이기로 합의했다.■

　그러나 통합 논의는 4월 23일 김영삼 신민당 총재가 박정희 대통령에게 단독 회담을 제의하면서 깨지고 말았다. 5월 20일 박정희와 단독 회담을 한 뒤 김영삼의 신민당은 개헌 투쟁을 당분간 보류하겠다고 발표했다. 나중에 김영삼은 박정희의 감언이설과 '악어의 눈물'에 속았다고 말했다.■■

거사를 앞두고 등산 도중 의문사 •

장준하는 실망하지 않았다. 그는 깊은 생각에 잠겼고, 계속 사람들을 만났다. 그사이 국내외 정세가 요동쳤다. 4월 17일 캄보디아 프놈펜Pnompenh이 공산군(크메르루주)에 함락되었고, 4월 30일과 5월 8일 베트남과 라오스가 각각 공산화되었다. 5월 13일에는 긴급조치 9호가 선포되었다. 5월 20일 박정희·김영삼의 회담이 열리고, 학도호국단이 결성되었으며, 7월 9일에는 4대 전시 입법이 제정되었다. 국가 병영 체제가 완성을 향해 달려가고 있었다.

　장준하는 격변하는 정세에서 심각한 결단을 내렸다. 그는 8월 15일을 앞두고 신변 정리를 시작했다. 충칭重慶 임시정부 청사에 게양하던 태극기를 이화여대박물관에 기증했고, 부인 김희숙과 천주교 혼

■ 임영태, 앞의 책, 402쪽.
■ ■ 《김영삼 회고록 2 : 민주주의를 위한 나의 투쟁》(김영삼 지음, 백산서당, 2000) 89쪽.

례식을 치렀으며, 망우리에 있는 부모 묘소와 효창공원에 있는 김구 선생 묘소를 참배했다. 비장한 결심을 한 상태에서 자기 몸을 던질 '거사'를 앞두고 주변을 정리한 것이다.

운명의 8월 17일, 장준하는 호림산악회 회원 40여 명과 함께 경기도 포천의 약사봉계곡을 등반하다가 일행과 떨어져 하산하던 중 높이 12미터 벼랑 아래에서 변사체로 발견되었다. 그의 죽음은 아직도 안개 속에 묻혀 있다. 사고 현장을 혼자 목격했다는 김용환의 증언이 있을 뿐, 구체적인 내용은 아무것도 밝혀지지 않았다. 2002년 의문사위는 '진상 규명 불능'으로 결정했다. 30년이 지난 사건을 조사하다 보니 구체적인 확인이 불가능했기 때문이다.

2012년 대선을 앞두고 다시 장준하의 죽음이 이슈로 떠올랐고, 유족의 동의 아래 사체를 검안한 결과 두개골이 쇠망치 같은 둔기에 의해 함몰된 사실을 확인했다. 2013년 3월 26일 유골을 검안한 이정빈 서울대 명예교수가 이끄는 법의학팀은 "머리 가격으로 사망한 뒤 추락한 것"이라고 결론을 내렸다. 단순 추락사가 아니라 살해된 다음 계곡 아래로 던져졌다는 것이다. 그의 사망 과정은 아직까지 구체적인 내용이 확인되지 않고 있다.

■ 김삼웅, 앞의 책, 35쪽. "둘째, 역시 변고를 당하기 며칠 전에 부인 김희숙과 갑자기 천주교 혼례 의식을 치렀다. 장준하는 1943년 김희숙과 결혼하고 며칠 뒤 학도병에 끌려가면서 '돌베개'라는 암호문으로 자신이 탈출한 사실을 알린 이래, 독립운동과 광복 후 반독재 민주화 운동을 주도하면서 꼭 32년 만에 다시 천주교 혼례 의식을 치러야 할 만큼 무엇인가 엄청난 '계획'을 앞두고 신변 정리를 한 것이다(장준하는 개신교, 부인은 천주교 신자였다)." 같은 책, 35~56쪽.
■ ■ 〈오마이뉴스〉, 2013년 3월 26일.

'재야 대통령' 장준하의 삶과 투쟁 •

장준하가 의문의 죽음을 당하기 전에 무엇을 준비하고 있었는지는
정확히 알려지지 않았다. 김삼웅은 《장준하 평전》에서 "재야의 대표
적인 민주 인사들이 나서서 민주 헌정 질서로 복귀할 것을 요구하고,
시민 불복종 운동을 전개하는 내용이었을 것으로 추정된다"고 했다. •
구체적인 내용은 알 수 없지만, 유신 반대 투쟁의 힘을 최대한 결집
하기 위해 자기 몸을 던지려는 결심을 한 것은 분명하다. 그 일을 위
해 평소 앙금이 있어서 잘 만나지 않던 김대중을 은밀히 만나 힘을
합치기로 의기투합했고, •• 함석헌과 홍남순 변호사 같은 재야 원로도
만났다.

　하지만 장준하는 박정희를 향해 자신을 던지는 '거사'를 감행하지
못한 채 싸늘한 주검이 되었고, 38년이 지난 지금도 그 죽음의 내막
은 밝혀지지 않고 있다. 모든 정황이 장준하의 죽음은 추락사로 위장
한 타살이라고 말하고 있다. 장준하의 일거수일투족이 체크되는 상
황이었으므로 그의 죽음에 어떤 식으로든 정보기관이 개입되었을 것
은 분명하다.

　장준하는 1918년 평안북도 의주에서 태어나 1975년 운명하기까지
57년을 고난과 투쟁 속에서 보냈다. 일제와 이승만 정권, 장면 정권,

■ 김삼웅, 앞의 책, 37쪽.
■■ 한일회담과 베트남 파병에 대응하는 방안이 다르고, 1971년 대선을 앞둔 시점에서 장준
하가 신민당을 탈당한 사건 등으로 두 사람 사이는 그다지 좋지 않았다.

박정희 정권을 거치는 동안 광복군 장교, 언론인, 정부 관리, 정치인, 재야 지도자 등으로 일했지만 내면에 존재하는 본질은 바뀌지 않았다. 그의 이념을 단정 지어 말할 수는 없으나, '민족주의자'가 그의 정체성에 가장 가까운 표현일 것이다.

장준하는 박정희에게 부담스러운 존재였다. 그는 한 번도 박정희를 제대로 인정하지 않았다. 재야에서는 박정희가 "장준하를 그냥 두고는 대통령 못 해 먹겠다"고 했다는 말이 나돌았을 정도다.[*] 사실 여부를 떠나 재야에서는 장준하를 박정희의 확실한 라이벌로 인식했다. 장준하는 한때 정치인이었지만 제도권 인사와 달랐다. 윤보선이나 김대중과도 달랐다. 어느 때부터인지 재야 운동권에서 장준하를 '재야 대통령'이라고 불렀다. 현실 권력인 박정희에 대비되는 개념으로 붙인 호칭이겠지만, 그의 활동 영역을 짐작케 하는 말이다.[**]

장준하는 유신 반대 투쟁 과정에서 재야를 대표하는 인물로 떠올랐고, 화해할 수 없는 박정희와 일전을 앞둔 상황에서 의문의 죽음으로 생을 마감했다. 그의 죽음은 끝이 아니었다. 장준하의 죽음을 보면서 문익환 목사는 재야 민주화 운동에 자신을 던지겠다고 결심한다. 장준하는 죽음으로써 한 알의 밀알이 되어 재야 운동의 걸출한 지도자 문익환을 남겨주었다. 그의 죽음은 아직 의문사로 남아 있지만, 언젠가 진실이 밝혀지리라고 기대한다.

---

[*] 김삼웅, 앞의 책, 522쪽.
[**] 임영태, 앞의 책, 445쪽.

22

중화학공업화 정책

유신 시대 경제 발전
전략의 허와 실을 보다

유신 시대 박정희의 경제 발전 전략 •

1970년대 박정희 정부 경제정책의 핵심은 '중화학공업화 정책'이다. 중화학공업화 정책은 유신 체제와 밀접한 관계가 있다. 경제 발전 과정에 경공업이 발달하면서 중공업의 발달을 도모하는 것은 일반적인 경향이지만, 1970년대 중화학공업화 정책은 정부의 강력한 개입과 통제 아래 추진되었다는 점에서 그 의미가 남다르다. 1970년대 중·후반은 민간이 주도하는 경제로 넘어가는 1980년대를 목전에 둔 상태로 국가 주도 경제가 절정에 이른 시기였고, '한국적 민주주의'를 표방한 유신 체제가 이를 가능케 했다.

중화학공업화 정책은 1973년부터 본격적으로 추진되기 시작했으나, 그 성과가 한국 경제구조에 구체적으로 나타난 것은 1970년대 후반부터다. 정부의 지원 아래 중화학공업화 정책이 적극적으로 추진되었지만, 처음에는 사적 자본이 정부 정책에 적극적으로 호응하지 않았기 때문이다. 한국의 대기업들은 가능성이 어느 정도 확인된 다음에야 적극적으로 투자에 나선다. 그러다 보니 1970년대 후반 중화학공업에 사기업의 과잉·중복 투자가 일어난다.

이는 한국 경제에 커다란 부담이 되었고, 정부는 1970년대 후반부터 1980년대 초반에 걸쳐 대기업 투자 조정에 나선다. 대기업 자본은 정부가 주도하는 투자 조정으로 과잉·중복 투자를 해소하고, 적자 경영에서 벗어나 국제적인 경쟁력을 확보한다. 재벌 기업들은 투자 조정 과정에서 얻은 독과점화를 바탕으로 1980년대 중반 이후 한국 경제의 호황기에 국제 경쟁력을 확보한다.

역사의 흐름에 따라 평가 기준이 달라질 수 있다 •

장기적 관점에서 1970년대의 중화학공업화 정책이 반드시 실패했다고 보기는 어려울 것이다. 1970년대 중화학공업화 전략에 따라 탄생한 이 분야의 기업들 가운데 지금 세계적인 경쟁력을 갖춘 경우가 적지 않다. 오늘날 한국이 조선·철강·자동차·석유화학·반도체 분야 등에서 세계적인 수준에 이른 것도 이 시기 중화학공업 집중 투자가 그 원천이 되었다.

그러나 당시 한국 경제 수준에서 보면 박정희 정권의 중화학공업

■ 이재희, 〈1970년대 후반기의 경제정책과 산업구조의 변화〉, 《1970년대 후반기의 정치사회 변동 : 한국 현대사의 재인식 13》(한국정신문화연구원 엮음, 백산서당, 1999) 109~111쪽.

화 전략은 문제가 있었다. 중화학공업화 정책이 경제 논리보다 국가 경영의 전략적 목표˙를 위한 정치적 목표에 따라 추진되면서 나타난 문제다. 그러다 보니 중화학공업화 정책은 국민경제 내부의 연관성을 높이지 못하고 대기업의 경제력 집중과 대외 의존성을 심화하는 결과를 낳았다.

이런 부정적인 요소들은 그 후 한국 경제의 전개 과정에서 여러 복합적인 요인들이 작용하면서 상당히 극복할 수 있었고, 그에 따라 현재 한국 경제의 국제적인 위상이 가능해졌다. 여기에서 우리는 같은 정책도 시간과 역사의 흐름에 따라 평가 기준이 달라진다는 것을 볼 수 있다.˙˙

박정희의 지휘 아래 추진된 중화학공업화 정책 •

중화학공업화 정책은 유신 체제와 깊은 연관이 있다. 유신 체제의 경제적 목표를 달성하기 위해 수립 · 추진된 것이 중화학공업화 정책이기 때문이다. 박정희는 유신을 선포한 주된 이유로 국제 정세와 남북 관계 변화를 들었지만, 국민에게는 이보다 먹고사는 문제가 피부에 와 닿았다. 박정희는 유신을 선포하고 한 달 뒤인 1972년 11월 30일 "1981년에는 1인당 국민소득 1000달러와 수출 100억 달러를 달성하

■ 박정희는 유신을 선포한 주된 이유로 국제 정세와 남북 관계 변화를 들었는데, 중화학공업 정책 또한 자주국방 건설에 필요한 방위산업과 철강, 자동차, 조선 등에 중점을 두어 추진했다.
■ ■ 이재희, 앞의 글, 94~95쪽.

겠다"고 발표한다. '10월 유신, 100억 달러 수출, 1000달러 소득'이라는 유신 구호가 등장한 것이다.

중화학공업화 정책은 이런 유신 구호를 구체화하기 위한 전략이었다. 박정희는 주한 미군 감축, 미·중 관계 개선, 남북대화 등 급변하는 안보 환경에 적극적으로 대처하기 위해서는 국방력을 강화해야 한다고 생각했다. 그는 한국 사회의 병영 체제화, 군사력 증강, 무기의 현대화 등을 추진했고, 국산 무기 개발 등 자주국방 건설에 많은 관심을 기울였다. 박정희는 중화학공업화 정책을 통해 국방산업을 발전시키고 국산 무기를 개발하는 등 자주국방에 기여할 수 있을 것이라고 보았다.

박정희는 중화학공업화 정책과 관련된 모든 사항을 직접 확인·점검하고, 청와대 참모들이 이 일을 전담하도록 배치했다. 1973년 1월 12일 연두교서에서 박정희는 유신의 정당성을 밝히면서 강력한 방위산업 구상을 피력했고, 그 기반을 마련하는 방법으로 중화학공업을 집중 육성하겠다고 했다. 그해 5월 김종필 국무총리 산하에 '중화학공업추진위원회'를 설치한 것은 박정희의 강한 의지를 보여주는 증거다.

그러나 중화학공업화 정책을 추진하는 실질적인 주체는 '중화학공업화추진위원회 기획단'이었다. 기획단은 상공부 차관보 출신 오원철 제2경제수석을 단장으로 하여 청와대 비서관들이 차지했다. 이는

■ 《한국 현대사 산책─1970년대편 2 : 평화시장에서 궁정동까지》(강준만 지음, 인물과사상사, 2002) 16쪽.

박정희가 이 사업을 직접 지휘했음을 말해준다. 기획단은 박정희의 후광을 업고 각 부처에서 해야 할 업무를 즉시 판단하고, 종합 계획을 효율적으로 수립·추진했다. 기획단은 중화학공업화 정책의 야전 사령부로 박정희가 사령관, 오원철이 참모장이었다.[*]

야심찬 중화학공업 육성 계획과 대대적인 지원 정책 •

박정희는 중화학공업화 정책을 야심차게 추진했다. 1973년 초에 발표된 중화학공업 육성 계획에 따르면, 1973년부터 1981년까지 2조 9800억 원을 투자하여, 1972년 8340억 원이던 중화학공업 생산액을 1981년에는 4조 8810억 원으로 5.9배 늘리고, 1972년에 3억 9700억 달러이던 중화학공업 제품의 수출을 1981년에는 66억 6700억 달러로 16.8배 늘리도록 했다. 여기에 소요되는 13조 1200억 원 가운데 88퍼센트인 11조 5520억 원을 내자로 조달하고, 화학·철강·비철금속·기계·전자·조선 분야를 육성하며, 분야별로 공업단지를 조성하도록 계획했다.[**]

　1970년대 전반기에는 중화학공업화 추진 과정에 대기업들이 거의 참여하지 않았다. 사기업들은 국가가 주도하는 중화학공업화에 회의적이고, 세계를 덮친 석유파동으로 재무구조가 크게 악화되어 참여

　■ 최용호, 〈1970년대 전반기의 경제정책과 산업구조의 변화〉, 《1970년대 전반기의 정치사회 변동 : 한국 현대사의 재인식 12》(한국정신문화연구원 엮음, 백산서당, 1999) 94~95쪽.
　■ ■ 이재희, 앞의 글, 108쪽.

하기 어려운 상황이었다. 그러나 석유파동에 따른 불황으로 축소 조정된 초기의 중화학공업 계획이 확대되는 4차 경제개발5개년계획 기간(1977~1981년)에 사기업들이 적극적으로 참여했다.

　1970년대 후반기의 중화학공업화는 사실상 중공업화로 진행되었다. 중공업은 화학공업과 마찬가지로 경공업 생산재의 수입대체산업이면서도 수출대체산업으로 성장할 가능성이 높고, 국제적인 분업체계에서 조선과 전자 등 조립·가공 산업이 성장 가능성이 컸기 때문이다. 화학공업은 기술 집약성이 상대적으로 높아 당시 기술 수준이 낮은 한국 기업으로서는 넘보기 어려웠다.

　1970년대 후반 중화학공업은 향후 재계의 주도권을 결정할 사업 영역으로 자리 매김할 것이 확실해짐에 따라, 1976~1978년 재벌 기업들이 중화학공업 부문에 경쟁적으로 참여하기 시작했다. 자본은 이익이 나는 경우 물불을 가리지 않는다. 더욱이 한국처럼 국가의 정책적인 지원에 따라 기업의 운명이 결정되는 나라에서 절대 권력자 박정희가 강력히 추진하는 중화학공업 분야에 발을 담그지 않는 것은 곧 기업 경쟁에서 탈락을 의미했다. 대기업이 중화학공업에 참여하면 산업 기지 지원, 금융과 조세 지원, 해외 기업의 수입 규제 등을 통한 시장 지원 등 정부의 강력한 지원 정책이 뒤따랐다.

<hr>

■ 최용호, 앞의 글, 95~107쪽.

중화학공업화 정책에 따라 산업구조가 변하다 •

1970년대 후반 한국 경제에서 중화학공업이 차지하는 비중이 급속히 높아졌다. 1975년 제조업 전체의 42.5퍼센트(전체 산업의 20.9퍼센트)였던 중화학공업이 1980년에는 51.6퍼센트(전체 산업의 26.3퍼센트)로 높아져 경공업과 중공업의 비중이 역전되었다. 중화학공업에서도 중공업이 화학공업을 능가했다.

경공업의 비중은 1975년 67.1퍼센트에서 1980년 48.4퍼센트로 낮아졌다. 그러니까 1970년대 후반 중화학공업이 경공업을 대신하여 사회적 생산을 주도하는 부문이 되었고, 한국 경제도 중공업 중심의 산업구조로 바뀌기 시작했다.•

이런 변화는 무역구조에서도 그대로 나타났다. 1975년과 1980년을 비교하면 제조업 전체에서 경공업이 차지하는 비중은 61.6퍼센트에서 47.9퍼센트로 낮아진 반면, 중화학공업의 비중은 38.9퍼센트에서 52.1퍼센트로 높아졌다.•• 수출 비중도 중공업이 화학공업에 비해 크게 높아졌고, 수입 비중 역시 경공업보다 중공업 중심으로 변했다. 따라서 1970년대 후반 한국 경제에서는 중화학공업 중심의 수출구조가 성립되었고, 중화학공업이 경공업을 대신하여 수출대체산업의 역할을 했다.

산업구조가 변함에 따라 노동력도 달라졌다. 노동 인력은 1970년

■ 이재희, 앞의 글, 123쪽.
■ ■ 이재희, 앞의 글, 123쪽.

대 전반까지 경공업 여성 노동자가 중심이었으나, 1970년대 후반부
터 중공업 남성 노동자의 비중이 급격히 높아지면서 그 내용이 바뀌
기 시작했다. 산업구조가 바뀌고 산업의 중심이 이동하면서 그동안
한국 경제의 중심으로 자리 잡고 있던 수출 주도의 경공업은 큰 타격
을 받았다. 경쟁력이 약한 여성 중심의 경공업 수출 기업들이 파산
위기에 내몰렸다. 특히 노동 집약적인 섬유, 가발, 봉제 등이 어려움
에 처하면서 이들 사업장에 심각한 노사분규가 일어나는데, YH무역
이 대표적인 경우다.

그러나 중화학공업의 남성 노동자 비중이 높아졌음에도 국가권력
의 강력한 노동 통제와 남성 노동자의 계급의식 미성숙 등으로 1970년
대 후반 노동운동은 여전히 경공업 분야의 여성 노동자가 중심이었
다. 중공업 대기업 사업장의 남성 노동자가 노동운동의 주체로 등장
하는 것은 1980년대 중반 이후다.

재생산 구조의 대외 종속성 내용이 바뀌다 ∙

중화학공업화 정책이 성과를 보이면서 경공업과 중화학공업의 국내
분업 관계가 발전했다. 중화학공업화가 진전됨에 따라 경공업 생산
재의 수입의존도가 점차 낮아졌고, 그 자리를 국내 경공업 생산재가
대체하기 시작한 것이다. 그러나 경공업과 중화학공업의 국내 산업
관련성이 높아진 것과 달리, 중화학공업이 발달하면서 국민경제의
전반적 자립성은 약해졌다. 1970년대 후반에 육성된 중화학공업이

경공업과 유사한 소비재적 성격이었기 때문에 나타난 현상이다.

당시 한국의 중화학공업화는 생산재 공업화와 달랐다. 한국은 세계시장에서 생산력 수준이 낮았기 때문에 중화학공업 중 기술과 지식 집약적인 산업 분야에서 경쟁력이 있는 수출대체산업을 육성하는 것은 불가능했다. 한국의 기술 수준에서는 광범위한 저임금 노동력과 국가의 억압적 노동 통제를 바탕으로 중화학공업 중 노동 집약적인 조립·가공 산업이 경쟁력을 확보할 수 있는 분야였다.

1970년대 후반의 중화학공업화는 결국 경공업 재생산 구조의 대외 종속성을 중화학공업으로 바꾸어놓은 것으로 볼 수 있다.[*] 따라서 중화학공업화가 국내 분업화를 강화하고 국민경제의 자립성을 증대시킨 것은 아니다. 1970년대 후반의 중화학공업화는 당시로 보면 오히려 국민경제의 자립성을 약화하고 대외 종속성을 심화했다고 봐야 한다.[**]

하지만 장기적으로 보면 그와 다른 측면이 나타났다. 단기적으로 중화학공업화가 부품 산업에 앞서 조립·가공 산업을 육성함으로써 산업 내부의 국내 분업화를 약화했지만, 장기적으로는 부품 산업을 육성해서 그 문제를 해소할 수 있었기 때문이다. 그에 따라 1980년대 중반 이후 국민경제의 자립성도 강화되기 시작했다.

■ 이재희, 앞의 글, 123쪽.
■ ■ 최용호, 앞의 글, 115~116쪽.

한국 경제를 장악한 재벌과 거대 기업 •

1970년대 후반 중화학공업화는 박정희 정권의 강력한 지원 아래 대기업들이 주체가 되어 진행했다. 중소기업은 여기에 참여할 수 없었고, 1960년대 중반 이래 경공업 수출산업화 과정에서 자본을 축적한 대기업만 자격 요건을 갖췄다. 중화학공업화 과정에서는 국민투자기금, 산업은행 등 정책 자금의 역할이 컸다. 이 시기 중화학공업화에 참여한 몇몇 대기업은 국가의 막대한 금융 자원을 독점적으로 지원받았으며, 정책금융은 대부분 특혜 성격을 띤 장기 저리였다.

　대기업들은 정부의 강력한 지원에 힘입어 수출 경공업이라는 협소한 틀에서 벗어나 중화학공업으로 영역을 확대할 수 있었다. 재벌들의 경제 규모 또한 1960년대와는 비교할 수 없을 정도로 거대해졌다. 재벌들은 중화학공업화 과정에서 한국 경제의 중추를 장악했고, 세계시장으로 진출하는 초석을 마련했다. 이에 비해 중소기업의 비중은 점차 낮아졌고, 기술력과 자금 확보에 어려움을 겪으면서 대기업에 수직적으로 재편되어 하청기업으로 전락하고 말았다.

　박정희가 중화학공업화 정책을 추진하면서 한국 경제는 대기업이 산업의 중추를 장악·독점하는 경제체제로 발전하기 시작했다. 한국의 재벌들은 1990년대 초반까지는 어느 정도 국가권력의 통제 범위에 놓이지만, 이후에는 국가권력을 움직이는 힘으로 작동한다. 노무

■ 이재희, 앞의 글, 131쪽.
■■ 강준만, 앞의 책, 20쪽.

현 대통령이 "권력은 시장으로 넘어갔다"고 말하기 전에 대자본이 한국의 권력과 사회를 움직이는 가장 중요한 힘이 되었다.

나아가 1970년대 후반 대기업이 중화학공업에 경쟁적으로 중복 투자한 결과 한국 경제 전반의 위기를 불러오는 요인이 되었다. 이를 해소하기 위해 정부가 대기업 투자 조정에 개입함으로써 그 뒤 일정 기간 동안 관치 경제가 지속되었음에도 몇몇 대기업 중심으로 경제가 재편되어 재벌의 경제 규모는 더욱 커졌다.

중화학공업화 정책이 남긴 유산 •

유신 체제는 정치적으로 암흑세계였다. 비정상적인 유신 체제지만 경제정책은 제대로 추진되었다고 말할 수 있을까? 경제적 이해관계를 최종 결정하는 것이 정치인데, 그 정치가 비정상적이면 경제도 문제가 생기는 것은 당연하지 않은가.

무엇보다 1인 지배 정치체제에서 일정한 경제적 성과가 있다 해도 그 열매가 제대로 배분되기 어려웠다. 어쩔 수 없이 권력자를 중심으로 소수 사람들이 파이를 나누어 갖는 현상이 나타났다. 시스템으로 보장되지 않으면 권력자의 마음에 드는 놈은 더 주고, 마음에 안 드는 놈은 덜 줄 수도 있었다.

중화학공업화 정책도 그런 문제가 없었다고 보기 힘들다. 박정희라는 절대 권력자를 중심으로 소수 정치 참모들이 정치권력을 독점했다면, 경제계에서도 박정희 주변에 소수 경제 권력자들이 존재했다. 그들은 중화학공업화를 통해 경제적 이득을 독과점적으로 나눠 가졌다.

박정희는 1970년대 유신 체제라는 어두운 정치적 유산과 중화학 공업화라는 경제적 유산을 남겼다. 정치와 경제는 별개로 존재하지 않는다는 점에서 유신 체제와 중화학공업화 정책은 동일한 내용물의 다른 측면이라 할 수 있다.

박정희 정권 말기부터 전두환 정권 초기(1970년대 후반에서 1980년대 초반) 한국은 심각한 경제 위기를 겪었지만, 그 후 위기를 이겨내고 성장해 오늘날 세계 15위권의 경제 대국이 되었다. 그렇다면 한국이 지금과 같은 경제 대국으로 발전하는 데 박정희의 중화학공업화 정책은 어떻게 기여했을까?

중화학공업화 정책은 한국 경제 전체의 규모를 키우는 밑거름이 되었다. 이를 바탕으로 한국의 대기업들은 세계적인 경쟁력을 갖춘 글로벌 기업으로 성장했다. 오늘날 글로벌 기업이라고 할 수 있는 대다수 한국 기업들은 확실히 박정희의 경제개발 계획, 특히 1970년대 중화학공업화 정책에 크게 빚졌다. 그렇다고 해서 지금 한국의 경제적 번영이 전적으로 그 덕분이라고 말할 수는 없다. 중화학공업화 정책은 적지 않은 문제점이 있었기 때문이다.

박정희는 중화학공업화로 빚을 잔뜩 안은 부실기업을 상당 부분 후대에게 물려주었다. 부모가 자기 능력을 넘어서는 외부 자본을 끌어들여 사업을 크게 벌이는 바람에 자식들은 빚을 잔뜩 떠안은 꼴이

■ 강준만, 앞의 책, 16쪽.

328

다. 부모의 사업은 그리 성공한 것처럼 보이지 않았지만, 자식은 가까스로 부실기업을 살려냈고 운 좋게 쓸 만한 기업으로 키웠다.

자, 이제 생각해보자. 지금 쓸 만한 기업을 만든 것은 누구인가? 빚은 많아도 기업 활동의 기반을 닦은 부모인가, 그걸 살려낸 자식인가? 유신 시대 박정희의 중화학공업화 정책은 당시 비판적으로 평가될 소지가 다분했지만, 한국 경제가 반전을 도모하는 기회를 마련했다는 점에서 적잖은 의미가 있었다. 그것이 모두 박정희의 공로라고 볼 수 있을까?

정치 지도자는 국민을 잘살게 만들 책임이 있다. 그러나 그 책임을 지는 길이 합법적이어야 하고, 국민의 동의를 얻어야 한다. 폭력적인 방법으로 권력을 장악하고 기회를 독점했다면 문제가 있다. 또 권력을 독점한 사람이 당시에는 부실기업처럼 보이는 기업을 남겨놓았다면 어떻게 평가하는 것이 맞겠는가.

오늘날 통치를 독점한 사람의 후예는 우리가 잘사는 게 모두 그의 덕이라고 말한다. 그러나 이는 한국이 IMF라는 최악의 경제 상황을 맞은 책임이 박정희에게 있다고 말하는 것만큼이나 부적절한 평가다. 순간순간의 성공과 실패가 모여 긴 과정을 만든다. 한 인간의 인생이 그런 것처럼 한 나라의 역사도 마찬가지다. 그 순간순간을 정확히 평가해야 하며, 긴 과정에서 역사를 종합하는 평가도 필요하다.

23

코리아게이트

한미 관계
파탄의 출발점이 되다

한미 관계에 변화가 생기다 •

한국과 미국이 '혈맹 관계'라는 말을 종종 한다. 한국전쟁에서 피를 나눈 동맹 관계가 형성되었다는 이야기다. 미국이 한국전쟁에서 흘린 피는 적지 않다. 미국은 그때까지 1, 2차 세계대전을 제외하고 한국전쟁만큼 큰 희생과 대가를 치른 전쟁을 겪어본 적이 없다. •

　1960년대까지 한국과 미국은 혈맹 관계에 걸맞게 밀월을 유지했다. 한국군은 전후에도 미군의 절대적인 지원과 지휘, 통제 아래 놓였고, 한국의 안보 또한 미국에 절대적으로 의존했다. 미국은 동북아

■ 2000년 미 국방부 발표에 따르면 한국전쟁에서 미군 3만 6516명이 사망했다. 이는 역대 미국의 전쟁 사망자 수에서 다섯 번째로 큰 규모에 해당한다. 참고로 그 순위를 살펴보면 2차 세계대전(40만 5399명), 남북전쟁(36만 4511명), 1차 세계대전(11만 6516명), 베트남전쟁(6만 8200명), 한국전쟁(3만 6516명), 이라크전쟁(4474명, 2011년 12월 18일 현재), 독립 전쟁(4435명), 필리핀 전쟁(4374명) 등이다. http://blog.daum.net/valkaras019/1673618

의 반공 연대 전선을 강화하기 위해 박정희 정권의 한일 국교 정상화를 지원했으며, 박정희 정권은 미국의 요청에 부응하기 위해 베트남에 대규모 전투부대를 파견했다.

그러나 닉슨독트린이 발표되면서 한미 관계에 금이 가기 시작했다. 닉슨 대통령은 1969년 7월 25일 괌에서 닉슨독트린을 발표했다. 닉슨독트린에는 중국을 겨냥한 내용과 함께 아시아 각국은 자국의 방위를 스스로 책임져야 한다는 내용이 포함되었다. 국방과 안보를 미국의 군사적 지원과 주한 미군에 전적으로 의존하다시피 하던 한국은 충격에 빠졌다.

한국은 미국의 새로운 아시아 정책이 강대국들의 이해관계에 따라 약소국을 내팽개친 것이라고 이해했다. 닉슨독트린을 발표하면서 주한 미군 감축까지 추진했으니 그렇게 받아들이는 것도 무리가 아니다. 박정희는 격렬하게 반발했다. 주한 미군 감축 문제로 미국과 갈등을 빚었지만, 달리 방도가 없었다. 박정희 정권은 한국군의 국방력 강화를 통한 '자주국방' 노선 추구, 남북 관계 개선을 위한 남북대화 수용 등으로 어려움을 헤쳐 나가고자 했다.

■ 배긍찬, 〈1970년대 전반기의 국제 환경 변화와 남북 관계〉, 《1970년대 전반기의 정치사회 변동 : 한국 현대사의 재인식 12》(한국정신문화연구원 엮음, 백산서당, 1999) 17쪽. 닉슨독트린은 베트남에서 군대를 철수하고 주한 미군 또한 감축함으로써 직접적인 군사 개입을 자제하겠다는 내용이었다. 아시아 각국은 방위를 스스로 책임져야 하며, 미군은 철수하거나 감축한다는 의사를 표명한 셈이다. 미국은 베트남에서 지상군을 철수하고, 한국에서 주한 미군을 감축하기로 결정했다.
■ ■ 이 책의 〈7 · 4남북공동성명─남과 북, 통일의 원칙을 찾아내다〉 부분을 참고할 수 있다.

한국 정부의 대미 로비 활동이 문제 되다 •

문제는 박정희의 그다음 행보다. 박정희는 남북대화와 남북통일, 대외 여건 변화, 국내의 정치적 혼란 등을 구실로 1인 영구 집권 체제를 위한 유신 쿠데타를 감행했다. 그러나 유신 체제는 한미 관계에 새로운 갈등 요인이 되었다. 미국 정부는 민주화 운동을 탄압하고 인권유린을 자행하는 유신 체제에 불편한 심경을 드러냈고, 야당 지도자와 학생 등 정치범 석방을 수시로 요구했다.

박정희는 내정간섭이라며 강력히 반발했고, 한국과 미국 정부의 갈등은 고조되었다. 특히 1970년대 후반 인권 외교를 표방한 카터 행정부가 출범하면서 한미 관계는 최악으로 치달았다. 카터 행정부는 한국의 인권 상황을 문제 삼으면서 주한 미군 철수와 연계해 압력을 행사했다. 박정희 정권은 이런 상황에 적극적으로 대처할 필요를 느꼈다.

주한 미군 감축 저지, 미국 내 박정희 지지 세력 확보, 한국에 대한 군사적 지원과 안전보장 확인 등을 위한 활동이 무엇보다 절실했다. 박 정권은 1970년대 초반부터 대미 로비 활동을 본격적으로 시작했다. 로비 활동의 핵심은 워싱턴 정가의 정치인을 매수하여 박 정권 지지 여론을 형성하는 것이었다.

이런 로비 활동은 대부분 불법적으로 진행되었기에 곧 문제가 발생했다. 게다가 대미 공작을 담당한 중앙정보부 해외 요원들의 망명 사건이 연이어 발생하면서 박 정권 대미 로비의 실체가 서서히 드러났다. 결국 1976년 '박동선 사건'이 터지면서 한국 정부의 대미 로비 활동의 내막이 본격적으로 문제가 되었다. 그 사건은 2년간 미국 정가를 발칵 뒤집어놓은 '코리아게이트'로 비화되었다.·

하원 청문회에서 대미 활동이 폭로되다 •

미국에서 한국 정부의 의심스런 활동이 문제가 되기 시작한 것은 1977년 하원의 '한국 인권 문제 청문회'를 통해서다. 6월 10일 청문회에 참석한 이재현은 박정희 정권의 인권 탄압과 관련해 다음과 같이 증언했다.

"한국 중앙정보부는 미국의 반한파 한국인을 탄압하는 데 그치지 않고, 미국 내에 박정희 반대 여론과 활동을 무마하기 위해 대규모 회유·매수 공작을 벌일 계획도 있었다."··

이재현은 1973년 6월 워싱턴 주재 한국 대사관에서 참사관으로 근무하다가 미국에 망명한 인물로, 주미 대사관의 활동을 속속들이 아는 위치에 있었다. 그는 주미 대사관 공보관장으로 근무하면서 평소 "앵무새처럼 유신 체제의 정당성을 홍보하는 역할에 염증을 내고 있었"는데, 부하 직원의 한국 소환과 관련된 일로 중정의 조사를 받으면서 신변의 위협을 느껴 정치 망명을 선택했다.

그는 코리아게이트 조사 과정에서 1977년 프레이저 청문회에 출

■ 강준만, 앞의 책, 61쪽.
■■ 《내가 본 박정희와 김대중》(문명자 지음, 월간 말, 1999) 211쪽.

석해 다음과 같은 증언을 함으로써 한국 정부와 미국 대사관을 곤혹
스럽게 만들었다.

"김동조 대사가 미국 국회의원들에게 현금 봉투를 돌렸습니다. 그
가 100달러 지폐를 1만~2만 달러씩 넣은 봉투를 가방에 담아 상·하
원으로 갔는데, 나는 봉투의 두께를 보고 액수를 짐작했습니다."•

이재현은 공보관장 시절 미국 학계와 언론계를 상대로 벌인 공작
에 대해서도 증언했다.

"미국 언론에 유신 반대 기사를 막고 유신 찬성 기사가 실리게 하
기 위해 미국 기자들에게 접근해 서울 방문을 권유했습니다. 기자들
이 서울에 도착하면 고급 양복점에 가서 양복을 맞춰주고, 기생 관광
도 주선했습니다."

〈워싱턴포스트〉, 박동선 사건을 보도하다 •

1975년 6월 이재현은 한국 정부가 미국 정부와 의회에 영향을 미치
기 위해 금품을 제공하는 등 로비 계획이 있었다고 증언했지만, 미국
법무부는 이를 적극적으로 조사하지 않았다. 그러자 이 사건의 진상
을 캐기 위해 하원의 프레이저 의원이 나섰다. 프레이저가 위원장으
로 있는 미 하원의 국제관계위원회 산하 국제기구소위원회가 이재현
의 증언을 자체적으로 조사한 결과, 한국 정부의 불법 행위에 대한

■ 문명자, 앞의 책, 268쪽.

여러 가지 증거를 확보하기에 이르렀다. 프레이저 의원은 이를 근거로 1977년 2월 3일 국제관계위원회에서 한미 관계를 조사할 권한을 위임받았다. 이로써 코리아게이트에 대한 의회의 조사가 공식적으로 진행되어 불법적인 로비 활동의 전모가 드러났다.

코리아게이트의 내막은 국제관계위원회가 공식적으로 활동하기 전부터 언론에 폭로되기 시작했다. 1976년 10월 24일 〈워싱턴포스트〉는 "한국 정부의 기관 요원 박동선이 1970년대 연간 50만~100만 달러 상당의 뇌물로 의원과 공직자 90여 명을 매수했다"는 기사를 내보냈다. 박동선 사건이다. 기사는 무려 10면에 걸쳐 게재되었다. 톱기사 제목 또한 〈한국 정부, 미국 정치인들에 수백만 달러 뇌물 제공〉으로 매우 선정적이었다.

한국 정부가 10월 26일 박동선은 한국 정부와 아무 관계가 없다는 성명서를 발표하자, 다음 날 〈워싱턴포스트〉가 반박 기사를 내보냈다. CIA가 코리아게이트의 단서를 잡은 것은 전자장치로 청와대를 도청했기 때문이라고 보도한 것이다. 이는 새로운 외교 문제로 비화되었다. 한국 정부는 도청에 대한 해명을 요구했으나, 미국 정부가 침묵으로 일관함에 따라 계속해서 커다란 쟁점이 되었다.

박동선, 미국산 쌀 수입 커미션을 챙기다 •

그러면 박동선 사건의 실제 내용은 무엇인가. 재미 언론인 문명자의 《내가 본 박정희와 김대중》을 바탕으로 박동선 사건을 간략히 정리하면 다음과 같다.*

사건은 재미 교포 박동선이 미국의 쌀 중개권을 확보해 커미션을 챙기는 데서 시작된다. 박동선은 1952년 고등학생 시절 미국으로 건너가 조지타운대학교Georgetown University를 졸업했다. 그는 타고난 사교성을 바탕으로 주미 한국 대사관 주변 인물들과 관계를 맺었고, 그를 바탕으로 중정과도 연결되었다. 박동선은 김형욱이 부장으로 있던 시절 중정의 지원을 받아 '조지타운클럽'을 결성했으며, 청와대와도 연결되었다.

박동선을 김형욱에게 소개한 것은 정일권이고, 김형욱은 다시 청와대에 연결해주었다. 박동선은 권력자들의 지원 아래 쌀 수입 중개권을 확보, 1966년부터 8년간 상인들에게서 엄청난 커미션을 챙겼다. 이 가운데 적지 않은 돈이 박동선의 뒤를 봐주던 한국의 권력자들에게 정치자금으로 제공되었고, 일부는 대미 로비 자금으로 사용되었다. 미 법무부가 조사한 바에 따르면 8퍼센트에 이르는 75만 달러가 미국 국회의원들에게 로비 자금으로 사용되었다고 한다. 나머지 돈은 자기 주머니에 들어갔을 것은 불 보듯 뻔하다.**

박동선 사건이 보도되고 미국에서는 한국 정부의 불법적인 로비와 뇌물을 받은 미국 의원들이 문제가 되었다. 그가 챙긴 커미션 가운데 상당한 액수가 박 정권의 정치자금으로 들어간 점에 대해 〈한국일보〉 정진석 논설위원은 다음과 같이 밝혔다.

■ 문명자, 앞의 책, 255~263쪽.
■■ 문명자, 앞의 책, 261쪽.

"1968년 정일권의 도움으로 조달청의 쌀 수입 대리인이 된 박씨는 1톤에 50센트 받던 커미션을 10달러 이상으로 올리는 수완을 발휘하면서 코리아게이트가 터진 1976년까지 무려 5600만 달러를 챙긴 것으로 알려졌다. 그는 막대한 금력으로 워싱턴과 서울을 오가며 '정치 외교'를 했다. 박씨의 돈은 워싱턴 정가에만 뿌려진 게 아니다. 쌀 수입 중개권을 유지하기 위해 그는 서울의 요로에도 막대한 액수를 '헌납'했다."▪

'백설 작전'의 김한조도 있다 ▪

문제는 여기에서 끝나지 않는다. 막대한 커미션을 챙겨 한국과 미국의 정치권에 로비 자금으로 뿌린 피해는 고스란히 국민의 몫이 되었기 때문이다. 한국인들은 비싼 값에 질 나쁜 미국 쌀을 사 먹었고, 미국 농산물을 무차별적으로 수입한 결과 한국 농업이 파탄에 이르렀다. 이와 관련하여 문명자는 다음과 같이 말한다.

"박정희와 박동선의 부도덕한 대미 로비 활동으로 한국 국민이 당한 피해는 미국의 3등급 쌀을 비싼 값에 사 먹은 것뿐만 아니다. 박동선은 캘리포니아California, 루이지애나Louisiana, 미시시피Mississippi, 아칸소Arkansas 등 쌀을 팔아야 정치생명이 유지되는 주 출신 의원들의 환심을 사기 위해 한국 정부가 그들의 출신 주에서 생산되는 다른 농

▪ 《총성 없는 전선 : 한·미·일 현대 외교 비사》(정진석 지음, 한국문원, 1999) 31쪽.

작물까지 사들이도록 했다. 한국 농민들의 피해가 어느 정도인지는 오늘 한국 농촌 상황을 보면 잘 알 수 있다."·

코리아게이트에서는 새로운 로비스트 김한조도 나타났다. 그의 정체는 전직 중정 요원 김상근이 프레이저 위원회에서 박정희의 지시를 받고 진행한 '백설 작전'을 폭로하면서 밝혀졌다. 김상근의 공식 직함은 주미 한국 대사관 참사관이었지만, 실제로는 중정 워싱턴 실무 책임자였다.

그는 김한조의 대미 로비 활동을 위한 자금을 전달하는 역할을 맡았는데, 1976년 10월 24일 〈워싱턴포스트〉에 코리아게이트 관련 기사가 보도되면서 서울로 소환되어 처벌받을 위기에 처했다. 한국 정부가 그를 희생양으로 삼아 위기를 모면하려 했기 때문이다. 김상근은 전직 중정부장 김형욱의 지원을 받아 11월 26일 미국으로 망명했고, 이듬해 6월 10일 프레이저 위원회에서 박정희 대미 로비 활동의 다른 창구인 김한조의 역할에 대해 다음과 같이 증언했다.

"1974년 9월부터 1975년 6월 사이에 나는 김한조에게 30만 달러씩 두 번에 걸쳐 60만 달러를 전달했다. 백설 작전은 서울 중앙정보부의 양두원 실장이 외교 행낭으로 자금을 보내면 내가 김한조에게 그 돈을 전달하고, 김한조는 그 돈을 가지고 미국 의회 의원들을 상대로 공작을 하는 것이다."··

<hr>

■ 문명자, 앞의 책, 263쪽.
■■ 문명자, 앞의 책, 241쪽.

박정희의 지시 아래 극비로 진행된 백설 작전 •

한국 정부가 김한조를 기용한 것은 1974년경부터 미국 의회가 군사 원조를 1억 달러 가까이 삭감하면서 박정희 정권에 인권 개선 압력을 넣는 데 대응하기 위해서였다. 그동안 '민간 로비스트'로 활용해 온 박동선은 그런 상황을 개선하기는커녕 지나친 돌출 행동으로 미국 조야의 의심을 사서 전혀 도움이 되지 않았다.˙ 김한조는 1973년까지 주미 대사관 공사(중정 지국장)로 있던 양두원˙˙의 추천으로 박정희에게 연결되었다.

백설 작전은 박정희의 지시를 받아 비밀리에 진행되었다. 심지어 중정부장 김재규조차 그 내용을 몰랐다. 1977년 1월 14일 김재규는 궁정동 안가에서 김한조를 만나 로비 자금 40만 달러를 제공했다. 그때 김재규가 자금의 사용처를 물었는데 김한조는 답을 회피했다. 박정희의 지시에 따른 것이었다. 화가 난 김재규가 권총을 들고 "뭐야, 중정부장을 우습게 알아?"라고 외쳤다고 한다.˙˙˙ 김상근은 프레이저 위원회에 출석해서 철저한 보안 속에 진행된 백설 작전에 대해 안 것은 양두원의 편지를 받으면서라고 증언했다. 편지 내용은 다음과 같다.

˙ 문명자, 앞의 책, 244쪽.

˙˙ 그는 미국 내 유신 반대 민주화 운동 세력에 대한 탄압 공작 활동 등으로 1973년 12월 미국 국무성의 강제 출국 명령을 받고 귀국한 뒤 기획실장이 되었다. 문명자, 앞의 책, 245쪽.

˙˙˙ 김충식, 앞의 책, 268쪽; 《코리아게이트 1 : 로비스트 김한조 최초 고백》(김한조 지음, 열림원, 1995) 276~278쪽; 강준만, 앞의 책, 266쪽.

위싱턴에서 백설 작전을 시작한다. 극도로 보안을 지켜야 할 문제이니 아무도 알지 못하게 김한조와 이 일을 집행하고, 당신과 나는 외교 행낭으로 접촉한다. 보안을 위해 김한조는 닥터 해밀턴, 당신은 김 교수, 나는 가톨릭 신부, 중정부장은 도지사, 대통령은 불국사 주지라는 암호로 부른다. 서울에 전화할 때도 암호로 이야기하고, 당신이 하는 일을 김영환 공사도 모르게 하라. 우선 미국 내 반정부 인사들의 동향을 모니터해서 수시로 김한조에게 제공하라. 그러면 김한조가 그들을 해결해줄 것이다.

한국 이미지에 치명타가 된 코리아게이트 •

한미 정관계를 2년 동안 뒤흔들 만큼 엄청난 파문을 불러일으킨 코리아게이트의 결말은 허무했다. 박동선은 뇌물 제공과 불법 선거 자금 제공 등 36가지 혐의로 기소되었으나, 혐의 사실을 인정하여 사면 받았다. 반면 김한조는 위증과 매수 음모 혐의로 기소되었고, 면책권을 거부하고 법정투쟁을 벌이다가 실형을 선고받아 4개월간 형무소 생활 끝에 집행유예로 풀려났다.

미국에서는 의원 두 명이 기소되고, 세 명이 징계를 받았다. 그중 최종적으로 유죄판결을 받고 실형을 산 사람은 하원의 리처드 한나 의원뿐이다. 그가 박동선에게 받은 돈은 3만 달러도 안 되지만, 2년이나 형을 살고 의원직까지 박탈당했다. 그는 비교적 순수한 마음으

■ 문명자, 앞의 책, 328쪽.

로 한국을 도우려 했지만, 결국 올가미에 걸려들고 말았다. 거물 정치인들은 현금이 오가는 뇌물 사건에서 한결같이 "돈을 받지 않았다"거나 "받은 뒤 돈이라는 걸 알고 돌려주었다"며 오리발을 내밀어 빠져나갔다.˙

코리아게이트는 용두사미로 끝났지만, 이 사건으로 박정희 정권에게는 씻을 수 없는 상처가 남았다. 미국에서 민주화 운동을 탄압하기 위해 저지른 인권 유린부터 불법적인 로비 활동까지 박 정권의 치부가 낱낱이 드러나고 말았다. 게다가 의회 청문회와 법무부의 조사에서 한국 정부가 해외 기업을 통해 불법적인 정치자금을 상납한 실태가 드러났고, 해외 비밀 계좌까지 밝혀졌다.˙˙

더 심각한 타격은 망명한 전직 중정 요원들의 증언이었다. 정권을 유지하는 데 선봉장 역할을 하던 전직 중정부장 김형욱은 온갖 내용을 폭로하며 유신 체제를 비방했고, 김상근과 이재현 등 망명한 전직 중정 요원들은 박 정권의 인권유린과 해외 공작, 대미 로비 활동의 실상을 남김없이 폭로했다.

박정희 정권은 코리아게이트로 대외 이미지에서 회복할 수 없는 상처를 받았고, 한미 관계는 최악의 상태로 치달았다. 사건 이후 미국인들은 '어글리 코리안'이란 말을 서슴지 않았다. 워싱턴 주재 한국 특파원들도 중정 끄나풀이 아니냐는 오해를 받았을 정도로 불신이 깊었다. 코리아게이트는 '인권 대통령'을 표방하고 당선된 카터

<hr>

■ 문명자, 앞의 책, 301쪽.
■ ■ 문명자, 앞의 책, 236쪽.

행정부가 1977년 1월 20일 출범하면서 그 파문이 확대되었으며, 한미 관계를 파국에 가까운 상황으로 내몰았다.

박정희 정권 몰락의 한 요인이 되다 •

1977년 2월부터 미 하원 국제관계위원회에서 한미 관계 조사권을 위임받은 프레이저 위원회가 활동을 시작했고, 인권·도덕 외교와 주한 미군 철수를 내건 카터 대통령은 3월 10일 한국 정부와 아무 상의 없이 주한 미군 철수 계획을 발표했다. 한국 정부는 노골적으로 반감을 표시했고, 한미 관계는 갈수록 악화되었다. 주한 미군 철수 문제는 주한 미군 참모 존 싱글러브John K. Singlaub 소장이 공개적으로 반대 의견을 발표하는 등 미국에서도 이견이 분분했다.˙

　악화 일로를 걷던 한미 관계를 회복하기 위해 6월 29일부터 2박 3일간 카터 대통령이 한국을 방문했다. 박정희와 카터는 6월 30일과 7월 1일 정상회담에서 현안 문제를 논의했으나, 국제 관계에서 유례를 찾을 수 없을 정도로 최악의 결과를 낳고 말았다. 박정희는 주한 미군 철수 계획을 비난했고, 카터는 한국 정부의 인권유린과 민주화 운동으로 구속된 양심수에 대해 이야기했다. 두 사람은 평행선을 달렸고, 정상회담은 파탄으로 막을 내렸다.˙˙

■ 강준만, 앞의 책, 76쪽.
■■ 강준만, 앞의 책, 220~225쪽.

주한 미군 철수를 둘러싼 갈등은 현실적인 이유로 그해 7월 20일 카터 행정부가 시한부 중지를 발표함에 따라 일단락되었지만, 인권 문제를 둘러싼 양국 정부의 견해차는 해결되지 않았다. 한미 관계 악화는 박정희 정권의 대외 이미지 추락과 함께 국제적 입지를 약화했다. 여기에 박정희 정권의 핵 개발 등이 문제가 되면서 한미 관계는 걷잡을 수 없이 나빠졌고, 이는 유신 체제의 몰락을 가져오는 중요한 요인으로 작용했다.

24

여공들, 1970년대 노동운동의 주역이 되다

죽음으로 열고 죽음으로 닫혔다 ·

1970년대 한국 노동운동을 생각하면 '죽음'이 가장 먼저 떠오른다.
전태일의 분신과 김경숙의 죽음은 1970년대 노동운동을 상징하는
사건이다. 전태일이 1970년대 노동운동의 문을 열었다면, 김경숙은
그 시대의 막을 내렸다. 그래서 고은은 〈YH 김경숙〉에서 말한다.·

> 1970년 전태일이 죽었다
>
> 1979년 YH 김경숙金京淑이
>
> 마포 신민당사 4층 농성장에서 떨어져 죽었다
>
> 죽음으로 열고

■ 《만인보 12》(고은 지음, 창작과비평사, 1996) 168쪽; 《한국 현대사 산책—1970년대편 3 : 평
화시장에서 궁정동까지》(강준만 지음, 인물과사상사, 2002) 235쪽 재인용.

죽음으로 닫혔다

김경숙의 무덤 뒤에 박정희의 무덤이 있다

가봐라

이 때문인지 1970년대 노동운동을 생각하면 비장하고, 처연하고, 안타깝다. 1980년대는 보다 많은 노동자들이 죽었고 투쟁도 훨씬 격렬하고 처절했지만, 오히려 강한 투지 같은 것이 느껴진다. 1980년대 노동운동은 한국 사회의 민주화와 더불어 조직적 성과를 거둔 반면, 1970년대 민주 노조 운동은 일시적으로 성공했다 해도 결국 모두 파괴되고 말았다. 그러다 보니 처연한 마음이 드는 것은 어쩔 수 없다. 이는 1970년대 노동운동의 주역이 여성 노동자라는 사실과도 무관하지 않다. 1980년대 중반 이후 노동운동의 흐름을 이끈 것은 아무래도 남성 노동자가 중심이 된 대규모 사업장이다.

1970년대 민주 노조 운동의 주역은 여성 노동자 •

1970년대 노동운동의 대표 선수는 흔히 '여공'•이라고 불리던 여성 노동자들이다. 1970년대 후반부터 중화화공업화 정책이 시행되면서

■ 여공, 공순이는 가난한 농촌에서 도시로 올라와 취직한 여성 노동자를 낮추어 부른 말이다. 그러나 이들은 대학생, 사무직 노동자(1970년대까지만 해도 사무직 노동자는 노동자가 아니라는 인식이 별로 없었다), 공무원, 교사 등 사회적으로 성공한 사람들의 누나, 여동생, 자매, 어머니 등 어떤 식으로든 관계가 있었다.

한국 경제에서 중공업 남성 사업장의 비중이 높아졌지만, 노동운동
의 중심은 여전히 경공업 여성 사업장이었다. 동일방직, 반도상사,
원풍모방, YH무역 등 여성 노동자가 중심이 된 사업장에서 1970년
대 민주 노조 운동이 주를 이룬 것도 이 때문이다.

대다수 여성 노동자들은 어린 나이에 돈을 벌기 위해 가난한 농촌
에서 도시로 와서 공장 노동자가 되었다. 이들의 학력은 초등학교나
중학교 졸업이 대부분이고, 가끔은 고등학교 중퇴나 졸업도 있었다.
이들은 가난한 집안 살림을 돕기 위해, 오빠나 남동생을 뒷바라지하
기 위해 꿈을 포기하고 공장에서 돈을 벌었다. 물론 농촌을 떠나 도
시로 오고 싶어 한 이들의 꿈도 작용했을 것이다.

여공들이 처한 노동환경은 열악하고 노동강도가 높았으며, 노무관
리는 고압적이었다. 주거 환경 또한 달동네로 상징되는 대도시 주변
빈민가였다. 저임금과 장시간 노동, 부실한 식생활과 열악한 주거 환
경 등 어느 한 가지도 인간다운 삶을 보장하지 않았다.

1970년대 민주 노조 운동은 한국노총이라는 어용 조직의 방해 공
작과 중정, 경찰과 노동청, 회사의 이중 · 삼중 감시망을 뚫고 전개되
었다. 도시산업선교회와 크리스천아카데미, 가톨릭노동청년회JOC
등 종교계 인사와 일부 양심적인 노총 간부, 지식인, 대학생 등 외부
세력이 이들에게 도움을 주었다. 하지만 그 힘은 국가권력을 비롯한
방해 세력에 비교하면 미미한 것이었다. 이처럼 절대적인 악조건에

■ 농촌의 노동환경이 열악하고 노동강도가 높았으며, 문화적 혜택을 누릴 수 없었기 때문에
청춘 남녀는 셋방살이를 하거나 하루 벌어 하루 먹는 처지여도 하나같이 도시를 갈망했다.

서 노동운동을 하다 보니 종종 처연한 상황이 연출되었다. 그중에도 동일방직 노조원 똥물 투척 사건과 YH무역 노조원 김경숙의 사망을 불러온 신민당사 농성 사건이 우리의 기억에 강하게 남았다.

YH 노동조합 투쟁과 김경숙의 죽음 ·

신민당사 농성과 김경숙의 죽음으로 유명해진 YH는 노조 결성 과정이 순탄치 않았다. YH무역은 장용호가 1966년 설립한 가발 수출 업체로, 1970년에는 종업원이 4000명에 이르러 국내 최대 규모를 자랑했다. 1970년 순이익 12억 7000여 만 원으로 번창하던 회사는 무리한 사업 확장과 수출 둔화 등으로 1974년에는 은행 부채가 6억여 원으로 늘어나 기업 상태가 나빠졌다. 게다가 저임금에 도급제를 기초로 하다 보니 노동강도가 높아 노동자들의 불만이 쌓여갔다. 1975년 건조반에서 작업 감독의 일방적인 인사이동에 항의하는 작업 거부 사건이 일어났고, 이를 계기로 노동자들은 노조 결성에 나선다. ·

　노동자들은 노조를 설립해 부당노동행위에 적극 대처하고, 경영 위기에 따른 임금 체불과 퇴직금 미지급 등 불안에 대비하고자 했다. YH 노동자들은 세 차례 실패한 끝에 1975년 5월 24일 노조 결성에

■ YH 노조의 투쟁에 대해서는 〈어린 여공의 죽음―YH 사건〉, 《한국 현대사 이야기 주머니 3》(한국정치연구회 지음, 녹두, 1993) 79~87쪽; 김문성, 〈최순영 전 의원 인터뷰―유신 선포 40년, YH 투쟁 33주년 : "여성 노동자의 힘으로 유신정권을 무너뜨렸죠"〉, 〈레프트 21〉 90호 (2012년 10월 8일) 참고.

성공했다. 그러나 노조는 결성 과정에서 열성적으로 활동하다가 해고당한 4명의 복직을 이루지 못한 채 회사와 타협해야 했다. 노조 결성 이후 회사의 경영 상태는 더욱 나빠졌다. 미국 시민권이 있는 장용호는 수출 회사를 차려 물건만 가져가고 대금은 결제하지 않는 방식으로 자금을 빼돌렸다. 그 바람에 노동자들은 몇 달씩 임금을 받지 못했고, 이때부터 회사와 노조의 갈등이 끊이지 않았다.

1979년 3월 회사는 폐업을 공고하기에 이르렀고, 노조는 이에 반발하며 노동청 등 관계 기관을 항의 방문하는 한편, 4월 13일부터 장기 농성에 들어갔다. 회사는 노조의 강경한 투쟁에 밀려 한때 폐업 조치를 유보했으나, 8월 6일 다시 폐업하고 다음 날 기숙사를 폐쇄, 8월 10일까지 퇴직금과 해고수당을 수령하라는 최후통첩을 했다. 이에 YH 노조는 8월 9일 신민당사에 들어가 농성을 시작했다. 마지막 방법으로 정치권이 조정해주기를 기대한 것이다. 그러나 정부 여당은 강경 진압을 선택했다.

8월 11일 새벽 2시경 '101호 작전'으로 불리는 진압 작전이 실시되었다. 기동 경찰 1200여 명이 신민당사에서 농성하던 YH 여성 노동자들을 강제로 끌어내는 과정에서 무차별 폭력을 행사했다. 경찰은 YH 노동자뿐만 아니라 신민당 당직자와 국회의원, 출입 기자들까지 마구잡이로 두들겨 팼다.

황낙주 원내총무와 정대철 의원이 경찰에게 주먹질을 당했고, 〈동아일보〉 이종각 · 홍석희 기자가 구타를 당했으며, 〈중앙일보〉 사진

■ 《여공 1970 : 그녀들의 反 역사》(김원 지음, 이매진, 2006) 46~469쪽.

부 양원방 기자는 필름을 빼앗기고 10분간 두들겨 맞았다. 〈신아일보〉 김철호 기자는 경찰에게 맞아 코뼈에 금이 가고 얼굴을 알아볼 수 없을 정도였다. 여성 노동자 수십 명, 국회의원과 당직자 30여 명, 기자 12명이 부상을 당했다. 101호 작전은 정확히 23분 만에 끝났고, 이 과정에서 YH 노동자 김경숙이 4층 농성장에서 아래 바닥으로 떨어져 사망하는 사건이 일어났다.

30년 만에 밝혀진 김경숙 사망 사건의 진실 •

경찰은 이 사건에 대해 "진압 작전 개시 30분 전인 8월 11일 새벽 1시 30분 김씨 스스로 동맥을 끊고 4층 강당 건물 뒤편 주차장 쪽 창문 아래로 투신자살했다"고 밝혔다.•• 이는 사실이 아니다. 2008년 3월 19일 진실·화해를위한과거사정리위원회(약칭 '진실화해위원회', 위원장 안병욱)는 "1979년 경찰이 신민당사 농성을 진압하는 과정에서 숨진 YH무역 노조원 김경숙(21)씨의 사인은 경찰의 과잉 진압 때문이라는 결론을 내렸다"고 발표했다.

진실화해위원회에 따르면 "당시 작성된 부검 기록을 서울대 의대 법의학교실과 국립과학수사연구소에 보냈는데 '주검에 동맥을 절단

■ 《20세기 한국의 야만 2》(참여사회연구소 지음, 이병천 외 엮음, 일빛, 2001) 217쪽; 강준만, 앞의 책, 231쪽.
■ ■ 〈YH 노조 김경숙 사망 관련 조작 의혹 사건〉, 《2008년 상반기 조사 보고서 3권》(진실·화해를위한과거사정리위원회, 2008) 59~67쪽 참고.

한 흔적이 없고, 손등에 쇠파이프로 가격당한 것으로 추정되는 상처가 있다'는 회신을 받았"으며, "후두정부(머리꼭지에서 약간 뒤쪽)에서는 모서리 진 물체에 가격당한 것으로 보이는 치명적인 상처도 발견됐다". 진실화해위원회는 "당시 부검 의뢰서에 추락 시간이 2시 3분으로 기재되었고, 김경숙의 주검을 처음 발견한 경찰관 배아무개씨도 '작전이 개시된 뒤 사람이 떨어진다는 소리를 듣고 달려갔다'고 진술했다"면서, "(진실화해위원회는) 벽돌과 쇠파이프 등이 동원된 진압 과정에서 노조 대의원 김씨가 사망했다는 결론을 내렸다"고 발표했다.

진실화해위원회는 당시 김계원 청와대 비서실장과 고건 정무수석 등을 면담 조사한 결과, 진압 전날 김재규 중정부장 등이 참석한 회의에서 강제해산 계획을 세웠고 대통령의 재가를 받은 사실도 확인했다. 이에 따라 진실화해위원회는 "국가는 YH 노조 김경숙씨 사망 관련 조작 의혹 사건으로 피해를 당한 김씨의 가족과 YH 노조 여성 노동자와 폭행 피해자 등에게 사과하고, 이들의 명예 회복을 위한 조치를 취하라"고 권고했다.ˑ 김경숙은 과잉 진압으로 (맞아) 죽은 것도 억울한데 투신자살이라는 누명까지 썼으나, 30년 만에 그 누명을 벗었다.··

<hr>

■ 진실화해위원회, 앞의 보고서, 89쪽.
■ ■ 2012년 7월 13일 서울중앙지법 민사합의42부는 1979년 신민당사 농성 당시 경찰 진압 과정에서 숨진 노조 대의원 김경숙씨의 유족 최아무개씨와 당시 조합원 등 24명이 국가를 상대로 낸 손해배상 청구 소송에서 "모두 2억 5000여 만 원을 지급하라"고 판결했다.

최초로 여성 지부장이 탄생하다 •

1970년대 민주 노조 운동에서 YH 노조를 능가하는 활동을 펼친 노조도 많다. 그러나 YH 노조는 박정희 정권의 몰락을 가져오는 도화선이 되었다는 점에서 어느 노조보다 정치적으로 큰 역할을 담당했다. YH 노조의 신민당사 농성은 경찰의 과잉 진압과 김경숙의 사망, 신민당의 대여 강경 투쟁, 김영삼 총재 의원직 제명 사건과 부마 민중 항쟁, 10 · 26 등 1979년 숨 가쁘게 전개되는 격동의 정치 상황을 불러오는 시발점이 되었다.

그러나 노동조합의 일상적인 활동과 조직, 조합원의 권익 확보 투쟁 등 여러 측면에서 보면 1970년대 민주 노조 운동을 대표하는 것은 동일방직 노동조합이라고 할 수 있다. 동일방직 노동조합은 1946년 동양방직 노동조합에서 시작되었다. 조선노동조합전국평의회(전평) 산하 노조로 출발한 동일방직 노조는 전평이 와해됨에 따라 대한노총 산하 노조로 남아 명맥을 유지했으나, 소수 기술직 남성들이 독점하면서 회사의 한 부서처럼 인식되었다.

이 가운데 1970년대에 인천도시산업선교회(인천산선) 조화순 목사의 도움 아래 노조가 만들어지면서 새로운 민주 노조 운동의 역사가 시작된다. 인천산선의 치밀한 계획 아래 작업이 진행되어 1972년 5월 처음으로 여성 노동자 주길자가 섬유노조지부장에 당선되었다. 이는 세간의 화제가 되었으며, 그동안 어용 노조를 장악하던 노동귀족들에게는 '경악'할 만한 사건이었다. 당시 《노동공론》 기사는 이 사실을 다음과 같이 전한다.

지난 5월 7일과 10일은 우리나라 노동조합 사상 하나의 이변異變이 벌어진 날이라고 할 수 있다. 최초의 여성 지부장이 탄생되었기 때문이다. 현 노총 조직 근로자 총 49만 4500명(3월 30일 현재) 중 여성 근로자가 12만 4500여 명으로 25퍼센트를 차지하면서도 일찍이 여성이 지부장에 피선된 적이 없었다.*

노동운동사에 한 획을 긋다 •

동일방직 노동조합에서 여성 지부장이 탄생한 것은 노동운동사에 획기적인 사건이었다. 동일방직은 남성들이 생산과정을 장악하고 있었는데, 여성 조합원들이 이를 완전히 뒤집은 것이기 때문이다. 한 노동조합 관련자는 이에 대해 다음과 같이 말했다.

> 섬유의 경우 동일방직이 왜 주목받느냐 하면 방직공장 체계가 종업원, 조장, 반장, 담임, 계장 이런 식이거든요. 담임, 계장이 남자예요. 아랫사람을 고향 등 연고 채용…… 그걸 뿌리치고 자기가 바라는 대의원을 뽑았다는 것은 혁명적인 일입니다. 이것은 자주적인 결단이고 자주성을 확보하는 기초적인 조건인데, 선거도 자주적으로 자기 결단에 따라 행하는 것이 민주 노조의 특징입니다. 운영의 민주성은 별개라도 말입니다.**

■ 김원, 앞의 책, 457쪽에서 재인용.
■■ 김원, 앞의 책, 460쪽에서 재인용.

1972년 말 현재 전국 섬유노조 조합원의 83.2퍼센트가 여성이었고, 동일방직은 조합원 1383명 가운데 1241명이 여성이었다. 그만큼 여성이 노조 지부장으로 선출될 가능성은 항상 열려 있었으나, 실제로 노조에서 여성의 역할과 위치는 미미했다. 이걸 뒤집었으니 가히 '혁명적인 일'이었다. 불과 40년 전이지만 노동 현장에서 남녀 차별이 심각하고, 남성 노동자들은 봉건적 사고방식이 강한 시절이었다. 지금도 한국 사회에서 남녀평등이 충분히 보장된다고 보기는 어렵지만, 당시와는 비교가 되지 않는다.

해고와 감옥, 블랙리스트로 고통 받다 ·

그러나 동일방직 노동조합의 앞길은 험난했다. 회사는 노조 파괴 공작에 남성 노동자를 동원했다. 당시 남성 노동자들은 '계집애들이 뭘 아냐' '저 무식한 것들' 식으로 생각했다. 그렇게 해서 발생한 것이 동일방직 여성 조합원 '똥물 투척 사건'이다.

회사의 노조 파괴 공작은 1976년 7월부터 본격화되었다. 인천공장 남성 노동자 고두영을 중심으로 노조지부장 이영숙 폭행 사건, 여성 노동자를 기숙사에 감금하는 사건이 발생했다. 경찰은 이에 항의하여 알몸으로 농성하는 여성 노동자들을 짓밟고 곤봉을 휘두르며 72명을 연행해 회사와 남성 노동자들을 편들었다.

■ 김원, 앞의 책, 458쪽.

1977년 2월 노동청 주관으로 회사와 섬유노조, 동일방직 노조원 5명이 참석한 가운데 수습 대책이 마련되었고, 4월 4일 이총각 지부장이 당선됨으로써 노조 측이 승리했다. 그러나 이듬해 2월 21일 정기총회를 위한 대의원 선거를 방해하려고 남성 노동자들이 노조 사무실에 똥물을 뿌리고, 이에 항의하는 여성 노동자들에게 똥물을 뒤집어씌우고 심지어 입에 똥을 집어넣는 등 만행을 저질렀다.

남성 노동자들은 다시 노조 사무실을 습격하여 노조 간부 등 여성 노조원들을 집단 폭행하고, 노조 사무실을 점거했다. 전국섬유노조는 3월 6일 동일방직 노조를 사고지부로 처리하고, 이총각 지부장 등 4명을 '도시산업선교회와 관련 있는 반조직 행위자'라며 제명했다. 이에 여성 노조원들은 서울 명동성당과 인천 답동성당 등에서 단식농성을 벌이는 등 여론을 환기하기 위해 백방으로 뛰어다녔다. 회사는 무단결근을 이유로 4월 1일 124명에게 해고를 통보했다.

해고된 여성 노동자들은 회사에서 출근 투쟁을 벌이거나, 거리에서 관과 회사의 부당성을 알리기 위해 투쟁하다가 감옥에 가거나 즉결심판에 넘겨졌다. 이들은 투쟁을 계속하고 생계를 이어가기 위해 다른 직장에 들어가려 했으나 그마저 쉽지 않았다. 어쩌다가 취업하더라도 곧 해고되었다. '블랙리스트' 때문이다.

■ 당시 김영태 섬유노조위원장은 민주 노조 탄압으로 악명 높았다. 김영태에 대해서는 김원, 앞의 책, 469~471쪽 참고.
■■ 동일방직 노동자들의 투쟁에 대해서는 《동일방직 노동운동사》(동일방직복직투쟁위원회 지음, 돌베개, 1985)를 참고할 수 있다. 블랙리스트와 관련해서는 국정원 진실위, 《과거와 대화, 미래의 성찰―언론・노동편(Ⅴ)》(국가정보원, 2007) 348~364쪽을 참고할 수 있다.

반도상사와 원풍모방 노동조합 •

1970년대 민주 노조를 대표하는 곳으로 동일방직 외에 원풍모방(한국모방)과 반도상사가 있다. 이들의 민주 노조운동은 약간씩 다르지만, 기본적으로 처한 조건과 활동 양상이 동일방직과 비슷했다.

반도상사는 럭키그룹 산하 1200명 규모의 대공장인데, 이 역시 도시산업선교회 실무자 최영희의 지원을 받아 1974년 4월 15일 한순임을 지부장으로 하는 섬유노조 반도상사지부가 결성되었다. 안타깝게도 한순임은 나중에 중정과 연결되어 동일방직 똥물 투척 사건 당시 노조 파괴 공작에 깊숙이 관여하는 등 반노동자적 행위를 했다. 한홍구에 따르면 그녀는 국정원 진실위 인터뷰에서 자신이 "도시산업선교회에 대해서 자주성을 추구했고, 회사나 섬유노조를 적으로 돌리지 않는 '포용 정책'을 적극적으로 썼다"고 주장했다.

중정은 회사에 압력을 넣어 노조의 요구를 일정 부분 수용하게 한 다음, 노조와 도시산업선교회 등 외부 민주 세력의 분리를 도모했다. 당시 노동 분규 현장에는 중정에서 파견된 '조정관'이 모든 것을 지휘했다. 중정은 학원과 언론처럼 노동에도 결정적인 힘을 행사하는 강자였다. 따라서 1970년대 민주 노조와 관련된 사건 이면에는 항상 중정이 관계되었다. TV를 필두로 한 언론 매체 또한 중정과 정부의 요구에 따라 도시산업선교회 등 민주 노조 지원 세력을 '빨갱이' '불순 세력'으로 매도하는 데 앞장섰다.

■ 한홍구, 〈한홍구의 유신과 오늘—㉕ 반도상사 노동조합〉, 〈한겨레〉, 2013년 1월 11일자.

원풍모방은 1970년대 민주 노조 가운데 조직력이 가장 강했다. 원풍 노조는 전국에 비상사태가 선포되어 단체 행동이 금지된 1972년, 파업 농성을 통해 10년간 계속된 어용 노조를 청산하고 민주 노조를 출범했다. 회사가 부도 위기에 처한 1974년에는 노조가 경영에 직접 참여하는 등 '한국전쟁 이후 초유의 사례'를 만들며 회사 정상화에 기여했다. 노동귀족이 지배하는 섬유노조 본부에 대항, 유일하게 제 목소리를 내던 지부답게 1980년 봄에는 '한국노총 민주화와 노동기본권 확보를 위한 전국궐기대회'를 주도했다. 하지만 원풍노조도 5공화국의 폭압을 이겨내지 못했다.

생산의 주역이었으나 소외된 그 이름, 여공 •

여성 노동자는 1960~1970년대 생산의 주역이었다. 어느 시대, 어느 순간에도 여성은 인간 노동의 절반 이상을 담당해왔다. 그러나 시대와 상황에 따라 그들이 받는 대접은 천차만별이다. 아직도 여성 차별이 사라졌다고 말할 수 없지만, 1970년대와 비교하면 그 차이는 확연하다. 이제 아무도 "계집애들이 뭘 아냐"는 말을 함부로 내뱉지 못한다. 실제 능력과 사회적 활동에서도 그런 말을 할 수 없는 상황이다. 여성의 지위가 그만큼 신장되었고 사회 진출이 활발해졌다.

■ 《우리 강물이 되어─70·80 실록 민주화 운동 I》(유시춘 외 지음, 경향신문사, 2005) 310~315쪽. 원풍모방 노조 활동에 대해서는 《원풍모방 노동운동사》(원풍모방노동운동사발간위원회 지음, 삶이보이는창, 2010)를 참고할 수 있다.

　김원은 자신의 박사 학위 논문을 중심으로 1970년대 여성 노동자 문제를 다룬 《여공 1970 : 그녀들의 反 역사》라는 책에서 다음과 같이 말한다.

> 이 글의 주인공인 산업화 시기 여성 노동자들은 가난, 교육에서 소외, 사회적 천시, 여성으로서 자기 검열과 욕망의 억제 등을 아직도 무거운 어깨에 지고 살아간다. 그러나 교육과 재산, 지방이나 성별 등의 차이로 개인이나 집단을 차별하고 무시하는 것은 가장 비민주적이며 거부되어야 할 근대 한국 사회의 유산이다. 나는 근대적 개인을 발견하고 개인의 권리를 기반으로 할 때 비로소 평등한 인간관계가 가능하리라 믿는다.

　1970년대 노동자들의 지위는 낮았다. 남성 노동자들도 그랬지만, 여성 노동자들의 지위는 훨씬 낮았다. 여성 노동자는 이중, 삼중의 억압 구조에 놓여 있었다. 1970년대 민주 노조 운동에서 같은 사업장의 남성 노동자가 탄압자인 경우가 적지 않은 것이 그 방증이다. 우리가 노동문제를 단순히 계급적 시각에서 볼 수 없는 이유이며, 노동운동이 계급 문제 해결을 넘어선 인간의 보편적 해방을 추구하는 운동이 되어야 하는 이유다. 이런 사실은 지금의 노동운동에도 해당되며, 인간 삶의 보편적인 원리다.

■ 김원, 앞의 책, 16쪽.

25

김영삼 의원직 제명

유신 체제에 결정타를 날리다

독재자의 경계 대상 1호들 ●

독재자에게 가장 두려운 존재는 누구일까? 정치적 라이벌, 야당, 국민, 언론, 지식인, 종교인, 청년, 학생, 노동자 등 기층 민중……. 통치자가 항상 주시해야 할 존재들이다. 이중에서도 독재자가 특히 신경 쓰는 존재는 정치적 라이벌이다. 다른 존재들이 모두 독재자의 안전을 위협할 수 있고, 최종적으로는 국민의 여론이 가장 중요하다. 하지만 현실적으로 느끼는 위협은 정치적 경쟁자가 많은 부분을 차지한다고 할 수 있다.

언론이나 지식인, 종교인 등은 여론의 흐름에서 중요한 영향을 미치기 때문에 항상 경계해야 할 대상이지만, 직접적인 위협이 되지는 않는다. 이들이 국민과 학생, 노동자 등 대중에 미치는 영향력이 중요하므로 그 관계를 차단하는 데 주력한다. 학생이나 노동자 등 실질적인 동원 능력과 물리적 힘이 있는 조직 집단은 사회적 혼란을 가중

할 수 있다는 점에서, 일반 시민이나 국민 대중과 결합하여 물리적으로 독재 권력을 무력화할 수 있다는 점에서 위력적인 존재다.

하지만 일정한 범위에서 통제 수단을 동원하면 결정적인 상황은 막을 수 있다. 거대한 물결처럼 대중 봉기 상황으로 돌입하지 않으면 물리적 통제는 가능하기 때문이다. 우리는 현대사에서 공권력의 물리적 통제를 넘어서는 거대한 물결과 대중 봉기 상황을 여러 번 목격했지만, 이들이 국민에게 미치는 파급력 또한 거물 정치인에 비해서는 상대적으로 약한 편이다.

정치적 라이벌과 야당은 항상 독재자와 정치적으로 충돌하면서 국민 전체의 여론 흐름을 좌우하는 요소가 된다는 점에서 독재자가 가장 신경 쓰는 존재일 수밖에 없다. 박정희의 유신 체제만 해도 유신 반대 운동을 지속적으로 전개한 것은 학생과 지식인, 종교인 등이지만, 순수하게 이들의 힘으로 유신 체제를 무너뜨리기는 힘들었다. 이들의 지속적인 민주화 투쟁과 더불어 결정적인 시기에 정치적 영향력이 큰 인물들이 돌파구를 여는 역할을 했다.

유신 체제의 안팎을 넘나들다 •

박정희의 정치적 라이벌이라 할 수 있는 인물로 김대중과 김영삼이 있다. 장준하도 재야에서 위협하는 인물이었다. 그러나 김대중과 장준하는 정상적인 정치 활동을 하지 못했다. 김대중은 납치 사건 이후 유신 체제가 끝날 때까지 거의 연금 상태에 있었고, 장준하는 야당보다 재야 정치 지도자로서 유신 반대 운동을 조직하는 데 열중하다가 의문의 죽음을 당했다.

　반면 김영삼은 이들과 달리 유신 체제와 일정하게 타협하면서 야당 정치인으로 행동했기에 제도권에서 자기 역할을 할 수 있었다. 박정희가 볼 때 김대중이나 장준하에 비해 김영삼은 크게 위협적이지 않았다. 하지만 제도권에서 활동한 정치인 중에는 김영삼이 박정희의 신경을 건드리는 존재였다. 김영삼은 근본적으로 유신 체제의 범위를 완전히 이탈하지는 않았지만, 끊임없이 그 경계를 넘으려고 시도했다. 유신 체제의 안팎을 넘나들면서 박정희에게 도전장을 내민 것이다.

　김영삼이 유신 체제에 위험인물로 등장하는 것은 1974년 8월 23일 신민당 전당대회에서 총재로 선출되면서다. 유진산이 당권을 장악한 신민당은 박정희의 유신 체제에 협조적이었으나, 1974년 4월 28일 그가 대장암으로 사망하면서 상황이 바뀌었다. 김영삼은 '선명 야당'의 기치를 들고 총재 경선에서 당선된 뒤 '야당성 회복'을 화두로 내걸었다. 8월 27일 첫 기자회견에서 김영삼은 '의회 본위의 투쟁'을 선언하면서도 "정부 스스로 헌법 개정의 결단을 내리지 않을 때는 개헌 투쟁을 전개하겠다"고 했다. 이때부터 김영삼의 의회 내 개헌 투쟁이 시작된다.

■ 임영태, 앞의 책, 446쪽.

이해할 수 없는 행보를 하다 •

1974년 11월 김영삼의 신민당은 예산심의를 거부하면서 의회에 '헌법개정기초특위'를 구성하자고 주장했다. 유정회와 공화당은 이를 묵살하고 단독으로 운영위원회를 열어 신민당의 개헌특위 구성안을 폐기했고, 신민당은 국회 앞에서 시위를 벌이는 등 대여 투쟁을 강경하게 밀고 나갔다. 유진산의 '긍정 속의 부정'이 김영삼에 와서는 '부정 속의 부정'으로 바뀐 것이다. 1975년 3월 31일 윤보선, 김대중, 김영삼, 양일동이 4자 회담을 열고 "개헌 투쟁을 활성화하기 위해 재야 세력을 통합"하기로 합의했다.

그런데 1975년 4월 캄보디아와 베트남이 공산화되는 등 동남아 정세가 급박하게 돌아가면서 국내에도 심각한 냉기류가 조성되었다. 박정희는 안보 위협을 빌미로 병영 체제를 강화하는 한편, 야당에 정치 논쟁 휴전을 제의했다. 이에 김영삼 신민당 총재는 박정희 대통령에게 회담을 제의했고, 5월 20일 박정희와 김영삼의 회담이 진행되었다. 김영삼은 회담 내용을 비밀에 부쳤고, 많은 의혹이 제기되었지만 끝까지 함구했다. 동시에 김영삼은 유신 체제에서 변화를 추구하는 온건 노선으로 선회했다. 김영삼은 회고록에서 "박정희의 눈물에 속았다"고 했지만 의문은 쉽게 풀리지 않는다.

김영삼의 이해할 수 없는 행보는 김옥선 파동에서도 계속되었다.

■ 김영삼, 앞의 책, 89쪽; 《한국 현대사 산책—1970년대편 2 : 평화시장에서 궁정동까지》(강준만 지음, 인물과사상사, 2002), 260쪽.

10월 8일 남장으로 유명한 신민당 김옥선 의원이 유신 체제 현실을 통렬하게 비판했다. 그는 5월 13일 〈워싱턴포스트〉에 보도된 내용을 예로 들었다.

"지난여름 전국을 뒤흔든 각종 관제 안보 궐기대회, 민방위대 편성, 각종 호국단 조직, 요즘 TV에 나오는 군가, 정부의 끊임없는 전쟁 위협 경고 발언, 싸우면서 건설하자는 구호 등은 국가 안전보장을 빙자한 정권 연장의 수단이다." •

여당은 벌 떼같이 들고 일어나 김옥선 의원 제명을 요구했고, 신민당의 모든 의원들이 반대했다. 그런데 김영삼은 자신의 계파임에도 김옥선 의원 보호에 소극적이더니, 자진 사퇴를 유도했다. 이는 김옥선 의원의 굴복이자 야당의 심각한 패배였다.

야당 총재로 복귀하다 •

김옥선 사건 이후 김영삼은 당내에서 신망을 잃었다. 결국 김영삼 반대 세력이 결집함으로써 1976년 9월, 이철승에게 당권이 넘어갔다. 최연소 야당 총재 기록을 세우며 1974년 8월 23일 총재에 당선된 김영삼은 2년 만에 당권을 내놓았다.

1979년 5월 30일 신민당의 마포 새 당사에서 전당대회가 열렸다. 이날 대회에서는 2차 투표까지 가는 접전 끝에 김영삼이 이철승을

■ 강준만, 앞의 책, 258쪽에서 재인용.

누르고 총재에 당선되었다. 이날 그가 승리한 것은 당내 최대의 라이벌인 김대중과 손을 잡았기 때문이다. 김영삼 체제의 등장은 단순히 김영삼 개인의 승리가 아니다. '중도 통합론'을 내세우며 유신 체제에서 안주하던 이철승 체제에 대한 심판이며, 유신 체제 반대 투쟁에 나서라는 국민의 요구를 반영한 결과다.

국민의 요구는 1978년 12월 12일 치러진 10대 총선에서 분명하게 드러났다. 이 선거에서 신민당은 61석을 획득해 1973년 총선 당시(52석)보다 9석이 많았다. 더 중요한 것은 신민당 득표율이 32.8퍼센트로 공화당 31.7퍼센트보다 1.1퍼센트 앞섰다는 사실이다. 이는 신민당이 여당을 견제하는 강력한 야당이 되어달라는 신호이자, 국민들이 유신 체제에 염증을 느낀다는 징조다. 결국 김영삼은 국민들의 여망을 등에 업고 2년 8개월 만에 야당 총재로 복귀했다.

김영삼의 강력한 도전 의지와 YH 사건 •

김영삼은 신민당 총재 당선 인사에서 "오늘은 진실로 위대한 민권 승리의 날이다. 아무리 험한 길을 가더라도 민주 회복을 위해 몸과 마음을 바쳐 싸울 것을 맹세한다"고 했다. 유신 체제에 정면 도전하겠다는 의지를 표명한 것이다. 그의 앞에는 정말 '험한 길'이 기다리

■ 가택 연금 상태에 있던 김대중이 외출해서 김영삼 지원 활동을 한 것은 중정부장 김재규가 눈감아주었기 때문이라고 한다. 이철승은 청와대 경호실장 차지철의 지원을 받아 수십억 원을 썼으나, 김영삼이 바람을 타고 승리했다. 강준만, 앞의 책, 216쪽.

고 있었다.

1979년 6월 11일 김영삼은 외신기자클럽 초청 연설에서 "남북의 긴장 완화를 위해 김일성과 면담할 용의가 있다"고 발언했다. 이후 상이군인과 반공 청년을 자처하는 무리가 마포 당사에 난입하여 당원들을 폭행하고 집기를 부수며 난동을 벌였다. 공화당은 김영삼에게 발언을 취소하라며 계속 압력을 가했다.* 이 외중에 YH 사건이 터졌다.

가발 업체 YH무역은 1960년대부터 1970년대 초반까지 최고 수출 기업으로 이름을 날렸으나, 1970년대 후반 자금난과 수출 부진 등으로 고전하다가 마침내 폐업하기에 이르렀다. YH 노동자들은 1979년 4월 13일부터 회사 정상화를 요구하며 장기 농성에 들어갔으나, 해결될 기미가 보이지 않자 8월 9일 마침내 신민당사로 몰려왔다. 신민당은 정부에 YH 사태의 조속한 해결을 촉구했으나, 박정희 정권은 신민당이 노동자들의 농성을 선동한다며 비난하고 나섰다.

8월 11일 경찰이 진압 작전을 벌여 여공들을 강제로 끌어냈다. 이 작전 중 YH 노동자 김경숙이 당사에서 추락, 사망하는 사건이 일어났다. 경찰은 진압 작전에서 김영삼 총재를 비롯한 국회의원, 당직자, 취재기자까지 무차별 폭행하고 사진기자의 필름을 빼앗았다.** 정국은 벌집을 쑤신 듯했다.

<hr>

■ 임영태, 앞의 책, 451쪽.
■■ 참여사회연구소 지음, 앞의 책, 217쪽; 강준만, 앞의 책, 231쪽.

유신 체제를 향해 돌진하다 •

그런데 YH 사건이 마무리되기도 전에 정국을 뒤흔들 폭탄이 터졌다. 신민당 원외 지구당 위원장 3명이 김영삼 총재를 비롯해 총재단 전원에 대한 직무 정지 가처분 신청을 제기한 것이다. 그 뒤에는 차지철 경호실장이 있었다. 9월 8일 서울 민사지법은 가처분 신청을 받아들이고, 정운갑 전당대회 의장을 총재 직무 대행으로 지명해 김영삼의 발목을 묶었다.

9월 10일 김영삼은 기자회견을 열고 "가처분 결정은 야당을 말살하려는 부도덕한 행위다. 민주 회복을 위해 범국민적 항쟁을 벌이겠다"고 주장했다. 김영삼이 정권에 정면으로 도전장을 내민 것이다.

> 우리 국민은 1인 체제에서 18년을 살기에도 지쳤는데, 일당 독재에서 살기를 강요당하는 오늘 중대한 국면에 처해서도 궐기하지 못하면 모두 역사의 죄인이 된다는 것을 잊지 말아야 한다.

김영삼 특유의 저돌성이 빛을 발하는 순간이었다. 그리고 9월 15일 〈뉴욕타임스〉 기자회견에서 "카터 행정부는 소수 독재자인 박 정권에 대한 지지를 철회해야 한다"고 주장, 박정희 유신 체제를 향해 포문을 열었다.

■ 김영삼, 앞의 책, 147~148쪽.

나는 미국 정부가 공개적·직접적 압력 행사를 통해 박 대통령을 조정할 수 있다고 말해왔는데, 그때마다 미국 측은 한국의 정치 문제에는 간여할 수 없다는 대답으로 일관하고 있다. 미국 측이 이것을 내정간섭이라고 하는 것은 납득이 가지 않는 논리다. 미국은 한국민을 보호하기 위해 지상군 3만 명을 파견하고 있다. 이것이야말로 한국의 국내 문제에 대한 간여가 아닌가. 지난번 카터 대통령의 방한은 박 대통령에게 반체제 세력을 말살하라는 용기를 부여하는 결과로 끝났다.[■]

김영삼 총재 의원직 제명 사건이 일어나다 ●

공화당과 유정회 등 정부 여당은 김영삼의 기자회견을 사대주의·반국가적 언동으로 규정하고, 김영삼 총재의 의원직을 박탈하는 징계안을 국회에 제출했다. 10월 1일 여당의 고위 전략 회의에서 제명이 결정되었다. 이영석이 쓴 《야당, 한 시대의 종말》에 따르면 이날 회의에는 공화당과 유정회 간부 10여 명, 김계원 청와대 비서실장, 차지철 경호실장 등이 참석했다고 한다. 10월 4일 여당은 경호권을 발동한 가운데 제명 결의안을 10여 분 만에 변칙으로 통과시켰다.[■■] 이승만 정권 이래 31년 만에 처음으로 발동된 국회 경호권이 야당 총재의 의원직을 박탈하는 데 사용된 것은 참으로 놀라운 일이다.[■■■]

■ 강준만, 앞의 책, 237쪽에서 재인용.
■■ 《대한민국 50년사 2》(임영태 지음, 들녘, 1998) 58쪽.
■■■ 강준만, 앞의 책, 238쪽.

유정회는 성명서에서 "김영삼 의원을 제명한 것은 무책임한 선동으로 폭력혁명 노선으로 치닫는 반민주적인 정치 폐풍을 추방하기 위해서다"라고 주장했다. 그러나 김영삼 총재의 의원직 제명 사건은 유신의 종말을 앞당기는 결정적인 패착이 되었다. 박정희 정권도 이 사건의 폭풍을 알기에 고민이 있었다. 당시 온건파를 대표한 김재규 중정부장은 이 문제를 강경으로 치닫지 않고 해결하기 위해 김영삼 총재를 만났다. 그는 〈뉴욕타임스〉 기자회견에 대해 해명하는 성명서를 내주면 문제를 매듭짓겠다고 했다. 그러나 김영삼은 이를 받아들이지 않았고, 결국 제명 사태로 치달았다.˙

부마 항쟁으로 박정희 정권 종말을 맞다 •

이제 길은 죽느냐 사느냐 둘 중 하나였다. 10월 13일 신민당 의원 66명 전원과 통일당 의원 3명이 국회의원직 사퇴서를 제출했다. 미국도 개탄을 표명했다. 미국이 볼 때 박정희 대통령은 정상이 아니었다. 미국은 '개탄한다'는 비외교적 용어까지 동원해 한국 정부를 비난했고, 항의 표시로 글라이스틴William H. Gleysteen 대사를 본국으로 소환했다. 카터 대통령은 서울에서 열리는 한미안보연례회의SCM 참석 차 방한한 브라운Harold Brown 국방장관을 통해 박 대통령에게 유감의 뜻을 담은 친서를 전달했다.˙˙ 박정희 정권은 외교적 고립을 당하면서 코너에 몰렸지만, 그 사실조차 감지하지 못했다.

　너무나 과감하고 놀라운 박정희 정권의 행태에 국민들도 어안이

벙벙했다. 김영삼의 정치적 고향인 부산과 경남에서는 대중의 분노가 들끓었다. 10월 16일 부산과 마산에서는 학생과 시민들이 가두시위에 나섰다. 김영삼 총재의 제명을 규탄하는 시위가 유신 철폐 시위로 발전했다. 시위대가 거리를 휩쓸고, 파출소를 습격했다. 단순한 시위를 넘어 봉기로 발전하기 시작했다. 부마 항쟁이 터진 것이다.[***]

정부는 경찰력으로 사태를 진압하지 못하자, 비상계엄과 위수령을 선포하고 군대를 파견했다. 부산과 마산의 시위는 군대를 동원해서 막았으나, 사태는 거기에서 끝나지 않았다. 부마 항쟁의 불씨가 전국의 대학으로 퍼진 것이다. 유신 체제는 내부적으로 심각한 갈등에 휩싸였다. 갈등은 10 · 26으로 발전했고, 박정희는 심복의 총탄을 맞고 18년 통치에 종지부를 찍었다.

김영삼은 1979년 일련의 사건을 통해 특유의 파괴력을 보여주었고, 의원직 제명 사건에서 박정희에게 결정타를 날렸다. 김영삼 제명 사건은 박정희 정권의 종말에 결정적인 역할을 했다. 박정희는 김영삼의 강펀치를 맞고 비틀거리다가 김재규의 총격에 쓰러진 셈이다.

■ 《야당, 한 시대의 종말》(이영석 지음, 성정출판사, 1990), 97쪽.
■ ■ 정진석, 앞의 책, 100쪽.
■ ■ ■ 임영태, 앞의 책, 452쪽.

26

10 · 26 사건

권력, 모래성처럼 무너지다

유신 체제, 모래성처럼 허물어지다 •

유신 체제는 모래성처럼 무너졌다. 박정희가 죽자 권력은 실체도 없이 사라졌다. 후계자도 없고, 그의 체제를 유지하고 지탱할 힘도 없었다. 유신 체제의 수호신이던 중정이 박정희에게 배신의 총을 쏘았기 때문이기도 하지만, 박정희가 사라진 마당에 그의 체제는 유지될 수 없었다.

박정희 정권의 물리적 원천이자 최후의 보루인 군부조차 그 상황에서 유신 체제를 유지할 수 있다고 보지 않았다. 신군부가 권력의 공백을 차지하고 나서는 바람에 역사의 비극이 반복되지만, 새로 권력을 장악한 신군부조차 박정희가 그토록 지키려 한 유신 체제를 그대로 사용하지는 않았다. 리모델링을 거쳐 5공화국이라는 군부 정권을 탄생시킨 것이다.

박정희의 유신 체제가 종말을 고하는 모습에서 아무리 강고한 권력 체제도 중심이 사라지면 하루아침에 무너진다는 것을 알 수 있다. 유신 체제는 국민들 속에 신경망처럼 세밀하게 촉수를 뻗친 정보기관과 절대적인 충성심을 자랑하는 군부에 의해 유지되어 견고해 보였지만, 모래성에 지나지 않았다. 국민에게 지지받지 못하는 권력은 아무리 강고한 지배 체제를 구축해도 연기처럼 사라질 수 있는 것이다. 박정희의 유신 체제는 김재규의 총 한 방으로 무너졌다.

"각하, 정치를 좀 대국적으로 하십시오" •

1979년 10월 26일 저녁 궁정동 안가에서 작은 연회가 열렸다. 이 자리에는 박정희를 비롯하여 김계원 비서실장, 김재규 중정부장, 차지철 경호실장이 참석했고, 신인 여가수 한 명과 모델 아르바이트를 하는 대학생 한 명도 있었다. 7시 42분경 김재규 중정부장이 박정희에게 권총을 쏘았다. 총알이 박정희의 오른쪽 가슴을 관통했으나 즉사하지는 않았다. 김재규는 다시 머리 뒤쪽에서 총을 쏘았고, 박정희는 사망했다. 그 자리에 동석한 차지철 경호실장과 청와대 경호원들도 김재규와 그의 부하들에게 사살되었다.

박정희 최후의 만찬장에서 화제는 신민당 문제였다. 국회에서 김영삼 총재의 의원직 제명 처리로 신민당 의원 전원이 국회의원 사직서를 낸 상태였고, 신민당은 총재단의 직무 정지 가처분 신청이 받아들여져 정운갑 총재 직무 대행 체제가 되었다. 그런데 이 문제를 두고 김재규와 차지철 사이에 의견이 엇갈렸다. 김재규는 김영삼 등 주류가 협조하지 않고는 정운갑 체제가 신민당을 끌고 갈 수 없다면서 온건론을 주장했다.

반면 차지철은 신민당이 언론과 반체제 세력을 의식하며 나오는데, "계속 까불면 전차로 싹 쓸어버리겠다"면서 강경론을 폈다. 박정희 또한 "김영삼 총재를 구속해서 기소하라고 했는데 말려서 안 했더니 역시 좋지 않아"라면서 강경론을 편들었다. 얼마 뒤 김재규는 박정희와 김계원 비서실장, 차지철 경호실장에게 한마디씩 하면서 총을 쏘았다.

"각하, 정치를 좀 대국적으로 하십시오."

"형님, 각하를 좀 똑바로 모십시오."

"이 버러지 같은 놈!"

국민의 희생을 막기 위해 각하를 제거했다 •

10 · 26 사건 현장에는 대통령과 비서실장, 중정부장과 청와대 경호실장 등 유신 정권의 최고 권력자들이 모여 있었다. 이 자리에서 체제 유지의 수호신이라 할 중정부장이 절대 권력자 박정희를 총으로 쏘았다. 김재규는 왜 박정희를 쏘았을까?

중정부장은 심복 중의 심복이며 박정희 체제의 수호신이다. 박정

■ 《박정희 살해 사건 비공개 진술 全 녹음 최초 정리(상) : 운명의 술 시바스》(김재홍 지음, 동아일보사, 1994) 82쪽.

희의 절대적인 신임을 받지 않으면 오를 수 없는 자리다. 김재규는 박정희와 같은 구미(선산) 출신 후배이자, 박정희보다 한참 어리지만 육사 2기 동기다. 우리나라에서 친인척을 제외하면 동향 출신과 동기보다 인간적으로 가까운 관계는 찾기 어렵다.

김재규는 5·16 직후 한때 반혁명 세력으로 몰려 일시 감금되었으나 박정희의 명령으로 풀려났고, 그 뒤 박정희 정권에서 승승장구했다. 1964년 6·3 사건 당시 육군 6사단장으로 계엄군을 지휘해 박정희의 신임을 받았으며, 보안사령관(1968~1971년)과 3군단장 등을 거쳐 1973년 중장으로 예편했다. 그 뒤 유정회 국회의원과 중정차장(1973년), 건설장관(1974년)을 거쳐 1976년 12월부터 신직수의 뒤를 이어 중정부장이 되었다.

이 정도면 박정희의 오른팔이라 할 수 있다. 김재규는 재판 과정에서 박정희를 자신의 '은인'이라고 표현했다. 그런 김재규가 박정희를 배신하고 엄청난 일을 벌였다면 합당한 이유가 있을 것이다. 김재규는 1979년 12월 8일 군사재판 비공개 진술에서 그 이유를 또렷이 밝혔다.

"각하는 나와 개인적으로 가까운 사이고 동향 출신이고 동기생이지만, 많은 국민의 희생을 막기 위해 각하 한 사람을 제거할 수밖에 없었다."

그의 주장이 사실일까? 이제 그의 이야기를 좀더 들어보자.

■ 《박정희의 유산》(김재홍 지음, 푸른숲, 1998) 51쪽.

야수의 마음으로 유신의 심장을 쏘다 •

여러분, 우리나라는 자유민주주의 국가여야 합니다. ……그런데 1972년 유신과 더불어 까닭 없이 말살되었습니다. 그렇게 하여 유신 체제는 국민을 위한 체제가 아니라 박정희 대통령 각하의 종신 대통령 자리를 보장하기 위한 체제가 된 것입니다. 나는 민주국가에서는 대통령이라도 자유민주주의를 지킬 의무와 책임은 있어도 이것을 말살할 권한은 없다고 생각합니다.

그렇게 해서 우리나라에는 모순의 시대가 온 것입니다. 특히 체제에 반대하는 소리와 민주주의를 회복하라는 소리가 높아지자, 1975년 긴급조치 9호가 발동되어 수많은 사람들이 옥고를 치렀습니다. 그러나 이 불은 꺼지지 않고 전국으로 번져갔습니다. 내가 중정부장으로서 파악한 바에 따르면 앞으로 유신 체제를 두고 정부와 국민 간에 치열한 공방전이 벌어지고, 많은 사람이 희생될 것입니다.

……그러나 박정희 대통령 각하는 절대로 그만두시지 않습니다. 마지막까지 방어할 것입니다. 그러면 많은 희생자가 나도 자유민주주의는 결코 회복되지 않습니다. 본인은 이걸 알기 때문에, 유신 체제를 지탱하는 한 지주의 역할을 한 나지만, 더는 국민이 당하는 불행을 보고 있을 수가 없기 때문에 이 사회의 모순된 문제들을 해결하기 위해 뒤돌아서서 그 원천을 두드린 겁니다.

■ 김재홍, 앞의 책, 55~56쪽.

　김재규는 박정희가 제거되지 않으면 유신 체제는 계속될 수밖에 없기에 "개인적으로 가까운 사이이고, 동향 출신이고, 동기생"이지만 마음을 바꾸어 "야수의 마음으로 행동했다"고 밝혔다.

김재규의 10 · 26 거사는 '혁명'이었나? ▪

김재규는 자신이 한 행동이 '혁명'이라고 주장했다.

> 나는 대장부로서 이 세상에 나서 내가 할 수 있는, 내가 죽을 수 있는 명분을 발견했다는 데 죽음의 복을 잘 타고난 사람이라고 자부합니다. 오늘 죽어서 영생할 수 있다는 자부심이 있으므로 나는 생명을 구걸하고 싶은 생각이 조금도 없습니다. 그런데 나는 10 · 26 혁명의 이념과 정신과 그 성공 결과를 뚜렷이 하기 위해서 법이 허용한 마지막 날까지 투쟁할 수밖에 없습니다. 5 · 16이나 10월 유신이 범법이 아니라면 10월 26일 혁명도 범법이 아니라고 생각하기 때문에, 마지막까지 투쟁할 것이라는 얘기입니다. 내가 이것을 하지 않으면 10 · 26 혁명은 의미 없는 혁명이 되고 맙니다.▪

　그러면서 거사의 목적을 다음과 같이 밝혔다.

▪ 김재홍, 앞의 책, 55쪽.

10월 26일 혁명의 목적은 다섯 가지입니다.

첫째 자유민주주의를 회복하는 것이요, 둘째 이 나라 국민의 더 많은 희생을 막는 것입니다. 셋째, 우리나라의 적화를 방지하는 것입니다. 넷째, 혈맹 우방 미국과 우리나라의 관계가 건국 이래 가장 나쁜 상태이므로 이 관계를 완전히 회복하여 혈맹 우방으로서 돈독한 관계를 가지고 국방을 위시해서 외교, 경제까지 적극적인 협력을 통해 국익을 도모하자는 데 있습니다. 마지막으로 우리가 독재국가로서 국제적으로 나쁜 이미지가 있습니다. 이것을 씻고 국제사회에서 이 나라 국민과 국가의 명예를 회복하자는 것입니다.

과연 그의 행동은 '혁명'일까, 아니면 심복의 '반역 행위'에 불과한가?

충성 경쟁과 권력 암투도 바탕에 깔려 있다 •

10 · 26이 일어난 바탕에는 김재규와 차지철의 갈등이 있다. 김재규가 거사 직전에 내뱉었다는 말에서 이 사실을 확인할 수 있다. 김재규는 차지철을 '버러지 같은 놈'이라고 했다. 이 말에는 분노, 경멸, 냉소, 결연함, 걱정, 안타까움 등 차지철에 대한 김재규의 모든 감정이 담겨 있다. 물론 버러지 같은 놈에게 놀아나서 정치를 망치는 박

■ 김재홍, 앞의 책, 56쪽.

정희에 대한 안타까움과 분노도 응축되어 있다.

박정희 정권 말기 중정부장 김재규와 경호실장 차지철의 알력은 널리 알려진 사실이다. 차지철이 경호실장이 된 것은 1974년 8월이다. 문세광의 박정희 저격 사건에서 육영수가 사망하여 경호실장 박종규가 물러나고 그 뒤를 이었다. 차지철은 박정희의 신임을 배경으로 강력한 권력을 행사했다. '심기 경호'를 구실로 일반적인 경호 차원을 넘어 절대 권력자로서 박정희의 위상을 돋보이게 하는 행사를 벌였다. 그는 이런 행사를 통해 청와대 경호실의 위상을 높이려 했고, 권력의 2인자 행세를 했다.

차지철은 야당에 대한 정치 공작까지 손을 댔다. 1979년 신민당 총재 경선에 차지철 경호실장의 입김이 작용했다. 이런 행태는 중정부장 김재규로서는 용납할 수 없는 일이었다. 야당 공작은 엄연히 중정부장의 몫이었다. 아무리 경호실장이 대통령의 신임을 얻었다 해도 이런 일에 관여해서는 안 되었다. 김재규와 차지철이 정치적으로 중요한 일을 두고 충돌하는 일이 잦아졌다. 측근의 충성 경쟁이 부른 내부 갈등과 분열이다.

박정희가 이런 사실을 몰랐을 리 없다. 업무 영역을 명확히 구분해주면 갈등은 간단히 해결될 수도 있는 문제지만, 박정희는 이를 적극적으로 정리해주지 않았다. 박정희의 '총기'가 흐려져서 그랬을까,

---

■ 차지철은 경호실장의 위세를 높이기 위해 경호위원회를 만들어 수도방위사령관, 치안본부장, 서울시장과 장관들을 위원으로 참석시켰으며, 경호실에서 하는 국기 하강식에 비서실장과 각부 장관들을 참석하도록 강박하기도 했다. 《대한민국사 1945~2008》(임영태 지음, 들녘, 2008) 421쪽.

아니면 다른 이유가 있었을까? 차지철의 독주는 권력 내부의 균형과 견제가 무너지고 있음을 의미했고, 권력의 위기를 불러오는 일이었다. 김재규와 차지철의 갈등과 분열이 10·26을 유발하는 한 가지 요인이 되었다.

10·26의 직접적 계기가 된 부마 항쟁 ·

10·26 사건의 뿌리가 김재규와 차지철의 갈등에 있다면, 직접적인 원인을 제공한 사건은 부마 항쟁이다. 신민당 김영삼 총재의 의원직 제명과 총재단 직무 정지 가처분 결정에 분노한 시민, 학생들이 부산과 마산 등지에서 대규모 시위를 벌이자, 이 지역에 위수령과 계엄령이 선포되었다. 김재규 중정부장은 부마 항쟁이 벌어진 현장을 직접 둘러보고 민심이 심상치 않다는 것을 피부로 느꼈다. 그는 훗날 재판정에서 말했다.

제가 내려가기 전까지는 남민전(남조선민족해방전선준비위원회)이나 학생이 주축이 된 데모일 거라고 생각했는데, 현지에서 보니까 그게 아닙니다. 160명을 연행했는데 16명이 학생이고 나머지는 일반 시민입니다. 그리고 데모 양상을 보니까 데모하는 사람들도 사람들이지만 그들에게 주먹밥이나 사이다, 콜라를 주고 경찰에 밀리면 자기 집에 숨겨주고 하는 것이 데모하는 사람과 시민들이 완전히 의기투합한 상태입니다. 그 사람들의 구호를 보니까 체제에 대한 반대, 조세에 대한 저항, 정부에 대한 불

신이 작용해서 경찰서 11곳에 불을 지르고, 경찰 차량 10여 대를 파괴하
는 사태가 벌어졌습니다.

시위 현장을 방문하고 돌아온 김재규는 고민했다. 이런 상황이 지
속되면 사태가 쉽게 해결되지 않을 거라고 보았기 때문이다. 그는 온
건책으로 설득했으나 박정희는 콧방귀도 뀌지 않았다. 더욱이 차지
철이 옆에서 "신민당이 됐건, 학생이 됐건 탱크로 밀어버리고, 캄보
디아처럼 200만~300만 명만 죽이면 조용해집니다"라면서 강경책을
부추겼다. 김재규는 더 방치했다가는 숱한 국민이 희생될 것이라 보
고 거사를 결심했다.

김재규의 행동에 재평가 필요하다 •

김재규의 거사 덕분에 '피의 살육'은 막을 수 있었다. 1년 뒤 전두환
과 노태우가 주축이 된 신군부가 광주에서 벌인 살육까지 막지는 못
했지만 말이다. 우리는 김재규의 행동을 어떻게 평가해야 할까? 그
의 말처럼 '혁명'으로 보아야 할까, 김대중의 말처럼 거대한 민중의
저항과 투쟁을 사전에 잠재운 '반역사적' 행위일까, 아니면 또 다른
평가가 가능할까?

■ 《박정희 살해 사건 비공개 진술 줄 녹음 최초 정리(상) : 운명의 술 시바스》(김재홍 지음, 동
아일보사, 1994) 153~154쪽.

김재규가 주장하는 것처럼 그의 행동이 치밀한 계획 아래 위에서 부터 진행된 '유신 반대 혁명'이라고 보기는 어렵다. 그가 유신 체제에 대해 오랫동안 고심했고, 박정희를 제거하지 않고는 민주주의와 국민의 안전이 보장되지 않을 것이라는 사실을 분명히 깨달았으며, 그런 충정이 그의 행동을 결정한 중요한 요인이었음은 분명하다. 하지만 그는 박정희의 충복이었고, 차지철과 충성 경쟁에 따른 권력 내부 갈등과 박정희에게 질책을 당한 '충동적 분노' 등이 그가 행동을 결정하는 데 적잖은 영향을 미친 것도 사실로 보이기 때문이다.[■]

그럼에도 김재규의 행동을 다시 평가해야 할 이유는 충분하다. 무엇보다 그가 박정희와 차지철을 제거함으로써 군대를 동원한 대량 인명 살상 가능성이 차단되었다는 점이다. 유신 체제의 속성, 박정희의 권력의지, 박정희를 맹목적으로 추종하는 차지철의 광기 등을 생각하면 "캄보디아에서 크메르루주가 100만 명을 죽이고도 끄떡없는데 우리라고 못 할 게 뭐냐"는 말이 허언은 아니었을 것이다. 불과 7개월 뒤 광주에서 그런 광기를 보지 않는가.

■ 중정차장 윤일균과 대미 로비스트 김한조는 김재규가 충동적인 성격(우발적 폭발성이 있다)이라고 증언했다. 김충식, 앞의 책, 268쪽; 김한조, 앞의 책, 276~278쪽; 강준만, 앞의 책, 266쪽. 김재규는 차지철과 충성 경쟁 때문에 스트레스가 심했고, 박정희에게 정치 공작이 허술하다는 질책을 여러 번 받았다. 남민전 사건을 경찰이 적발한 것도 김재규가 박정희의 신임을 잃은 요인이다. 《한국의 군부 정치》(한용원 지음, 대왕사, 1993) 351~352쪽 참고; 강준만, 앞의 책, 251~252쪽.

34년 뒤 또 다른 '박 대통령'이 부활하다 •

우리는 박정희가 10 · 26으로 세상을 떠나고 34년 만에 그의 부활을 본다. 여러 가지 생각을 하지 않을 수 없다. 그의 딸 박근혜가 대한민국 18대 대통령이 된 오늘의 역사를 어떻게 봐야 할지 고민하는 것이 우리에게 주어진 과제다. 박정희가 부하의 총에 맞아 죽지 않고 권력의 끝을 보았다면 박근혜가 이 나라의 대통령이 될 수 있었을까? 10 · 26이 없었다면 박정희 권력의 마지막 모습은 세 가지 정도로 예상할 수 있다.

첫째, 민중 봉기나 민주혁명으로 박정희가 축출되는 경우다. 그랬다면 박근혜 대통령은 없었을 테고, 한국 사회의 발전 모습 또한 지금과 상당히 달랐을 것이다.

둘째, 박정희가 종신 권력을 유지하고 천수를 다한 경우다. 스페인의 프랑코가 그런 경우인데 역사적으로 드문 일이다. 그렇다 해도 박근혜 대통령은 어려웠을 것이다. 박정희가 아무리 통치를 잘했다고 해도 유신 말기처럼 정치적으로 혼란이 지속되고, 민생이 나빠졌을 가능성이 높기 때문이다.

셋째, 박정희가 적당히 타협해서 일정한 수준에서 권력을 내려놓고 물러나는 경우다. 그렇다 해도 박근혜 대통령은 어려웠을 것이다. 박정희에 대한 평가가 긍정적이지 않았을 가능성이 높고, 역사적 심판의 요구가 계속되었을 것이기 때문이다. 이는 칠레의 피노체트 Augusto Pinochet를 보면 금방 알 수 있다. 6공에서 5공 청산을 요구하고, 전두환이 백담사로 간 것도 이런 상황을 추론하는 데 도움이 될 수 있을지 모르겠다.

박근혜 정부가 박정희 유신 체제의 부활이나 연장일 수는 없다. 그러나 아무리 부정하려 해도 박근혜가 박정희의 유산을 물려받지 않았다고 말할 수는 없다. 현재 박근혜 대통령은 박정희의 딸이라는 '생물학적 유산' 외에도 많은 정치적 자산을 물려받았다. 그녀가 대통령에 당선되는 데 아버지 박정희의 '은덕'이 상당 부분 작용했다고 봐도 무리가 없을 것이다. 그녀는 어릴 때부터 아버지의 통치술을 보아왔고, 짧은 기간이나마 퍼스트레이디 역할을 하면서 통치술을 전수했으며, 정치가로 입문해서 성공하기까지 '박정희의 후광'이 따라다녔다.

박근혜가 성공한 대통령이 되고, 대한민국이 제대로 발전하기 위해서는 이것들과 결별해야 한다. 과연 그럴 수 있을까? 부디 비극적인 역사가 반복되지 않기 바란다.

한 시대가 끝나고 역사의 전환을 향해 나아가다 •

1979년은 격동의 해였다. 국제적으로 미국과 중국의 수교가 공식화되었고, 이란에서 호메이니Ayatollah Ruhollah Khomeini가 이끄는 이란혁명이 일어났으며, 소련이 아프가니스탄을 침공해 친소 정권이 수립되었다. 이란혁명 후 과격파 학생들이 미 대사관을 점거, 인질을 잡고 농성을 벌여 미국의 위신이 땅에 떨어졌다. 이밖에도 석유수출기구OPEC가 유가를 평균 59퍼센트나 인상하면서 2차 석유파동이 시작

되었고, 영국 총선에서 보수당이 승리하며 마거릿 대처Margaret Thatcher
가 수상에 취임했다.

국내 상황은 더욱 급박하게 진행되었다. 율산 파동과 신선호 구속,
크리스천아카데미 사건, 카터 대통령 방한과 한미 정상회담, YH 노
동자의 신민당사 농성과 경찰의 과잉 진압 과정에서 김경숙 사망, 가
톨릭 안동교구 오원춘 사건, 김영삼 신민당 총재 당선과 총재단 직무
정지 가처분 신청, 김영삼 의원직 제명, 김형욱 전 중정부장 실종 사
건, 남민전 사건, 부마 항쟁과 계엄령(부산) · 위수령(마산) 발표, 10 · 26
사건, YMCA 위장 결혼식 사건, 12 · 12······.

언뜻 봐도 현기증이 날 정도로 수많은 정치적 사건이 숨 가쁘게 일
어났다. 1979년은 격변의 해였고, 새로운 시대를 열어가는 전환점이
되었다. 그러나 박정희의 죽음이 끝이 아님을, 그에 못지않은 억압
체제가 기다리고 있을 줄 누가 알았으랴.

신문

· 한홍구, 〈한홍구의 유신과 오늘-③ 공작명 '풍년사업'〉, 〈한겨레〉, 2012년 2월 24일자.
· 한홍구, 〈한홍구의 유신과 오늘-㉕ 반도상사 노동조합〉, 〈한겨레〉, 2013년 1월 11일자.

잡지

· 리영희, 〈북·미 핵 협상에서 한국이 배워야 할 것〉, 《월간 말》, 1994년 2월호.
· 신준영, 〈김일성은 10월 유신을 알고 있었다〉, 《월간 말》, 1997년 7월호.
· 이종오, 〈반제·반일 민족주의와 6·3운동〉, 《역사비평》, 창간호(1988년 여름).
· 한홍구, 〈박정희 정권의 베트남 파병과 병영국가화〉, 《역사비평》, 62호(2003년 봄).
· 함석헌, 〈생각하는 백성이라야 산다〉, 《사상계》, 1958년 8월호.

인터넷

· 김문성, 〈최순영 전 의원 인터뷰-유신 선포 40년, YH 투쟁 33주년 : "여성 노동자의 힘으로 유신정권을 무너뜨렸죠"〉, 〈레프트 21〉, 90호(2012년 10월 8일).
· 〈오마이뉴스〉, 2013년 3월 26일.
· 〈프레시안〉, 2010년 10월 25일.

DVD

· 박광수 감독, 영화 〈아름다운 청년 전태일〉, 1995.

기타

· 국정원 진실위, 《과거와 대화, 미래의 성찰-언론·노동편(v)》, 국가정보원, 2007.

· 국정원 진실위, 《과거와 대화, 미래의 성찰 : 주요 의혹 사건 상(II)》, 국가정보
  원, 2007.

· 진실·화해를위한과거사정리위원회, 《2008년 상반기 조사 보고서》, 2008.

· 진실·화해를위한과거사정리위원회, 《2009년 하반기 조사 보고서》, 2010.

단행본

· 강준만 지음, 《한국 현대사 산책–1960년대편 1~3 : 4·19혁명에서 3선 개헌까
  지》, 인물과사상사, 2004.

· 강준만 지음, 《한국 현대사 산책–1970년대편 1~3 : 평화시장에서 궁정동까지》,
  인물과사상사, 2002.

· 고은 지음, 《만인보 12》, 창작과비평사, 1996.

· 권영달·노찬백·정주신 지음, 《한국 정치론》, 지구문화사, 1995.

· 김경재 지음, 《혁명과 우상(김형욱 회고록) 1, 2》, 전예원, 1991.

· 김경재 지음, 《혁명과 우상 : 김형욱 회고록 5》, 인물과사상사, 2009.

· 김낙중 지음, 《한국 노동운동사 : 해방후 편》, 청사, 1982.

· 김삼웅 외 지음, 《민족주의자의 죽음 : 장준하》, 학민사, 1993.

· 김삼웅 지음, 《장준하 평전》, 시대의창, 2009.

· 김삼웅 지음, 《해방 후 정치사 100장면》, 가람기획, 1994.

· 김수영 지음, 《김수영 전집 1, 2》, 민음사, 1998(15쇄).

· 김영삼 지음, 《김영삼 회고록 2 : 민주주의를 위한 나의 투쟁》, 백산서당, 2000.

· 김원 지음, 《여공 1970 : 그녀들의 反 역사》, 이매진, 2006.

· 김인걸 외 편저, 《한국 현대사 강의》, 돌베개, 1998.

· 김재홍 지음, 《박정희 살해 사건 비공개 진술 숲 녹음 최초 정리(상) : 운명의 술
  시바스》, 동아일보사, 1994.

· 김재홍 지음, 《박정희의 유산》, 푸른숲, 1998.

· 김정남 지음, 《진실, 광장에 서다 : 민주화운동 30년의 역정》, 창작과비평사,
  2005.

· 김정원 지음, 《분단 한국사》, 예진, 1992.

· 김진 지음, 《청와대 비서실 1》, 중앙일보사, 1992.

· 김충식 지음, 《정치공작사령부 남산의 부장들 1, 2》, 동아일보사, 1992~1993.

· 김학준 지음, 《북한 50년사》, 동아일보사, 1995.

· 김한조 지음, 《코리아게이트 1 : 로비스트 김한조 최초 고백》, 열림원, 1995.

· 김한종 · 홍순권 · 김태웅 · 이인석 · 남궁원 · 남정란 지음, 《한국 근 · 현대사》, 금성출판사, 2003.

· 김형욱 · 박사월 지음, 《김형욱 회고록 3 : 박정희 왕조의 비화》, 아침, 1985.

· 노재현 지음, 《청와대 비서실 2》, 중앙M&B, 1993.

· 동일방직복직투쟁위원회, 《동일방직 노동운동사》, 돌베개, 1985.

· 리영희 지음, 《동굴 속의 독백》, 나남, 1999.

· 리영희 지음, 《베트남전쟁 : 30년 베트남전쟁의 전개와 종결》, 두레, 1985.

· 리영희 지음, 《역정 : 나의 청년 시대》, 창작과비평사, 1988.

· 리영희 지음, 《전환시대의 논리》, 창작과비평사, 1979.

· 문명자 지음, 《내가 본 박정희와 김대중》, 월간 말, 1999.

· 바오 닌 지음, 하재홍 옮김, 《전쟁의 슬픔》, 아시아, 2012.

· 박정태 지음, 《김영삼의 사람들 1, 2》, 국민일보사, 1996.

· 박정희 지음, 《국가와 혁명과 나》, 지구촌, 1997.

· 박충훈 지음, 《이당 회고록》, 박영사, 1988.

· 박태순 · 김동춘 지음, 《1960년대의 사회운동》, 까치, 1991.

· 백영철 엮음, 《제2공화국과 한국 민주주의》, 나남, 1996.

· 서중석 지음, 《대한민국 선거 이야기 : 1948 제헌 선거에서 2007 대선까지》, 역사비평사, 2008.

· 손동우 · 양권모 지음, 《자유의 종을 난타하라 : 우리 역사를 바꾼 말 · 말 · 말– 동학혁명에서 제2공화국까지 1894~1960》, 들녘, 2007.

· 신동엽 지음, 《신동엽 전집》, 창작과비평사, 2009(개정판 24쇄).

· 안경환 지음, 《조영래 평전》, 강, 2006.

· 연시중 지음, 《한국 정당정치 실록 1, 2》, 지와사랑, 2001.

· 원풍모방노동운동사발간위원회 지음, 《원풍모방 노동운동사》, 삶이보이는창, 2010.

· 원풍모방해고노동자복직투쟁위원회 엮음, 《민주노조 10년 : 원풍모방 노동조합

활동과 투쟁》, 풀빛, 1988.

· 유시춘 외 지음,《우리 강물이 되어—70 · 80 실록 민주화 운동 Ⅰ, Ⅱ》, 경향신문사, 2005.

· 유영구 지음,《남북을 오고간 사람들》, 도서출판 글, 1993.

· 윤여준 지음,《대통령의 자격》, 메디치미디어, 2011.

· 이상우 지음,《박정권 18년 : 그 권력의 내막》, 동아일보사, 1986.

· 이상우 지음,《제3공화국 외교 비사》, 조선일보사, 1984.

· 이수자 지음,《내 남편 윤이상(상, 하)》, 창작과비평사, 1998.

· 이영석 지음,《야당 40년사》, 인간사, 1987.

· 이영석 지음,《야당, 한 시대의 종말》, 성정출판사, 1990.

· 이원덕 지음,《한일 과거사 처리의 원점 : 일본의 전후 처리 외교와 한일회담》, 서울대학교출판부, 1996.

· 이태호 지음,《70년대 현장》, 한마당, 1985.

· 이홍환 편저,《미국 비밀 문서로 본 한국 현대사 35장면》, 삼인, 2002.

· 임영태 지음,《대한민국 50년사 1, 2》, 들녘, 1998.

· 임영태 지음,《대한민국사 1945~2008》, 들녘, 2008.

· 임영태 지음,《북한 50년사 1, 2》, 들녘, 1999.

· 정길화 · 김환균 외 지음,《우리들의 현대 침묵사 : 한국 현대사 미스터리 추적》, 해냄, 2006.

· 정대철 지음,《장면은 왜 수녀원에 숨었을까?》, 동아일보사, 1997.

· 정운현 지음,《호외 백년의 기억들》, 삼인, 1997.

· 정진석 지음,《총성 없는 전선 : 한 · 미 · 일 현대 외교 비사》, 한국문원, 1999.

· 조갑제 지음,《내 무덤에 침을 뱉어라 1~8》, 조선일보사, 1998~2001.

· 조세희 지음,《난장이가 쏘아올린 작은 공》, 이성과힘, 2010(124쇄).

· 조영래 변호사 추모를 위한 모임 엮음,《진실을 영원히 감옥에 가두어둘 수는 없습니다》, 창작과비평사, 1991.

· 조영래 지음,《전태일 평전》, 돌베개, 1995.

· 주태산 지음,《경제 못 살리면 감방 간대이 : 한국의 경제부총리 그 인물과 정책》, 중앙 M&B, 1998.

· 지명관 지음, 《나의 정치일기》, 소화, 2009.

· 지명관 지음, 《한국으로부터의 통신 : 세계로 발신한 민주화운동》, 창비, 2008.

· 진중권 지음, 《네 무덤에 침을 뱉으마! 1, 2》, 개마고원, 1998.

· 짐 하우스만 지음, 정일화 옮김, 《한국 대통령을 움직인 미군 대위》, 한국문원, 1995.

· 참여사회연구소 지음, 이병천 외 엮음, 《20세기 한국의 야만 1, 2》, 일빛, 2001.

· 천학범 · 구영식 지음, 《한 조각의 진실 : 30년 NHK 기자 천학범의 한국 현대사 증언》, 책보세, 2013.

· 최상천 지음, 《알몸 박정희》, 사람나라, 2004.

· 최인훈 지음, 《광장/구운몽》, 문학과지성사, 2005(36쇄).

· 최하림 지음, 《김수영 평전》, 실천문학사, 2001.

· 한국정신문화연구원 엮음, 《1960년대의 정치사회 변동 : 한국 현대사의 재인식 10》, 백산서당, 1999.

· 한국정신문화연구원 엮음, 《1970년대 전반기의 정치사회 변동 : 한국 현대사의 재인식 12》, 백산서당, 1999.

· 한국정신문화연구원 엮음, 《1970년대 후반기의 정치사회 변동 : 한국 현대사의 재인식 13》, 백산서당, 1999.

· 한국정신문화원 엮음, 《1960년대 사회변화 연구 : 1963~1970》, 백산서당, 1999.

· 한국정치연구회 엮음, 《박정희를 넘어서 : 박정희와 그 시대에 대한 비판적 연구》, 푸른숲, 1998.

· 한국정치연구회 지음, 《한국 현대사 이야기 주머니 2, 3》, 녹두, 1993.

· 한국편집기자회 편저, 《기자가 본 역사의 현장》, 나라기획, 1982.

· 한승헌 외 지음, 《유신체제와 민주화운동》, 춘추사, 1984.

· 한용원 지음, 《한국의 군부 정치》, 대왕사, 1993.

· 한홍구 지음, 《한홍구의 역사 이야기 대한민국사 1~4》, 한겨레출판, 2003~2006.

국민을 위한 권력은 없다
박정희 시대, 개발독재 병영국가

초판 1쇄 인쇄 2013년 7월 10일
초판 1쇄 발행 2013년 7월 15일

지은이 임영태
펴낸이 우좌명
펴낸곳 출판회사 유리창
출판등록 제406-2011-000075호(2011.3.16)
주소 413-756 경기도 파주시 문발동 파주출판도시 535-7
        세종출판타운 402호
전화 031)955-1621
팩스 0505)925-1621
이메일 yurichangpub@gmail.com

ISBN 978-89-97918-09-6 04910
        978-89-97918-10-2 (전2권)

ⓒ 임영태 2013

* 책값은 뒤표지에 있습니다.
* 잘못된 책은 구입한 곳에서 바꿔드립니다.